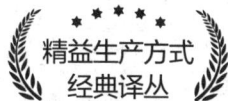

精益生产方式
经典译丛

U0654115

流动的
精益生产

—— 在流程型企业中建立精益生产文化

LIQUID
LEAN

Developing Lean Culture
in the Process Industries

Raymond C. Floyd

[美] 雷蒙德·C.弗洛伊德 / 著

苗瑞 / 译

上海交通大学出版社
SHANGHAI JIAO TONG UNIVERSITY PRESS

本书得到"国家自然科学基金(编号:51435009)"以及
"上海市汽车工业教育基金会"资助。

内容提要

本书将按照新乡奖的标准来展示流程型生产工业中在应用精益生产时的经验教训。第1章将从我带领的针对流程工业,利用精益生产改善而取得的**经营绩效**开始介绍。第2章和第3章介绍了精益思维和方针政策部署,这是**企业持续精益文化**的两个基本元素。第4章到第9章提供了在流程型生产工业利用精益生产方法进行持续流程改善的详细理论、实践和案例。第10章和第11章描述了领导力和道德伦理以及人的发展。这些是在一个精益生产企业里的主要**文化推动因素**。第12章提供了关于在第一阶段六个月期间内怎样领导精益改善的详细叙述,以及要在头两年的改善实施过程中完成预定的基本指标。

上海市版权局著作权合同登记号:图字:09-2013-95

All Rights Reserved.

Authorized translation from English language edition published by CRC Press, part of Taylor & Francis Group LLC.

Copies of this book sold without a Taylor & Francis sticker on the cover are unauthorized and illegal.

图书在版编目(CIP)数据

流动的精益生产:在流程型企业中建立精益生产文化/(美)雷蒙德·C.弗洛伊德著;苗瑞译. —上海:
上海交通大学出版社,2017
ISBN 978-7-313-17612-7

Ⅰ.①流… Ⅱ.①雷…②苗… Ⅲ.①精益生产—生产管理 Ⅳ.①F273

中国版本图书馆 CIP 数据核字(2017)第 162490 号

流动的精益生产
——在流程型企业中建立精益生产文化

著　　者:[美]雷蒙德·C.弗洛伊德　　译　　者:苗　瑞
出版发行:上海交通大学出版社　　地　　址:上海市番禺路 951 号
邮政编码:200030　　电　　话:021-64071208
出 版 人:郑益慧
印　　制:上海天地海设计印刷有限公司　　经　　销:全国新华书店
开　　本:710mm×1000mm　1/16　　印　　张:22.25
字　　数:253 千字
版　　次:2017 年 7 月第 1 版　　印　　次:2017 年 7 月第 1 次印刷
书　　号:ISBN 978-7-313-17612-7/F
定　　价:69.00 元

版权所有　侵权必究
告读者:如发现本书有印装质量问题请与印刷厂质量科联系
联系电话:021-64366274

前　言

　　生产经营就如同经营自己的生活,优秀的想法只是通向成功的一部分。真正的考验是将想法转换成行动的能力。在机械制造与流程型生产企业长达四十年的工作中,雷蒙德·弗洛伊德(Ray Floyd)曾经反复面临这样的考验并取得成功。

　　雷蒙德是精益生产领域优秀的专业人士。正如他书中所写:"精益的原则就是让企业生产一线员工加入识别改善与减少浪费的工作,实现在生产运作中同时进行持续优化。"

　　首先,要提到我在石油天然气工业长达三十年的工作经验所总结出的核心理念。我和雷蒙德都相信,广大一线员工群体不仅诚实、努力,还对自己的工作精益求精,而管理者的工作就是要给予并鼓励员工用正确的方法做正确的事。这样的结果就是一个典型双赢局面,对员工们来说,一个更加投入、富有创新性的工作环境与以往那样过一天算一天的盲目度日相比,有了质的改变;对于管理者来说,在确立并实行清晰的战略目标,并且赋予一线员工参与改善的权力后,企业运作能大幅提升到他们所难以想象的程度。

　　与雷蒙德早先的一本书《迅速改善的文化:创造和维持参与型员工文化》(*A Culture of Rapid Improvement: Creating and Sustaining an Engaged Workforce*)一样,这本新书同样也是为那些励精图治的领导者与建言献策的员工们量身定做的。我坚信,两本书都是任何生产领域的管理者与领导人才的"必读"书目。

在本书中,雷蒙德总结他在通用汽车(General Motors)、埃克森石油(Exxon)和加拿大森科尔能源(Suncor Energy)的丰富工作经验,提出了将精益生产应用于化工生产的方法。正如雷蒙德所指出,通过精益生产,这些化工生产商甚至会比一些机械制造商获取更多的利润。因为化工所涉及到的液体生产相对而言资本更加密集,在生产流水线中的任何干扰都会带来生产成本的大幅增加。在森科尔能源公司的油砂处理中更是如此,油砂生产线需要 365 天 24 小时不间断运行,原材料转变为可销售的车用油还要经过一系列极度复杂的程序。

在我写这篇前言时,森科尔能源依旧处于实现精益生产、致力于全公司卓越运营的初级阶段。然而即便是处于初级阶段,我们也得到了可观的结果:精益生产的应用使得森科尔能源在最全球油价下跌的恶劣背景下,雪中送炭般地减少了生产成本,提升了生产能力。在本书中,雷蒙德也写到了这一点。

事实上,雷蒙德的精益生产模型之所以能经得起时间的检验,一线员工们的独创性功不可没。我们所进行了的大部分改善和仍在进行中的改善都来源于他们。就拿一个在第 9 章详述的例子来说,运营者更加投入地监督生产设备后,泵的密封失效才被提早发现。这种问题其实很容易解决,然而之前负责检查的技术工人明显太过于关注于更换密封条,而不是它们为什么会失效。这个关键泵遭受了长达几年的破坏性失效,才被彻底发觉问题的源头并且彻底解决。

读者能从本书中找到通往精益之路上大量与森科尔能源相似的案例,然而并不是所有的问题都能完美地解决。坦诚地说,我与雷蒙德经常会错误地把运营效率低下的问题归咎于一个因素,而事实上它却是个由多方因素结合的。我们不耻于谈论失败,相反的,我们坚信失败是成功之母。

值得强调的一点,也是雷蒙德所实践的,那就是精益与吝啬无关。毕竟,固步自封地局限于节约成本,用"革新"来包装采取裁员的手段,来激励员工去坚持持续改善,只会适得其反。因此,森科尔能源在最近发起了对主要的维修保养、支撑服务、工程和长期项目的组织结构进行重新设计后,也承诺此番行为只会节约一千万美元的成本,而不会导致任何裁员行为。

雷蒙德能够将最复杂的问题用最简练的语言来阐述得清晰明了,我对此赞叹不已。他在解释"快速换模(SMED)"技术时,将精益生产工具形象地比喻成全美运动汽车竞赛(NASCAR);在"防错措施"的讨论时,重复从他母亲那儿学到的烘培经验——"永远要把两颗鸡蛋打在不同碗里来防止其中一个变质而不被察觉"。

作为领导者,我认为卓越运营至关重要。只有卓越运营思想,才能创造价值,建立公司名誉。我们今天的表现决定了投资者与持股人对我们明天的信任。

这本书为企业卓越运营指点迷津,可以让小公司在最短六个月内、大型组织在几年内革故鼎新,得到实际的改善结果。

囊括全公司所有组织来进行持续改善的概念是令人心动的,我也经历了许多追求这种积极改变的过程中那些振奋人心的时刻。我在此规劝所有生产管理者与领导者,都要潜心阅读本书,并且真心采纳雷蒙德的建议。这样,将会带领企业再创佳绩。

理查德·L. 乔治(Richard L. George)

森科尔能源有限公司 CEO

致　谢

　　感谢在通用汽车、埃克森石油、森科尔能源的所有同事对本书的帮助。没有他们,我将无从下笔。其中几位值得我特别提及:埃克森石油的唐·鲍威尔(Don Powell)、约翰·韦伯(John Webb)、约翰·莱伯(John Laibe)和吉恩·麦克布莱尔(Gene Mcbryer),他们都是公司应用精益生产方式的积极推动者;森科尔能源的柯克·贝利(Kirk Bailey)、史蒂夫·威廉斯(Steve Williams)和里克·乔治(Rick George),他们帮助我将 20 年的埃克森石油公司工作经验成功运用到新的国家、新的公司,这充分展示了精益生产方式的巨大影响力与适应力;我所在的森科尔能源的油砂管理部门,无论是个人还是群体,都为本书作出了卓著的贡献,令我受益匪浅,我对此表示真挚的谢意。

　　感谢生产力出版社(Productivity Press)迈克尔·辛诺奇(Michael Sinocchi)能够耐心等待我由于加入森科尔能源而导致的本书出版为期一年的推迟与重写。

　　当然,我所做的一切都少不了我的妻子玛莎(Marsha)的支持。在我因怀疑而止步不前时,只要有玛莎,我就坚定不移地走下去。

雷蒙德·C. 弗洛伊德(Raymond C. Floyd)

谨以此书献给我的妻子玛莎(Marsha)和
我的两个女儿埃里恩(Erin)和阿利森(Allison)。
她们是我生命中最宝贵的财富。

目　录

第 1 章

流程工业的经营绩效

引言

1991 年，我领导的埃克森公司（Exxon）有幸获得了被《商业周刊》誉为"生产制造业的诺贝尔奖"的新乡奖。虽然埃克森公司因"生产绩效优秀"而获得新乡奖，但从当时到现在的授予标准很大程度来源于这个奖项的命名人——新乡重夫，他是"丰田生产方式"或者"准时化生产"，当今也被叫作"精益生产"这个创新生产系统的最主要设计师之一，并以此广泛地被大家了解。

虽然该生产系统取得了明显的成就，但西方制造商们却普遍比较缓慢地采用精益生产实践或者是对其大力加以利用。尽管如此，基于早期丰田提供的教学和案例，很早之前就已经明确地知道，日本精益生产的实践经验不仅可以应用于西方的汽车产业，甚至可以被成功地应用于大部分离散型生产。在将精益原则应用于诸如行政文档处理等类似的离散型生产的活动中，已经有一些显著的成功案例。

1991 年，名不见经传的埃克森化工公司突然出现在大众眼前，并且被认定为精益技术最优秀的实践者之一，在当时引起了很大的轰动。埃克森化工是一家流程型企业，新乡奖的认定是基于我们开发的在低温状态通过化学反应进行的合成橡胶产品的制造。这是一个严格的流程型制造业。尽管埃克森美孚石油公司已经应用这个经验将近 20 年，并且将在未来继续使用，继续从其中获益，但是大部分化工工业和流程型企业竟几乎没有应用过精益生产的技术，这真是一件憾事。精益生产工具和精益生产的理念非常适合流程型企业，并且在任何的流程型生产制造者的操作实践组合中，应当占有重要的地位。我通常将精益生产实践形容为一种尝试,即尝试使离散型生产中的产品流动像是在连续生产中的物料流动一样。我清晰地知道,精益生产的思维理念能使流程型生产具备像离散型生产一样的操作技术,对于流程型生产,精益生产的思维理念应当会有很重要的价值。正如你将看到的,它们的确能够做到。

本书架构:新乡奖的标准

在获得了新乡奖之后,我想和别人分享关于精益生产的经验,所以当我收到新乡奖评委会的邀请通知的时候,我答应了。我也志愿做了将近两年奖项评定工作负责人。基于这段经历,我将围绕新乡奖的标准构建我对于精益生产的叙述,基本分为以下四个主要部分:

1. 经营绩效;

2. 始终如一的精益企业文化;

3. 持续的流程改善;

4. 文化推动者。

本书将按照新乡奖的标准来展示流程型生产工业中在应用精益生产时的经验教训。第1章将从我带领的针对流程工业,利用精益生产改善而取得的**经营绩效**开始介绍。第2章和第3章介绍了精益思维和方针政策部署,这是**企业持续精益文化**的两个基本元素。第4章到第9章提供了在流程型生产工业利用精益生产方法进行持续流程改善的详细理论、实践和案例。第10章和第11章描述了领导力和道德伦理以及人的发展。这些是在一个精益生产企业里的主要**文化推动因素**。第12章提供了关于在第一阶段六个月期间内怎样领导精益改善的详细叙述,以及要在头两年的改善实施过程中完成预定的基本指标。

说明:流程型生产工业中的案例贯穿全书,但是流程型生产和机械制造的不同之处,在持续改善的六章中比在精益生产理论和文化的几章中表现得更为明显。

经营绩效:利用精益生产提升绩效

所有的新乡奖标准都在随着时间而改进,同时精益生产也在发展并扩大范围,例如,流程型生产和行政运营等新领域,同时,新乡奖董事会也更加熟悉如何评价成功的精益实践。对于整个精益生产企业绩效评估的标准已不局限于最初的标准,最初只是针对精益生产实践的评估。评估董事会增加了对于经营绩效的评估,是因为董事会成员希望确保他们给予肯定的是对于精益生产有过实质地应用的经历而非只是模仿形式的企业。正如我们将要在这本书中所要讨论的,在形式与实质之间的混淆是精益生产实践中最需要避免的严重错误之一。

尽管通过观察外界表现和观察使用有限资源运作的方法来认定一个企业是否采取精益生产模式是非常容易的,但是这些不是精益生产真正的价值所在。精益生产的价值在于——通过采取精益生产的运作模式,比起采用传统的加工模式,实际绩效得到了的切实提升。尽管只要是采取了实质的精益生产,通常确实能提高绩效,但有时一些组织只是套用精益生产的形式,而没有利用精益生产的实质。在这种情形下,这些组织很可能错误地利用了精益生产的理念,甚至非但不能提升企业效益反而会导致效益下降。当你在学习精益生产,特别是把它应用到公司实践中去的时候,要从根本上确保所参与的这项活动能够获益是很重要的,而不仅仅是去用一种新方法继续组织糟糕的生产。

全书会有许多非常典型的精益生产实践并在领域中取得很好收益的实例。在这些案例中,你将能了解到关于精益生产实践的诸多细节。在我们展开这些细节之前,先看看四个高水平的经营绩效案例,主要内容是讲述在整个企业实施了精益生产之后起到的绩效影响。之后我们将开始讨论,你将能为自己带来哪些类似的收益。

用柔性生产赢得竞争

在埃克森合成橡胶的生产中,参与反应的最基本的原料之一是异丁烯。让我们回溯到1991年1月17日,美国和12个盟国发起"沙漠风暴"行动来阻击已经入侵了科威特并且明显威胁到沙特阿拉伯的伊拉克军队。因为伊拉克、科威特和沙特阿拉伯都是巨大的原油出口国,所以第一次海湾战争严重中断了全球石油市场的供应,并且对石油的价格造成了巨大影响,特别是对于例如异丁烯之类从石油中衍生出的物质的价格影响非常大。为了举例阐明精益生产运营对于我们合成橡胶生产的影响,我们来看一下怎样应用精益生产应对这一系列事件。

在短时期内,比较起对化学制品的需求,市场对于燃料的需求是相对刚性的,所以在战争期间,特别是在战争开始的前几周,原油被大量地应用于制造燃料。造成的后果是,从石油中精炼分解的可供制造其他产品的化学原料变得比原油短缺更加严重。对于埃克森公司合成橡胶生产的影响是——在仅仅几周的时间内,我们购买异丁烯的价格每公吨从不到300美元涨到了1400美元。面对如此高量级的价格增长,除了埃克森以外,这一领域的大多数化学原料供应商在全球化工行业发表了不可抗力声明,声明若非客户同意提高价格,否则将取消合同。

当时我们正处于从传统生产到精益生产转变的初级阶段,故而拥有了另外的选择。在那个时期,埃克森拥有四家位于欧洲和北美的丁基合成橡胶聚合物工厂,两家日本丁基合成橡胶合伙企业。我们的管理团队决定继续生产,但是关闭了我们每个独资工厂中近80%的反应器容量。最重要的是,我们决定将遵守我们的客户合同。

说明:同时期我们在日本的两家工厂,作为日本丁基合成橡胶公司运营,成为了第一批因为全面生产维护而获得日本设备维修协会颁发的TPM奖的流程型企业。

为了完成当时大部分顾客的订单,我们从已有的成品库存中调运产品,这些库存是依照采用精益生产之前的传统生产标准制造出来的。只有在另有生产需要的时候,我们才使用数量有限的营运的反应器生产新的产品。通过这种方法,我们只在需要平衡库存和客户需求的时候,才会利用高价格的原材料生产有限数量的产品。

我们的策略之所以取得成功,是因为我们有较多的备用库存。保持传统数量的库存水平固然是有利的,但是使得这个策略成功的却是我们新增的精益生产能力,我们具有了可以不需要再次补充传统库存的运营柔性。当我们制造新的产品来平衡库存和市场需求的时候,我们在产品生产完成之后,产品全部卖掉了。在竞争开始阶段,我们的每个竞争者都有传统的库存供应,但是只有埃克森能够用这样的方法配置库存。因为刚性的运营方式通常需要竞争者使用高价的产品补充库存,他们不仅仅会经历更严峻的即刻效果,同时也因为要从库存内收回材料,在竞争结束后他们还会继续负担很长一段时间的高成本。

因为这个策略，在 1991 年早期，以当时更高的价格制造的产品占了我们全部发货的不到四分之一，带着这个恰到好处的能力优势，我们适应了顾客的价格，而仅仅是部分订单需要用新产品替代。我们最后提高了我们的价格，但是远比其他人提出的价格低。尽管最终市场价格基本接近我们的价格，但是我们的客户很清楚他们之所以能感觉压力变小是因为埃克森努力遵守大部分已经签订的合同。

> 关键点：为你的公司开发新的能力，常常使得你能够从那些源于变化的或未曾意识到的环境中出现的未知机会里获益。商业成功的一个重要元素就是拥有能够及时抓住来自变化的机会的能力。

在我们应用新的能力期间，精益生产对于企业的影响是令人惊异的。首先，因为我们在市场中保持了较低的价格，在竞争对手损失大量收益的时期，埃克森仍然在盈利（竞争对手增长的价格常常不能够完全抵消他们很高的制造成本）。结果，我们呈现出持续健康发展的势头，而其他企业却需要面对一段长期的经济恢复期。

其次，因为我们拥有精益生产的能力，使得我们比其他供应商更能够根据顾客不同需求提供产品。其他的竞争者在一开始就发表了持续到未来的长期不可抗力声明，故而我们成了市场更青睐的供应商。在竞争期间及结束后，许多客户将他们全部的订单交给了我们。

在我离开那个部门去管理埃克森公司其他事务十多年后，我一直能够收到一些报告，内容是顾客亲切地回忆起在那段艰难时刻我们公司所采取的举措。在那次危机的一段时间内，行业处在混乱的状态中，而其他供应商们要不就是取消了合同，要不就是提出了非常高的价格增长，顾客对埃克森化工的两点记忆深刻：一是我们非常诚实地履行了合同,二是我们非常优质地按条件履行了合同。这样的赞誉使得我们占据有利地位很多年。想象一下吧,因为我们采用了一个新的、有力的生产策略,我们比竞争者们获取利润更高,并且顾客赞誉度更好。

精益生产使得这一切都变成了可能。这一部分的主题是"极柔性的生产"。很幸运的是,当时我们正处于一个向精益生产转变的初级阶段,并且我们保持了传统的库存水平。但是事实上使得这个策略成功的原因却并不是库存。不管拥有多少库存,即使完全没有,我们仍然能够在此期间以更低成本运作,并且比竞争者们更高效。促使我们成功的主要因素是非常柔性的生产能力。我们不需要为了满足顾客的即时需求和平衡库存而生产超出需求数量并且成本很高的产品。价格高昂的原材料不是为了库存而进行生产的,对于我们有限的能力或者对于昂贵的原材料,我们能够进行有效且高效的生产,并且不承担损失。

> **关键点:** 我们了解自己的客户或者竞争对手的客户已经告诉了竞争对手我们公司所做的事情。但是我们仍然成功了,原因很简单,我们的精益生产能力使得这样的运营策略有效果,而竞争对手们使用传统的方法是做不到的。

我们将会在本书中更详细地讨论使用精益生产工具和实践来提高柔性运作能力的好处。精益生产的第一条经验就是——目标并不是减少库存,而是成为一个优秀的生产者。减少库存是具有新能力后的必然成果,但是策略的重点不是减少旧库存,而是获得新的运营能力。

利用精益生产及努力工作的员工提高绩效

在离开丁基合成橡胶公司之后,我成为埃克森庞大的贝城化工厂的现场经理。贝城化工厂是世界上最大的石油化工化合物制造工厂。埃克森公司当时的董事长吉恩·麦克布瑞尔（Gene McBrayer），在我到达的时候形容贝城化工厂是一个"充满问题的工厂"，但是尽管不能满足埃克森很高的期望，在所有的化工厂中，贝城化工厂仍旧可以达到一般的水平。

两年之后，《工业周刊》选定贝城化工厂作为"美国十佳工厂"之一。在较短的时间内，我们从一个被公司内部认定的问题工厂发展成为国内所有的公司和所有的行业中最好的工厂之一。在那最初的两年内以及之后的四年内，贝城化工厂的生产率（人均产出）取得了每年超过16%的复合增长率。通过计算将会发现，六年期间贝城化工团队在世界化工规模最大且最为复杂的生产中实现了产量的翻倍，甚至更大程度的增长。另外，我们积极地改善了生产力、质量、运送、服务、安全、环境、社区关系、员工满意度，当然还有利润，利润增长在一段时期内甚至比翻倍还要高。总体来说，每个方面都经历了激动人心的发展。

这一成功是员工努力参与和精益生产的结果。贝城化工的员工积极参与的成功经历得到了大量的肯定，然而我们不仅仅是让员工参与其中并让他们比之前表现更好，而且通过精益生产，使他们获得更有意义的且能够使他们客观地理解怎样能表现得更好的能力。仅仅要求员工做得更好是无法获得可持续的改善效果，而提出要求并教授他们切实有效的方法，使得他们掌握新的技能才能够有效。精益生产和员工参与的文化通常是紧密相关的。我们将在第 10 章讨论精益生产文化推动者的部分来讨论创造员工积极参与的最重要的因素。

埃克森贝城化工厂确实做到了员工参与的可持续改善。在这段时间的改善过程中，平均每人每年参与实施的改善超过了 40 项。比起北美和欧洲所有行业平均改善项目——每人每年0.028项的数字,贝城化工的人自主参与协助改善实践的规模是西方工业领域平均水平的1000多倍。吸纳每个个体参与进来,每个人就能够发挥出自己最大的作用,就能在如此多并且不同的领域内快速地做出巨大的改善。在这段时期内,贝城也因为对于变化的人性方面管理优异而获得了"安达信咨询奖"。

因此,改善并不是只在生产力上而是在企业经营的各个方面。1995年,《维护技术》杂志认定贝城化工为"大型产业中最佳维护机构"。对于一个像化工生产这样的资本密集型企业来说,企业绩效存亡的关键在于我们的设备是否能顺利地运转,所以这是一项非常让人满意的成就。

当然,当全球领域内最大的经营企业之一产量发生了翻倍时,必然存在一些竞争方面的难题。尽管我们一直非常小心地保持员工的雇用数量,但是我们也通过停止使用一些合约工人减少总的工人人数提高了劳动生产率。对我们的竞争者来说最重要的,是我们通过大幅度地提高生产经营的容量和能力,以及用新的生产内容来填补了生产容量,获得了超过一半以上的生产力的提高。

在这六年时间接近尾声时,埃克森贝城化工厂比起最初的生产量提高了60%,在同行业领域内,以持续的步伐正常发展的企业(包括国家投资的企业)每年的增长率是3%,这使得埃克森从很多的竞争者那里赢得了更多生意。更进一步的是,通过成功地提升生产质量和连续性,我们既能够提供原来的产品种类,也能够提供越来越多的质优价高的产品类型。

对于我们的股东,也有传统的商业收益。通过改善操作,而非加大资本支出，我们在生产容量和生产能力方面取得了相当显著的进步。事实上我们增加60%的产量占用的资本支出少于之前的折旧费，我们乐于称这为"负的净投资"。效率加倍，容量增加60%，更高价值的产品和净投资的明显减少，这些显而易见的因素都使得我们获得了远远超过预期的利润和资本收益回报。

> **关键点**：在流程型企业中精益生产的第二条经验是：使精益生产成为可能的技术大多是对于工人和中层管理者非常有效的工具。对一些工程师和管理者可能意识不到或者即使意识到也没有时间强调的细节，这些工具能够帮他们独立地识别和完成改进。

以世界级的步伐发展，需要工程师和管理者持续进行策略的调整和大幅度的改善，同时也需要一线的工作人员的操作和对于细节的改善。当一线的工作人员加入独立的操作和改善中，工程师和管理者会集中精力于更多更好的大型项目计划，这时就实现了真正的协同合作。协同获得的额外促进作用常常是获得世界级表现的必要元素。

在获得这种协同的过程中，从来没有一个"鸡和蛋"的顺序问题。世界级的表现只有一线工作人员的共同参与才能获得。工程师和管理者为改善和增长而创造新项目的能力是所有的流程型产业日常操作的基本元素。令人钦佩的世界级改善的步伐总是起始于一线工人的独立操作和日常生产中的细节的改善，使工厂获得的新资源利用能力的增加。

首先，大事项改善将像原来一样继续，小的改善将会是一个进步的补充来源。当小的改善成熟，大的改善发展，在大的方面和小的方面的协同关系将会显现，此时就能取得世界级的表现了。

　　说明："世界级"、"世界级规模"这些词汇通常不用来描述制造业，或者是客观的生产操作。这本书中使用的概念"世界级规模"工厂是指在全世界产能最高的同类工厂中占据前 10% 的工厂。类似地，一个"世界级"的工厂是指在全世界效益最好的同类工厂中占据前 10% 的工厂。

获得先发优势

　　在加入埃克森化工之前，我在一个跨国的吉尔巴克（Gilbarco）股份有限公司担任领导，吉尔巴克是埃克森控股的一家企业，在世界各地的五家工厂为零售汽油市场和其他服务站制造设备。当你在汽车油箱中加满油，然后再拿到一件吉尔巴克牌子的产品，这是一个非常好的机遇。（埃克森后来把吉尔巴克卖掉了，现在为丹纳赫集团（Danaher）的一部分）

　　1985 年，我们在吉尔巴克引进精益生产。在这个行业，我们是第一家采取这个举措的，结果是充满戏剧性的。

　　经历了最初的绩效提升并认识到这种改进能够发展到何种程度，吉尔巴克的管理部门新设立了一个联合生产制造和市场销售的策略，促使我们迅速并且持续地比竞争者们表现更优并且成本更低。这个策略非常简单：销售保持每件出售产品单位边际利润不变。当生产制造取得了更大的改进之时，吉尔巴克将能把那些节约了的成本传递给客户。

　　另外，当运营的绩效改善之后，顾客们也能从质量、运送和服务的提升中获益。此外，因为运营的绩效、能力和柔性等都提高了，我们开始比以往更快速的投入并引进创新产品。我们的顾客很快积极回应了这个策略并且我们的市场份额迅速地增长。在两年内,我们的全球市场占有的份额已经超过了原来的两倍。

从绩效的角度讲,我在吉尔巴克的这两年内,公司产量和生产能力加倍,并且伴随着质量、运送和服务方面的改进。在接下来的两年内,吉尔巴克的管理部门加倍了生产能力。合计起来,生产能力在四年时间内提升了将近四倍。

后来,《工业周刊》(*Industry Week*)杂志认定吉尔巴克为"美国十佳工厂"之一,就是与同贝城化工厂获得同一评价。承蒙吉尔巴克的管理人员好意,我被认作是"变革的总设计师和实施过程中的首席经理",并且常常被提起的是,我是唯一既带领离散型制造企业又带领流程型生产企业获得《工业周刊》评定荣誉的人。

与埃克森合成橡胶生产企业类似,吉尔巴克的竞争者们不久也发现了我们正在做的事情。一个竞争者甚至采取异常的手段雇用了我们的一个高级生产经理。然而如果没有对于精益生产的充分透彻的理解,竞争者们永远无法获得与我们同样的效果。

在美国的主要竞争者中,有一个确实在没有改善生产能力的情况下随我们一起降低了价格,但它的运营能力、质量、服务、运送和新产品的推出都比不上我们公司,因此结果很糟糕。除了相似的价格,我们在其他领域的进步也使得他们销售空间很小。更重要的是,那家公司的运营绩效不足以支持它的价格,很快它便不盈利了,并且使得他们在产品质量、服务、运送和推出新产品等方面都越变越糟。在一个能够使吉尔巴克非常自在的价格水平上,竞争者却不足以支付成本。另一个主要的美国竞争者拒绝跟随我们的价格,于是我们很快地拓展了业务并造成了对手的损失。

　　说明：在吉尔巴克决定采取这个策略之前，一个领先的生产同样仪器的日本生产商在美国开了一家工厂，想要进入西方市场。因为我们非常迅速地变得如此成功，那个日本生产商并没有在市场上形成多大影响就关闭了美国的工厂，不到五年就回日本去了。我之所以提这件事是因为精益生产与日本生产有非常紧密的联系。尽管精益生产的确是起源于日本，但是西方生产者也的确能够实施并且获得同样的成功。事实上，因为埃克森是世界上非常早地使用精益生产的流程型生产公司，所以当我后来成了埃克森美孚化工服务的全球经理时，在工作时发现自己在向日本工作的日本管理者们讲授"日本制造"。

　　尽管吉尔巴克是埃克森所有的一家公司，但它明显不是一个流程型工业，但确实也说明了这对于流程型工业也是同样适用的。吉尔巴克的竞争者们最后发现了，并且开始参与，就像埃克森的竞争者在合成橡胶领域内所做的一样。然而，在两个公司的情况中，都有一段时期明显只是属于在保持竞争态势，而非真正的竞争。吉尔巴克变成了它的行业的最先行动者，并且持续多年从这个优势中取得了巨大收益。一个非常重要的经验就是，在目前的所有流程型企业中，没有比这个最初的行动者更优秀的。

　　至少从某个角度来说，当今大约有一半的美国生产企业采用了精益生产，但是流程型企业远远不具有代表性，流程型企业中只有不到10%实际采用精益生产。然而精益生产对我们的生产有价值的认可度在增长。在不久的将来，在你们的流程型企业竞争者中将会涌现精益生产者，而且你有可能就是其中一个。

> **关键点：** 从这些例子中能得到的一个普遍的重要经验就是，在两年的完成转化期间内，我们使用一个能够戏剧般地改变我们的表现，提升我们的利润，使我们比起竞争者有领先优势的方法来实施精益生产。改善不是在第二年的末尾突然显现的，我们在实施的前六个月以及从那以后，每六个月的时间段里取得了切实的、可测量的、可评估的改善。精益生产的实施没必要非常缓慢，并且根本的优势在于快速地取得成效。

实现迅速提升

从埃克森美孚退休后，我加入了森科尔（Suncor）能源公司担任高级副总裁。这是我在写这本书前一年的事情。森科尔（现在已经和加拿大石油公司合并）是加拿大最大的能源企业，并且一般被认作是最早的，也仍旧是最主要的加拿大石油和资源的开发者。尽管森科尔依然处于采用精益生产的初期，但现在也可以报告它的迅速进步了。2008 年 7 月，我们开始应用这本书中讲述的技术，并且所取得的效果也很明显。

开始投入前，森科尔确实需要改进了。2007 年全年的产量比 2006 年的低，并且在 2008 年的上半年，产量也在减少。这些年在产量上的下降被原油价格快速上涨的情况给遮蔽了。

然而，类似在埃克森合成橡胶企业的经历一样，世界发生着改变。在 2008 年的下半年，原油价格从一桶超过 150 美元滑落到不到 40 美元。幸运的是，价格的滑落同我们向精益生产的转化过程是同步的。在我们投入精益生产的前六个月，平均产出实质上比之前的六个月期间的产量要高得多。在第二个六个月期间，我们利用自己的优势取得了创纪录的最高产量。森科尔团队制止了滑落并且回转了公司的局面，我们开始以一个良好的速度发展。森科尔并没有采用设施更换来取得这样的结果。我们只是利用了已有的设施进行精益生产。

需要注意的是,我们能够利用已有的设施实质性地提高产量,同时我们在世界市场石油价格滑落之际提高了生产效率,有了更高的产量。又一次,正像我们在合成橡胶厂所经历的,世界变了,我们的精益生产能力使我们在竞争对手在挣扎时,独立繁荣。

> **关键点**:这里有两条非常重要的经验:第一,开展精益生产能够快速为公司获取很大利润;第二,精益生产对任何规模的企业和任何历史背景的企业都是适用的。

所有企业都有可能从精益生产中获益,但并非都能实现

当然,埃克森拥有大量的资源和强大的能力,但是也意味着企业需要一个很大的进取心进行改变。在我的经历中,大多数企业拥有适合自身规模和资源来进行改善的能力。像森科尔一样,埃克森也是利用了自己的资源来快速地进步。更进一步来讲,精益生产对于任何状态的企业都是适合的。埃克森合成橡胶公司和埃克森贝城公司都迅速地由中等规模企业转变为大型企业。吉尔巴克和森科尔本来就有改善的恰当机遇,而事实上它们确实快速地得到了很大的发展。

"这些结论并不是特例。"——节食计划在广告中经常通过利用遵循他们的计划取得明显减肥效果的名人经验来提示大家。节食计划对于任何人都是相同的,但是只有有的人取得了明显效果,有的人效果不显著,还有一部分人一点效果也没看到。

事实上,公司采用精益生产时的情况也是这样的。一些企业迅速地获得了巨大成功,一些企业花了很长时间、投入了很多资金却收效甚

微。一些企业根本没有获得任何收益,所以放弃了精益生产。在一些
极端的案例中,一些采用了精益生产形式而未把握其实质的企业非但
没有取得进步,反倒使现状变得更加糟糕。尽管精益生产是一个改进
生产的好工具,但是像其他任何的好工具一样,它需要合理地使用。对
于任何规模及现状的企业,关键是要快速地以一个恰当的节奏开始实
施精益生产。精益生产实践结合人员的参与能够提供你们想要的
成功。

破坏性的改变

每一个精益生产企业的例子中都呈现了一个经济学家们叫作破
坏性改变的现象。在埃克森合成橡胶公司,原来的原材料价格突然
增长了五倍。在森科尔公司,原油价格突然降低到之前的三分之一。
在这样的情形下,这些公司所在的行业领域方面发生了全球范围内
的破坏性的变化,强行施加在这些公司上。在两种情况下,良好的运
行能够让我们在竞争者们都在挣扎的时候大获成功。有时候,这个世
界给你的企业强加一个非常巨大的变化,你必须要能够给予同样有力
的回击。

在破坏性变化发生时,如果竞争对手没有足够的抵御能力,像埃克
森贝城和吉尔巴克这样的企业就会赢得更多的利润。在另外的情况
下,我们没有经历破坏性的变化,我们就是竞争者遇到破坏性变化的
源头。

每个转变需要花费两年,在四种情况中,新的人力和新的资金并不
是必需的。我们要利用所拥有的进行改进,并且要迅速。这是一个从
不可预见的破坏性事件中存活以及对你的竞争者施加破坏性影响的基

本条件。当然,你的公司也有可能发生同样的事情。在之后的章节里,你将能准确地看到是怎样得到那样的效果的,以及你的公司怎样能得到一个类似的结果。

在每一个取得世界一流表现的案例中,公司的领导都明显有下面三个特征:

1. 他们有一个明确的策略,这个策略含有他们期望得到的精确的商业业绩,包括具体时间节点和操作方法。

2. 他们有良好的组织、妥善的举措,让所有员工都自发地尽"最大努力"获取最大的成果。

3. 他们采取新技术的能力,能够使用精益生产方式有效地提高生产。

关键点:我经常被问到这个问题,在策略、员工参与和精益生产这三个举措中,主要集中精力于哪个举措可以使得企业获得最好的收益?我总是回答说,三个必须并重。没有燃烧的三个要素——热量、燃料和氧气——就没办法点火,没有这三个运营成功要素——策略、员工参与和精益生产的技术——你永远无法取得世界级的成效。这三个因素如果不能都具备,便是许多采取了精益生产,但是只是取得了较小成功的公司通常犯的错误。许多领导仅仅集中注意力于新的技术,并不同时采取其他两个基本的成功要素,结果他们即使拥有一个很好的工具,但是并不知道怎样更好地利用它,并且没有足够的人来帮助他们使用。

流程型企业为什么需要自己的精益生产模式

假定这些例子已经说服你认为流程型企业采用精益生产是个非常好的想法,让我们稍微停顿一下,研究一下"流程型企业"是什么意思,为何这些企业需要它们自己的独特的精益生产模式?

流程型生产和机械制造之间显著的结构方面的差异切实地在影响我们的能力，即精确地用我们的同仁们在机械制造中一样的办法实践精益生产的能力。我们在开始讨论之前，能够理解这些不同是非常可贵的。在流程型生产和机械制造之间，有三个主要的区别：

1．在流程型生产中，原材料变为产品需要经过一个转变型的变化而不是一个重新组合的变化。

2．在流程型生产中，将原材料转变为产品通常是非直接的方式，而在机械制造中是直接的。

3．在流程型生产中，原材料的变化是通常与时间相关的，但是机械制造是和时间相互独立的。

在流程型生产的自然属性中，每个区别都会使得我们在自己的工厂应用精益生产理论和工具的方式与机械制造非常不同。在简要讨论一下和机械制造的不同之后，我将再通过这本书描述它们给流程型生产带来的挑战和利益。

改变原材料

在机械制造和流程型生产中，第一个区别就是原材料随着生产过程的变化方式。在机械制造中，原材料被重组但是材料本质并没有发生变化。例如，一个发动机组铸件上被打了孔，它的形状发生了变化，但是材料的本身并没有变。同理，铜管被拉伸到某个尺寸，巧克力棒被弯折，以及割草机被装配的时候也是这样。原材料被重新组装变成成品，但是材料在整个制造活动中总是保持原来的性质。

在流程型生产中，原材料在制造过程中经历了本质上的"变化"，当它变成一个成品时，是一种完全不同的材料，是通过特别的制造途径得到的特殊成品。这些不同使得精益生产的理论和工具的适用很不同。
接下来的几个例子描述了材料转变理念在不同的流程型生产中的
应用。

- 冶金：在冶金过程中，对一个钢块进行热处理，能使它的金属
  晶格结构发生变化，它会变得更软或更硬，或者比原来的状态
  内应力更小。

- 食品：在烘制过程中，高密度的液体（蛋糕糊）将会变成一个低
  密度的固体（蛋糕）。

- 反应化合物：在一个聚合物工厂，单个的分子气体（例如，乙
  烯）的分子可以聚合形成一个大分子（例如，聚乙烯）。或者在
  一个钢厂，煤炭、铁和别的化合物组合形成一个全新的物质。

- 分离化合物：在石油精炼厂内，液化的蒸汽是由众多不同的分
  子混合组成的，被分为几种蒸汽之后，每种含有相对纯净单一
  的种类的分子。这几种新蒸汽的化学性质与之前的混合蒸汽
  是完全不同的。

所以，尽管流程型生产通常与液体或者气体相关，机械制造和流程
型生产中材料的初始状态不同，但二者的区别是更深层的。事实上，对
钢块的热处理是一个流程型生产的例子，而把发动机油装进瓶子里是
一个机械制造的例子。

在流程型生产过程中材料性质上变化的不同，直接导致了产生这
些变化的生产活动的更大的不同，这些不同导致了我们实践精益生产
时候的方法不同。

在精益生产的实践过程中，不同点首先表现在机械制造所依赖的
材料在整个制造过程中通常都是稳定的，所以能够容忍生产活动的停

顿,但是流程型生产不能。故而在机械制造非常重要的,举例来说,由一线操作人员为改进质量使用的"按灯"(Andon:一种可视化讯号系统)和一站停线精益生产方法,对于大多数流程型生产是完全不适用的。在流程型生产中,当人们要在反应终止前停止化学变化,产品通常会变得更差而非更好。机械制造和流程型生产的第一个区别就是从原材料变成成品时候发生的性质变化。

非直接的材料变化

流程型生产和机械制造的第二个不同之处在于变化发生的方式。在机械制造中,原材料变为成品时候发生的变化都是通过直接地接触材料,或者是像在组装的过程中通过人的操作,或者是用一些如切割机或者扭转机器之类的装置进行的机械化操作。

相比而言,在流程型生产中,原材料通常要进行收容处理,或者是为了营造能够使得化学变化发生的环境才进行接触。在许多流程型产业中,如在炼油厂,生产原料更是如此,在通常的操作过程中,甚至在完成了产品后,流程操作员可能从来没有见过原材料。流程型生产中,当反应的适合条件一旦成立,材料会准确地发生变化。

生产方式上的不同使我们了解到机械制造相对来说是劳动密集型的,流程型生产是资本密集型的。这导致的结果是,流程型生产必须要更多地集中在精益生产的设备上而非劳动力方面,这个聚焦点的变化在我们的精益生产实施中有利有弊。

时间作为生产的独立元素

在机械制造和精益生产之间的最后一个不同点在于两者与时间上

的关联,通常被描述为"反应时间"和"持续反应",是流程型生产的必要和独立元素。

在机械制造中,通过对原材料的接触造成的改变是即时和永久的。例如,当钻孔机接触引擎组件的时候,引擎的结构立刻开始改变,并且在机械制造中的任何的形状改变都是永久的。所以,要在任何时候启动、停止或者以不同的速度进行大多数的机械制造都是可行的。今天打半个孔,明天早上再完成另外一半,对于洞的质量和最终引擎的质量都并不会造成降低。同样,现在组装一台割草机的一部分,等明年再完成,最终的割草机也不会有什么不同。在机械制造中时间是必要的,但是时间通常并不是流程型生产成功的独立因素。

在流程型生产中,情形是非常不同的。尽管一些化学反应是极其快速进行的,但是所有的物料反应变化具有一个可衡量的时间量是"反应时间"(化学反应从开始到结束的持续)。同样重要的是,化学反应不是立刻开始,并且一旦开始也不能立刻地停止。这个特性通常被形容为"持续反应"。

反应时间和持续反应对我们都很重要,因为许多反应过程只有在适宜条件下,且整个反应过程持续不断的时候,才能生产想要的产品。启动、停止或者其他反应条件的改变,都不能简单地启动或者停止反应,否则反应的产出会发生极大的改变,最终产品会发生改变并不会实现最初想要的。当流程型生产被打断的时候,会发生一些事情,通常情况都不会是好的结果。这些时间约束的结果就是,流程型生产常常内在地比起机械制造柔性更差,因此,流程型生产更需要也更有潜力可以通过提高柔性的精益生产实践,获得更大的利益。

案例分析：一个简单的流程型生产例子

烤蛋糕是一个常见的流程型生产的例子,并且能够明显地体现流程型生产中的不同之处所造成的影响。

● 高密度液体状的蛋糕原材料与低密度的固体蛋糕产品是完全不同的。烘焙师不可能通过直接的劳动形式简单地通过组织物料做出蛋糕,就是说这是个转变过程而非重组流程。

● 只有把原材料置于适当的条件下,经过特定的时间,使用烤箱才能制作出蛋糕。即使是最优秀的烘焙师,不使用烤箱的话也不能制作出蛋糕,故而可以说这是一个产出物在很大程度上依赖设备的资本密集型活动。

● 当你先把用鸡蛋、牛奶、面粉等调成的糊状物放进烤箱,看起来好像没有什么发生变化,这个观察结果本质上来说是正确的。如果你在达到反应温度之前把糊状物移出烤箱,就没有任何永久性变化会发生。甚至是没有局部的糊状物变成蛋糕,依然保持糊状。

● 现在考虑这样一种情况,你烤蛋糕进行了一半,或者今天从头试着开始烤制一个蛋糕,然后停下来等第二天完成它,或者用其他的方式中断通常的制作。一旦流程启动,再硬性地将糊状物变成蛋糕的过程打断,总是会造成永久性的破坏,并且通常完全无法得到期望的有用的最终产品。要达到期望的变化,需要不间断的、适合的反应持续时间。

这些案例都显示了机械制造和流程型生产之间的重要的差别,并且这些差别都会给化工生产等流程型生产企业应用精益生产实践的方法带来很大的影响。

特例:连续生产

连续化工生产通常具有流程型生产的全部特征,并且多了一些连续的复杂因素,因为新的原材料不断地被加入反应环境,已经完成了反应的物料不断地被分离出来。在同一生产过程中,从原材料到最终产品的连续反应系统是不间断的流程。

案例分析:连续生产

在森科尔公司,我们从加拿大的亚大巴斯卡(Athabasca)河采到的油砂中提取沥青,深加工为合成原油(SCO)。从油砂中提炼沥青的生产方式已经持续了上百年。在一百多年前,油砂是被装在一个盛有沸水的锅里,一段时间过去,砂和油会分离,油会漂在上层而砂子会沉在底下。尽管按照批次进行这样的流程证明这种分离是可以做到的,但是这种分离却不具有商业上的可行性。要记住的是,要想在北极附近的环境下取得商业上的可行性,将砂矿采集、提取清理和深加工为合成原油,就要和中东那些在地上挖一个洞,直接用泵就能取出石油的人们进行成本竞争。

目前的商品油砂厂每天都在用连续生产的办法生产成百上千桶合成原油。在连续生产模式中,油砂和热水不断地被加入反应容器中,沥青不断地浮起至表面,然后流到另一个单独的容器中。干净的砂子和水不断地从底下流出。这是一种非常好的生产方式,使得加拿大成了国际领先的能源生产国家。

然而连续生产也有特殊的困难所在。例如,如果砂子和水混合的泥浆停止流动或者流动速度低于一定的值,砂子就会发生沉降。这时候,运输管道里不再是泥浆而是砂,除非进行清除和清理,否则是没有办法流动的。大多数连续生产都具有这样的特点,它能够使得商业化生产得以实现,但如果被中断了,却非常容易出问题。因此,如果我们要把精益生产实践应用在流程型生产中,将需要考虑连续生产的特殊环境。

精益生产能够成功地被适用于流程型生产,它是在离散型和流程型生产中应用了将近三十年的一项很好的技术。再配合好的策略和支持员工参与的产业文化,精益生产将会使得你很轻易地获得你的竞争对手无法赶得上的业绩。

注释

1. 我用"细节"这个术语将管理者和工程师等个人或者团队在生产一线的"大事件"中的表现区分开来。这些不同之处绝不只是导致这些工人仅有很小的表现上的提高。事实上,总体来看的话,许多小细节的发展对于企业的影响绝对是不可忽视的。

2. 唐·鲍威尔,吉尔巴克高级副总裁(已退休)。

3. 在我的第一本书中,有一种快速发展的文化:培养并支持努力工作的员工,我讨论了企业策略和员工参与两个方面的丰富的细节,这些细节只有在致力于整本书的主题的时候才可以得到体现。策略观念和员工参与的观念都是企业在精益生产实践中获得成功的极其重要的要素。他们作为精益生产中的文化推动力在这本书中得到了讨论，但是在我的第一本书中有更多的信息可以利用，这些信息在你的企业采用这些能力的时候有很大价值。

　　4."按灯"这一日语术语是指装备线上出现错误时所发出的报警信号。

第 2 章

精益企业的思维

引言

新乡奖的评奖标准详细阐明了两个不同的文化要素类型,这些文化要素对你在企业中成功实施精益生产来说是必不可少的。评奖委员们会用第一个要素——始终如一的企业精益文化,来辨别精益理论和价值观念是否在整个企业得到了充分的理解和应用,还是仅仅作为工厂实践中的一种技术能力。

作为讨论的一部分,我们将会介绍精益生产的理论、观念以及通过政策策略贯彻企业精益思维的方法,这将是第 3 章的主题。

新乡奖的第二个人文要素是使能文化。我们将在第 10 章和第 11 章讨论这个话题。精益生产文化推动者是领导能力、伦理道德和人的发展。

新乡奖评委们在把四个评奖标准中的两个都归结为文化时,做了诸多声明,特别是由于精益生产通常被参考书目表述为实现精益的技术。而我相信归结为文化这种讲法是恰当的。

二战后,依托于日本文化的精益生产很快建立。在诸多重要的方法中,精益生产尤其适合日本文化。事实上,在西方最初引进精益生产时候,一种普遍的担忧就是精益生产可能只适用于日本,而不是西方。1987 年,当我开始在化工生产中应用精益原则的时候,听到了一种与上面的担心稍微有些不同的版本:"精益生产可能会在通用汽车起作用,但是在埃克森不会管用。"正如我们接下来要讨论的,以上的任何一种担忧都是不正确的。但是企业的文化对于精益生产的成功实践确实非常重要,因为精益生产技术在改善生产时特别需要广泛的参与,并且新的参与关系意味着许多新的、不同的社会影响。

在刚开始实施精益生产的时候,日本这样的社会文化:团队作业、对个人的尊重、注重个人发展、注重质量和持续提升,以及影响着员工工作、个人生活等方方面面。在那样的社会环境当中,激发个人为了团队和企业的成功而尽自己最大的努力,在个人高度参与的精益文化中体现得自然而然。更深层次的原因是,日本过去(现在仍然是)拥有非常平等均衡的文化,几乎没有西方生产中因为种族、宗教或其他个人差异导致的人际关系问题阻断团队合作的情况出现。

在目前的西方社会或者西方工业中,很难看到像日本的社会文化那样对精益生产繁荣发展产生的积极影响,除非专门地创造一种能够在我们的工厂起到同样积极影响的文化。新乡奖对精益生产实践文化推动者这一标准的侧重点在于,西方的工业领导者需要发挥前瞻性主动地创造出一种与精益生产有联系的企业文化。

许多年后我认识到,尽管精益生产特别适合于日本文化,西方工业却也有自身的文化优势。在优势被正确地与企业文化融合的时候,我们将能获得创造性的富有成效的结果。例如,在西方有一种普遍的文化价值观——大家乐于接受那些有天赋的人作出的特别贡献,并且把他们的聪明才智纳入到整个团队的利益中来。

> **关键点:** 洛杉矶湖人篮球队每场比赛依仗科比·布莱恩特能获得 50 分左右。这种特殊贡献的重要文化支持是他的队友并不因为他取得的个人成就而排斥他,也不会把胜利的责任完全交给他。大家仅仅是将他的特别才能融入整个的比赛计划中。

西方制造工业的团队常常有富有领导天赋或者其他天赋的人,而日本文化中团队的观念和一致性思维是压倒性的、强制性的,故而在西方团队中,那些有天赋的个别人能够通过一种在日本文化中很少见的方式作出特别贡献。精益生产是多方面的,我们既有更大的需要,也拥有更好的机会来建立一种适合自己的生产情况的精益生产文化。

因此,我们来讨论精益价值观和能从精益生产的努力实践中获得非常圆满收益的企业文化。建立你自己对于这方面知识的认识,然后在企业中传播它,这是企业精益思维的基础。

建立西方的精益使能文化

使能文化和当今在西方工厂中非常普遍的个体文化有很大不同。甚至在一些非常先进和成功的企业,如埃克森,许多员工依然认为他们在工作中需要抛开自己的想法。大多数人都有自己的个人工作任务,而不是服从于基于团队产出的任务。几乎没有人有任何实际的自主权或者时间去改善生产过程。这样的后果是,在西方几乎没有人带着这样的想法来工作:即他们能够在完成了规定的任务之外对企业的成功作出个人贡献,甚至根本没有人认为他们可以组成一个自治的团队来做到这些。

同样,深刻的社会变革将会改变在西方工业中对于成功团队文化的评价标准。在埃克森任职期间,我曾和第一个黑人技术操作人员共事,她是第一个成为经理的西班牙裔工程师,也是第一个精炼厂的女领导。这些变化都发生在我的任期内,并且更多的变化还将会发生。在埃克森的最后一年中,我负责的贝城化工第一次正式肯定了我们的员工具有不同的生活方式,并且发现年轻雇员们在寻找更多个人自由来平衡工作,人们对于个人的宗教和政治偏向抱有更开放的态度。所有这些西方社会文化所带来的影响,在降低或提高着建立强大工业文化的能力。

　　因为这些原因,对于大多数的先进企业,建设包容性很强的企业文化、前瞻性地重视推进员工的多元化是非常必要的。为了鼓励人们完全地参与到精益生产、其他需要小团队参与的各种形式的改善行动,以及员工广泛参与的行动中,那些想要从广泛开展的团队合作中获益的企业必须要用切实有效的方法介入员工的工作关系当中。

　　全员参与真的很有必要。像第 1 章里描述的那样,在埃克森贝城的这些年,当企业的产量翻倍时,每人每年参与超过 40 项改善活动。这样一种自发性的改善是北美和欧洲平均值的 1 000 倍,那些只有平均员工参与率的公司都无法和我们竞争。

> **关键点**:本书讨论的"自发"工作的概念,指的是一线生产团队的员工拥有改善的自我意识,并且利用自己所占有的资源进行改善。然而工作是有严格界限的,团队自发地专注做那些符合改善目标的工作,并且他们只能利用他们有资质使用的改善方法。他们遵循没有引起经理和工程师们的注意,但是能够增加工作高效性的实践规律,用正确的方法做正确的事情。当你实行并推广自发性的改善过程时,你将会发现更多的细节。在对人们的自治权力进行严格限制的同时,我们也需要给予足够的自由来让他们做自己能够做的。

　　精益生产实践很多益处来自企业的一线员工作出的贡献:人们被精益生产驱动,来实现在传统的领导和运作模式下无法取得的效果。如果你的企业文化妨碍、限定或者不能够强有力地鼓励员工广泛参与,那么你将会失去精益生产能够带来的改进的来源。企业的精益思维就是推动进行优秀的自发性改善。

历史视野

精益文化的核心是精益生产的基础理论和概念。因为精益生产是被西方工业了解而不是建立,更具体地说,是在西方离散型企业中,在西方流程工业中,我们比起机械制造和日本工业都更缺乏有理论基础的实践经验。因此,讨论精益生产,并在西方工业建立,阐明目前的精益理论和实践,描述精益生产理论和实践发展的方式是非常有必要的。

说明:尽管文化是非常重要的,但是我知道对于大多数企业的领导者来说,精益实践的实质是这个过程中最令他们感兴趣的部分,所以这会构成本书的主要内容。作为描述精益生产实践技术章节的必要基础,我们将会进行关于精益价值的介绍,这将会让大家很好地理解精益生产理论。

让我们先回顾精益实践最初被引入西方工业时的情况,再来看精益生产的理念,以及在充分理解了这些理念的应用之前遭受到的未曾料到的困境。你会发现,当你将精益生产引入对此还不熟悉的流程型工业时,你会遇到同样的困境。

关键点:普通人从自己所犯的错误中学习,智者在别人的错误中学习。

早期精益生产观点:准时生产

精益生产在西方最早的运用,大概是在 20 世纪 70 年代早期的汽车工业。当时,我在通用汽车工作,与此同时丰田汽车正在做一些很了不起的事,而这使得我们完全无法与其竞争。在那个时候,通用汽车处于吉尔巴克和埃克森合成橡胶厂的竞争者们所处的位置(见第 1 章)。我们知道丰田汽车在做什么,但是却并不知道能使我们也取得同样表现的实质性方法。

我们在尝试模仿丰田使用新制造方法时犯了典型的错误:只观察

他们的生产形式，而没有理解使他们取得实质效果的原因。结果是，我们尝试复制他们的精益生产，减少工厂的库存，但是没有明白要让生产实践成功的同时，也需要进行操作上的变化。可以预期，当我们减少了库存，但是没有进行更多实质性的变动时，也会经历类似之前库存过量时会造成的全部影响。这次尝试的不良后果导致我们最终延误了几年才采用精益生产。

早期西方工业通常把精益生产理解为"准时化生产"，用这个简单的词组来描述当时我们在理解概念时存在的基本问题。因为那时对于我们来说，精益生产的概念是简单而明确的。库存从各个方面都减少了，供应商那里的原材料也恰好在到达时投入生产。每个位置的在制品都处于工作过程就是准时化制造，这里的产出物正好是后边的操作所需要的，物料从一个活动移动向下一个，准时地被使用。最后，成品被准时地生产好，并且恰好满足顾客的需求，这个概念听起来非常漂亮并且能够自圆其说，但是我们很快意识到，我们无法将这个简单的概念变成现实。最初知道的是简单地减少库存只会使我们的情况变得更糟而不是更好。

在获得一些精益生产的经验之后，我们很快就开始讨论与备用库存相对应的明智的零库存战略。我们开始实施精益生产，开始理解问题，而不是库存本身，而库存是作为一种出现问题时的补救方式。最基础的精益生产理论：库存是为了预防一些意外问题出现，如果别的问题不存在，就不需要库存。潜在的因果关系对于成功的精益生产实践是非常重要的。想要实现改善，首先要解决可能的问题，然后除去为预防问题而出现的库存。

例如，在制造不同产品时，内在缺乏弹性导致库存的原因是共用设备。从一件产品移送到另一件产品重新安排设备的时间和成本通常已知，并且重组造成的损失可以在后续生产中得到补偿。

如果把设备从一件产品处移送至另一件产品处需要 4 个小时，而根据市场需求仅仅需要 1 个小时进行生产，那么如果多余的物料不进行生产反而形成库存，设备只有 20% 的生产利用率。就是说，在 5 个小时内，只有 1 个小时用于生产，其他 4 个小时用于转移。然而，如果为了生产足够的产品以满足客户需要，那么生产能力约束需要设备利用率至少要达到 80%，那么 4 小时的产品之间的转移时间需要每个产品必须在转移了设备后至少生产 16 个小时。在这样的情况下，在 20 个小时里，将会有 4 个小时用来转移设备，16 个小时用于生产。

把这当作库存问题来进行解决显然会存在矛盾。如果生产能够恰好满足当下的需求并且不产生库存，那么工厂只有 20% 的生产率，但是如果要达到 80% 的生产率，那么 15 个小时的多余生产必然会导致库存。对这个矛盾的解决办法是，要意识到这个问题并不在于库存本身。问题的关键在于工厂生产缺乏弹性，导致需要 4 个小时的转移时间。

在今天，许多管理者和精益生产培训人忽略了逻辑这一环节，认为精益生产实践就意味着库存是不好的。直到 20 世纪 70 年代中期，我们用了很多年才认识到集中精力于库存本身并不正确。我强烈建议大家千万不要再犯同样的错误。

尽管减少库存对于准时化生产是必要的，但是只削减库存并不能解决这个问题。对于缺乏弹性的生产唯一的解决办法就是大幅度地减少转移设备的时间和成本。现在我们有了解决这种缺乏弹性生产的技术，并且也能够解决其他因预防库存而造成的制造问题。这些技术都将会在第 4 章至第 9 章依次介绍。总而言之,精益生产技术促使精益理论得以成功。

早期员工参与观点:质量圈

在意识到存在能够使精益理念得以付诸实践的技术的同时,我们也知道精益生产是每个人的基本工具。管理者和工程师没有时间在细节上把精益实践做到最好、最广泛,是因为那并不是他们能为企业作出的关键贡献。如果要把精益实践做到最完善,必须要求所有阶层的员工参与,特别是一线员工。

然而,在西方工业探索精益实践的最初阶段,就像我们在理解精益生产技术方面所遇到难题一样,当我们试图去建立一种在生产一线形成问题解决型团队的精益文化的时候,也遇到了相似的困难。这些问题来自同一个源头:就是对形式和实质间差异的困惑。首次尝试在一线推行全员参与的时候,我们只用了精益文化的形式,而不是使得它更为有效的本质。直到我们意识到只模仿形式而不具有本质并不能成功地让员工参与进来协助我们成功。

我们用来描述在日本的所见所闻的语言再一次误导了我们。我们观察到了日本的一线改进措施,日本工人们阶段性地停下工作,谈论他们的问题,然后接着以某种方式解决了它们。我们称这样的小组为“质量圈”。就像这样,我们只是描述了形式而不是质量圈的实质。

用同样的方法,通用汽车的管理者们取消了库存,让操作员们组成质量圈讨论问题。这又一次让我们因缺乏实质而吃了苦头。我们没有教给生产一线团队解决问题的新能力或者是如果发现了问题去实现解决方案的能力。因此,问题并没有得到解决。

在 20 世纪 70 年代中期的质量圈基本都是面对面的建议活动，没有实际的指导也没有做出实质改变的能力，这些讨论很快就变成了我一个朋友描述的"质量圈演变成大家互相抱怨的聚会，这难道不糟糕吗"。人们停下工作，详述问题，但是却没有真正改进的能力甚至是改进的意愿。因为我们只告诉了员工这些讨论将会使得工作和产品比以前更好，但是并没有做任何有价值的事情。我们让许多人失望，更失去了他们的好感和信赖。

关键点： 许多一线人员的参与带来了巨大影响。但是如果你不认真地控制好的话，这种能力非常容易失控。一个朋友最近描述了一个类似情形，一个人相信自己能在骑术表演中成功驾驭公牛，因为他看见过，并且明白必须要牢牢抓住绳子。他确实牢牢握紧绳子，但是如果他只知道这个，并且只做这个，当公牛被放开的时候，他会摔得很惨。

对于真正的、实质的文化上的转变，众多人直接地参与到改善过程中和精益实践的制造技术一样重要。为了高效地参与，人们需要清晰明确的目标并且把目标转化为对于自己工作有意义的指导。

除了已有的生产和操作设备的技巧，员工需要学习新的诊断问题和解决问题的技能。同时，员工也需要管理者给予时间来实践这些技能，给予资源来实施改善，给出能确保一线人员参与的行动框架，要使得所有的改善是使用正确的方法做出正确事情的结果。组织也要形成一个可以防止技术性疏忽出现的机制，在每个人做出的建议被采用之前都确保是在允许范围之内的。

成功的生产一线问题解决模式需要的远不仅是把人们聚集在一起来讨论问题，也不仅是赋予员工做出改变的责任，管理者必须要让员工获得有实际意义的能力，并且集中精力以获得可控的改善。在工业改善的团队合作中,这里提到的全员参与是一个客观的评价标准。

在西方工业中,我们也需要把不同文化背景的人融合到一个像日本人那样自然而然形成的和谐统一的队伍里来。当我们在实践精益生产的技术时,西方的工业领袖们已经掌握了能够使得我们获得这样效果的企业文化的详细知识。(创立和践行一线员工参与的企业文化的方法将在第 10 章中介绍。)

最终,西方的制造商们也开始理解精益生产以及全员参与的形式和实质。现在,西方很多实践精益生产的事例至少是和日本相当了。因此,回到当前,让我们开始对当下作为企业文化基础的精益理论和实践进行讨论。

浪费的八个来源

在制造过程中,精益生产实践者通常有八种明显的浪费痼疾的类型。精益生产包括在第一线的自发性的高效行动,它非常适合消除这些问题。精益生产通常集中精力于"操作中的八大浪费来源"。如果你喜欢使用精益生产语言,浪费的日本语为"muda",八大浪费来源通常被写作"八大 muda"。

1. 过度生产:在工厂中,生产那些当前并不被顾客所需要或者不被接下来的生产工序所需要的成品或者在制品,会使你占用可用于很快销售掉产品的产能、原材料以及劳动力。

2. 延迟:当你的生产环节没有连接起来或者是协调同步时候会造成延迟,后果是劳动力和产能在等待中而非生产中消耗。

3. 运输：运输是生产过程中必要的物料移送过程，在那些物料没有被自动递送到下一流程或者是给付顾客的情况下。运输产生成本并不能创造价值。

4. 过程：制造过程应当是可视化的，符合直觉的，并且是可控的。不符合这个标准的设备和生产流程都会造成时间、金钱和机会的浪费。

5. 库存：由于过量生产和用来预防操作方面的问题而存在的库存是一种浪费。存储、管理和独立地占有库存增加新的成本。用来预防问题的库存常常通过一种使得问题和库存都一直存在的方式掩藏了这些问题。

6. 不必要的工作：生产流程需要被设计成简单方便的过程供操作者执行。工作或者工人的转移并不增加产品的价值，但是对于缺乏沟通、工具不良、物料获取条件限制或者设备不良的状况来说这种转移是必要的，但这也是一种浪费。

7. 残次品：残次品的生产浪费产能、劳动力和物料。残次品经过的任何的生产环节都受到了浪费的影响。而送达给消费者的残次品将损害你的声誉。

8. 人力：最近对于传统的七大"muda"新增加了一个补充，就是如果没有全员参与的文化，企业中大部分人力是被浪费掉的。

关键点：八大"muda"能够让员工广泛地了解应该从哪些方面减少浪费以改善企业运营。精益生产的工具（之后进行详述）能够使得机械工具获得这样的改善。这些"muda"中很多是相互影响的。例如，当改善了因过度生产而造成的浪费，自然而然库存的浪费也会减少。

为了消除"muda"，在生产一线的每个团队所选择的合适战略是由企业的策略和将企业策略转化成为具体的子目标来实现的。在操作层面，不同的团队有不同的贡献机会，描述这八个潜在目标的优势是给每个团队一个或更多的改善机会，这里要忽略具体环境的影响。

八大"muda"，或者说八大浪费来源，是精益企业思维的重要部分。"Muda"能够在企业一线形成对于运作中的基本操作损失的共同认识。八大"muda"描述了人们应当抓住的改善机会。

库存和运营问题之间的关系

谈到最基础的精益生产价值，许多人会立刻联想到关于精益生产的价值，即非常真实、直接的与库存或者其他形式的多余资源与操作问题之间的关系。这是因为库存和其他特别需要的资源（已知的或者未知的）可以防止制造工厂遭受诸如设备失效、产品质量瑕疵和缺乏弹性等造成的影响。当部分设备在维修的时候，其他部分依然可以继续运转，这样可以分离运作和库存。如果没有这些中间态的库存，任何部分在某个时间停止的时候，生产都会停滞。同样的关系也存在于使用库存来调节遇到的质量问题或者其他问题时。

通过库存来预防和应对设备故障或者质量问题，影响和损失都不会使生产停滞从而造成昂贵的时间危机成本。虽然没有了因为遭受不可靠而造成的时间危机，但损失和影响逐渐通过产生和管理预防库存而产生的成本体现出来。把突发的问题、可靠性问题或者质量问题的成本通过生产和操作库存分布到了表面平静的较长时间段内。从传统角度来看，这种库存的存在能够使得生产效率更高。但在精益思维中，库存包容了,实质上是遮掩了由原本的问题引起的浪费,与此同时也增加了新的库存浪费。

关键点:如果你能够解决基本的可靠性和质量问题,那么立刻取消库存是一种可行的方式。但是如果你在还不能解决这些问题的时候就取消库存,这会使得你的处境变得更糟(就像在缺乏弹性的设备问题的讨论中所阐明的那样)。更为重要的是,如果理解了问题和库存之间的关系,你能够掌握现状并取得当下尽可能最好的结果。这就是精益思维的基础。

精益理论中,库存是生产问题的可视征兆。库存通常被用来预防未解决的生产问题。因此二者有着直接的配合关系。如果某处存在大量库存,通常在同样的地方可能有着很大的问题。如果一家工厂在多处都有大量的库存,则说明这个企业可能有许多问题。"Muda"可以识别出制造问题的本质,库存可以帮助识别出问题所在。

关键点:对引入精益生产的领导,充分地理解基本的精益生产概念是非常重要的。尽管库存本身也是一种资源的浪费,但是通常并不是生产中浪费的根本原因,而是作为其他问题的一个征兆。因(问题)果(库存)的潜在顺序识别,对于成功非常重要。先解决最初的问题,然后消除库存。

尽管问题和库存之间的关系说起来很清楚,但是初次实践精益生产最常见的失败原因是领导者和雇员对这件最基本的事情感到困惑。当你在操作一线上引入精益生产时,你和工人们都必须理解,为了获得可持续的改善,不能仅仅是消除库存。首先,必须要解决需要库存的问题。就像在其他的操作中一样,这是一个形式和实质的对抗。消除库存是精益生产的形式,是可视的,并且是简单的,而解决基本的操作问题,即达到精益生产的实质,是很难看到并且很难做到的。完成没有实质的形式,并不能获得实质的改善。

案例分析：没有实质的精益生产形式

2005 年，因为森科尔公司打算增加运营部门，管理部门增加了一个独立的供应链组织，来推进减少现有库存的行动。他们把这叫作"精益库存"活动。他们减少的一项库存就是机器维修的备用零件。不幸的是，当时之所以会有备用零件的存在，是因为在那段时间里，森科尔的设备运行不良，经常需要这些零件来进行维修。这个对精益理念的不当利用导致当机器再次出故障时候，没有备用零件。森科尔的可靠性问题因为这项活动变得更为严重了。

八大"muda"描述了精益生产想要强调的问题本质，库存的积累经常是作为显示问题存在地方的征兆。然而像森科尔以及它的供应链部门所经历的那样，如果存在概念的误解，即使是在和工厂生产关系很远的地方发生的，且本意是好的变革，也可能造成严重的后果。

价值流和辅助过程

企业思维的另一部分即是要求企业展示精益生产的应用，并且在生产之外的领域取得改善。这最终成为一种令人惊讶的强大和宝贵的需求。流程型生产企业特别需要关注运作过程以及主要设备的状况，因此我们通常都非常了解在这些领域可以进行的改善的具体方面，同时也非常了解为了获取竞争优势，我们的竞争者在同样的操作中会做一些什么样改变。然而因为这种情况集中在运作部分，我们通常不能在企业的其他部分看到机会。

我们希望能够通过精益生产的价值和实践将改进覆盖到每个人，在生产之外寻找具有很大价值的改善机会。这些间接的机会在成本和绩效方面具有发挥惊人影响的潜力。设计并且使用新的设备的工程师能够迅速地使这些设备符合这个目标，合同的签订者将会与供应商建立更多支持性的关系，供应链的管理者能保证足够的备用零件，还有其他的一些支持举措，诸如提供信息技术支持和人力等，这能够让大家通过改善表现来增长斗志。所有这些为整个公司提供了真正的改善机会。

案例分析：非制造改善潜力

1987年，在埃克森，我遇到了一个这样的案例。当时，员工从一个城市搬家到另一个城市的时候，人力资源组织中的一个小组承担自保险的项目，防止员工个人财产在搬家的过程中受到损失或者破坏。那时埃克森为搬迁的员工花费超过70 000美元，员工们本来认为搬家会很麻烦，但是没想到非常顺利，于是在新的地方马上开始高效地工作，这钱花得非常值得。在新到达的地方，员工们在适应后几天内就能完全投入工作中了。除非在搬家的过程中发生了重大的私人财产损失，否则人力资源组织自保险小组就不会被牵涉进来。

要处理一宗损失索赔案件至少需要6个月，有些情况下甚至需要更久。而比较起来，德克萨斯保险规定中详述了规范化的保险行业如果超出 90 天的期限就可以作为"有意不当行为的表面证据"。具体来讲,埃克森人力资源部门负责的保险延迟的时间要比保险行业和立法组织者们认为有意不当行为持续的延迟时间超出两倍。他们并不是坏人,他们只是在行动但是没有管理意识,以至于没人预料到这结果会有多么糟糕。然而对于这些我们依靠的员工,结果是重要的,过去经常会因为个人的原因在到达一个新地方的时候几个月内精力一直不集中。

近来,我遇到了另外一个在生产之外进行改进的令我记忆深刻例子。在原油价格从 2008 年夏天超过 150 美元到 2009 年 1 月降到不到 40 美元的时期,森科尔对于原油的价格非常关注。在众多其他事务中,我们尝试减少公司拥有的轻型交通工具(小汽车和公共街道上的皮卡)的花费。

尽管和几个高级经理进行了几周严肃的谈话,他们看起来都考虑了每一条关于交通工具的准则。一天,公司除雪队的负责人出现在我的办公室,带着一张最近两次雪天都没有开动的 147 台车辆的清单。在掌握了这个信息之后,我们终于找到了突破口,最终我们在轻型交通工具的年开支中节省了超过 2 000 万美元的花费。对我来说更深刻的记忆在于,当大家都知道你尽力做的事情后,每个人都能够帮忙。

关键点: 在任何组织,都会有很多这种例子,进行节约、提升表现或者仅仅是告诉大家,公司的每个部分都在迈向卓越的相同的路上。

在公司间接领域内和在工厂内生产中应用到的精益生产工具几乎

是相同的。在生产一线和后方的办公室里，八大"muda"都是同样存在的。关键的是要组织在间接领域的人们用在生产中同样规范的方法来思考自己的工作。在这里有种特别有用的工具被称作"价值流图析"。

无论在生产中还是在间接运营中，基础价值流绘制的理念可以用来进行清楚地认识被创造的价值，理解对这个价值有贡献的每个工作要素。在生产中，这个实践被用来识别那些对于期望的产品价值没有贡献的工作，从而有一个消除浪费的合适目标。价值流图析对于间接的工作是完全一样的。另外，在间接领域中，价值流图析可能让在这些岗位上的人们第一次停下来，正式地考虑他们在完成常规工作之外，期望创造的价值是什么。在这中间获得的知识和评价往往会有惊人的影响。

案例分析：价值流图析的意义

我曾经帮助埃克森化工的技术副总裁解决了一个来自埃克森技术中的问题。尽管这是一个纯粹的研究活动，却证明了托马斯·爱迪生的说的"发明是10%的灵感加90%的努力"是正确的。

这个难倒了博士级科学家的问题，其实本质上更多是努力的问题而不是灵感的问题。因为科学家们认为自己的重要作用只在于发挥创造性方面，别的使他们的创造力得以发挥的活动并没有得到很好的组织和管理。我知道了这点后，矫正了日常的工作，使得创造性的过程进展得顺利很多。价值流图析，或者因为关系到工作流程而思考价值流，能够帮助你取得成就。

在公司的非生产领域,有许多精彩的关于改善的好故事,这对精益思维和价值流图析有所贡献。当你认识到要在生产操作中应用精益生产工具时,也应该记得他们在别的领域同样可以适用。

精益生产价值：减少库存能使改善具有持续性

另外的三个精益价值和资源浪费之间的关系将使你进一步建立成功精益生产的企业基础。

1. 当你成功地解决了问题,取消了过去为了预防问题而存在的库存,你需要确保建立的解决方法能够长久适用。如果解决了的问题重新出现(经常出现的情况),因为不再有预防的资源进行缓冲,重现的问题将会迅速并且非常明显地显现出来,你可以再次迅速地解决它,投入更多注意力建立一个长效的办法。同样地,如果在你解决了问题之后还出现库存的累积,这说明你采取的办法还需要努力完善,因为它不是一劳永逸的解决问题的办法。取消这样的库存不仅仅是一种改善的来源,也是一种维持这种解决方法的方式。

2. 当你不确定问题在哪儿或者具体是什么的时候,问题和资源积累因果关系方面的知识是非常宝贵的。识别和检查工厂里积累的资源能够使你认识到过去没有注意到的问题,这是企业的精益思维一个基本的益处。在整个组织的人们开始质疑自己领域内小的非正常的累积问题的时候,我获得过一些惊人的回报。(第 6 章有详述)在大型组织中,许多很小但是非常消耗成本的问题占据了少量的但是非常昂贵的资源。这些问题可能不会引起工程师和管理者们的注意,但是可以被和这些事项关系紧密的员工们发现并且解决。

3. 库存常常可以被策略性地选择，用来应对你不能很快解决的问题。当你实施精益生产时，你的目标是解决问题，而不是容忍问题。

案例分析：当库存积累是唯一的选择

1986年，我在京都附近的中山制钢所（Nakayama）参观。直到出来的时候，这都可以说是我从未见过的最好的精益生产案例。然而，一出来我看到了很大一堆煤。在那时，中山制钢所就地保留了供应四个月的煤量。在我非常西方化的视角看来，这不是一种精益生产的原材料库存。根本的问题在于，在中山制钢所和它的煤炭供应商之间，是太平洋和被那时候运行不规范并且声名狼藉的澳大利亚贸易联合会掌控的铁路和煤矿。这家"最好中最好"的精益实践者意识到一个问题，那就是煤炭供应的不确定不可能被固定下来或者被控制，所以它们用一堆煤炭掩埋了这个问题，因为公司无法解决煤炭供应不可靠的问题。为了确保不会阻断别的表现优秀的操作环节，公司做了这样的决定。

精益价值：参与文化

一个基本的精益价值观就是企业里每个人都应该以个人的形式参与进来，并且和企业的成功息息相关。精益生产理论使人们意识到自己在操作中造成的浪费。精益技术使你能够解决问题并且消除由问题造成的库存积累。在这个过程中,员工们更多地了解工厂的运作以及他们怎样才能做到更好,工作成为运作和改善企业的整合活动。

当你处在一种人人都运用精益理论和精益工具尽全力进行改善的文化氛围中,你也会愿意加入,你将会发现自己能取得比想象中更大的成果。产品、运输和利润将会有奇迹般的提升。创造一种参与文化氛围的好处很早就被认识到了,但是我看到许多尝试建立有效机制的领导失败了,他们已经失去了获得这样成就的渴望。问题在于这些领导们以为自己的雇员会对作出重要贡献具有强烈的热情和动力,他们仅仅是在等待领导们让路。仅仅是准许员工们完成没有结构化的改变,没有什么比这更加不合理和有害的了。

雇员们确实有使用基本方法作出贡献的潜质,并且他们有这样做的想法。精益理论、工具和实践,给了他们操作的能力。要使得许多人完成个人贡献,并且不会因为诸多随机的行动而导致混乱,需要制度化的管理。作为一个流程型生产企业的领导,你不想并且不能容忍不确定变故的出现,包括为了进行改善而引起的变动。连续生产非常严格,即使是一点非结构化的改变都会造成严重的、危险的阻断。

我想让那些持续使用正确方法做正确事情的人们来参与进来,使用正确的工具,并且处于安全和适合的操作范围内。简而言之,我们需要员工在制度化和集中化的生产团队中扮演好自己的角色。对团队作出的最大贡献来自所有的人,当然也包括天生的领导者或具有天赋的人,每个人都作为团队的一员扮演属于自己的角色。高效的团队合作从定义团队的任务和每个人在团队中的角色开始,直到交流并且制定整个活动中的规则。达成企业的精益思维共识是这项工作的一个重要的文化要素，然而，建立一个合适的企业文化，也包括将在下一章中进行介绍的策略性计划和政策，以及其他将在第 10 章和第 11 章详述的文化要素。

> **关键点**：要想从精益实践中获得完整的价值，你需要建立每个人高度参与并且对于企业成功有所贡献的企业文化。企业的精益思维和其他的精益生产的文化推动代表了一种精益实践的基础能力。和"不要挡路"完全不同的是，创造并且维持一种全员参与的氛围是严格规范并且非常困难的，但是在你所承担的管理任务中，这也是最值得做的。

注释

流程型工业中精益实践的价值流绘制和机械工业中基本上是一样的，所以在本书中将不再作进一步讨论。因为这个原因，我也不再讨论在企业的间接领域改善的其他机会。在流程型工业中的人力资源和其他的间接操作也和机械工业中类似。在本书中，我们将集中精力于流程型生产需要的特别处理领域或者能够从我们的生产中提供的特别案例。

第 3 章

策略部署

引言

企业持续精益文化的第二个元素是策略部署。在最基本的层面上,企业精益思维给你的团队提供对精益生产理论和价值的理解,使你能够开发自己的方法,让这些价值在你的企业中得以实现。策略部署,作为价值共享的指南,引发了对无处不在的共享行为的关注。结合这两个精益企业的文化元素使你能够鼓励一线人员参与进来,他们就能使用精益理论及精益工具来作出在传统运营中不可能作出的贡献。

在你的制造型企业中,精益是一种内在的力量,通过管理导向的活动以及工程组织的努力,你就能成功地从中获益。然而值得牢记的是,只有当你能促使一线员工作出贡献时,精益才能带来最大的价值。如果你能采取必要步骤,使很多人帮你发现,或者更进一步,他们能自主地帮你找到机会,精益就能发挥最大效能。

在成功的精益企业,超过一半的改善来源于之前从未以任何形式对改善作出贡献的人员。分享对企业目标和精益实践的理解,一线员工就能够完全适应由工程师和管理者带来的改善。

尽管几十年来,商业领袖们在以各种方式寻求由企业一线团队做出改善的方法,但从未取得良好成果。之所以人们难以获得这个期望很高的成果,主要原因是我们把鉴别问题这一工作任命给了其他人,限制了一线人员在这项事务上的参与度。这样一来,企业全部改善的能力就仅仅剩下企业内专职改善人员的技术和执行力。事实上,由于一线员工感兴趣的问题通常不能吸引工程师和管理者或不能引起他们的注意,因此,应对一线提出的问题,使传统的改善团队分心,而他们本可以做更宏观的工作。

　　除此之外,管理者还可以定期让一线人员通过简单的请示或许可就能做出自主改善,但需要保证一线的改善行为既是正确的战略也是企业必需的机制。这些努力的成果总是微不足道,原因在于一线人员不知道什么行动可以带来正确的战略改善,也不知道如何进行高效的业务改善,因此无法做到有组织的自主行动。正因为仅仅是局部的小改善,并且极有可能发生方向性错误,一旦发生自主改善违规就会被迅速抛弃,这种为企业和个人带来风险的参与模式不值得提倡。

> **关键点**:策略部署是协调许多自主团队的独立活动的管理方法,使得他们能相互协调,从而安全、有效、综合地生产,逐步达成企业统一的目标。

大事件与小事件

　　如果你想挖掘一线改进蕴藏的全部产能,你必须正式承认:在制造业中,有两个不同类型的改善机会。工程师和管理者推行“大事件”,这需要全公司的资源及相对长时间的实施。一线人员推行“小事件”,通常可以用他们手上有限的资源在短期内完成。事件大小的定性,不是基于事件效果的大小,而是基于所需的人力、物力以及时间的多少。尤其当大量小事件被整合后,小事件常常产生大价值。

　　人为划分事件大小的意义在于,当小事件的目标被仔细确定,授权范围被合理管理时,一线员工就可以自主地实施对小事件的改善。着重强调的是,根据确定的目标和谨慎的限制构建一个组织结构是有益的,由此带来的价值远远超过无组织的自主改善带来的价值,员工就能独立地为执行改善作贡献,并与企业的战略和需要一致。一线人员不会像工程师那样做改善,他们用自己的方式做自己的改善,并和工程师们的工作相辅相成。

事实上,在策略部署很好的情况下,一线的小改善往往是工程师工作的重要补充,使得工程师们能够更频繁地改善更大的事件。正如我们所讨论的那样,我们会促使一线人员在小事件上的改善工作集合成为全部改善工作的一部分。

从战略角度看待生产

许多商业领袖的精力消耗在执行策略细节的常规活动,却无法建立对企业战略的理解,不能将其传达给那些能帮助他们执行的人。同样,许多制造商迷失在日常运行的细节中,导致他们不能成功地把制造流程的战略意图传达给员工。因此,对于大多数人,尤其是企业的一线人员来说,在完成手头的任务之外,几乎不可能看到明显的目标和机会。

想象和理解的缺乏使员工局限于生搬硬套地执行给定的任务,而几乎不具有在例行事务被打断后再恢复过来的能力,也不具有在工作中取得创新的、实质性提高的能力。企业精益思想为员工提供了一个看待制造流程的战略视角,而策略部署提供了对企业目标和改善目标的战略理解。当员工理解你打算获得什么成果,打算怎样做时,他们才更可能具有作出创新性贡献的能力。

关键点:生产一线面临的这种情况,类似于司机手上没有地图,只是收到"一个转弯接一个转弯"的驾驶指令。如果到目的地的路径与预期完全一致,那这些基本信息通常是足够的。然而,如果有一个迂回、事故,或只是一个交通堵塞,仅仅接受"一个转弯接一个转弯"指令的人就无法从中断中恢复：他们只能绝望地迷路或停止。即使预期的过程是清晰的，当人们没有理解预计的目标——没有地图可供参考，他们就没有能力找到新的、更好的替代路线。

除了限制员工所能获得的信息，管理者还常常对一线人员的行动强加限制，因为我们假设别人一定会像我们一样做事（在大事件中）。而如果员工知道目的是什么，并且很清楚怎样达到目的，那么他们通常可以用更简单却更好的办法来做事（在小事件中）。

案例分析：一次去卡尔加里堡的商务旅行

我最近需要从森科尔总部到卡尔加里堡出差，那是一个历史悠久的博物馆，并且会提供会议和活动的场地。一个热心的行政助理利用一种受欢迎的在线地图服务为我打印了一份线路规划。幸运的是，卡尔加里堡是一个规划清楚的城市，市中心街道将城市组织成有指定顺序的形式。因此，我很快就知道如何从位于第四街道的森科尔到第九街道的卡尔加里堡。

幸运的是，我有一个明确的目的地和容易找到的路径，但助理给我的路线图是用来自驾的。作为未明确说明但是却包含在内的假设（我有一辆车），给我的路线图考虑了单行道的影响，并避免了在十字路口左转。若我步行的话，这些信息则没用，因为我不用考虑那么多的限制：对行人没有单行道之分，并且我可以在任意拐角过马路，所以我比开车更快地到了目的地。更重要的是，我比走完他给我的驾车路线要快得多。

　　图 3.1 和图 3.2 是我最喜欢的关于找到克服管理困难的方法例子
之一。森科尔的管理创造了非常独特的服务设备标准,例如,管架,图

图 3.1

图 3.2

3.1 展示了脚手架的正面图。这种增加的管理标准已经存在了很长时间。

案例分析：绕过障碍

我们的一线团队最近找到了另一种办法。他们利用登山齿轮代替在平地上建造脚手架的办法来完成以前的工作(图 3.2)，总成本减少了许多。每使用这项技术一次就会降低超过 80% 的总成本。此外，它还有效减少了搭建脚手架造成的生产启动延迟，但这种技术并不适用于每一种任务，然而只要当它合适的时候，就是完美的。

战略定位和必要的界限

在化学和流程工业中，允许一线人员自主改善(改善意味着更改)，就要求我们构建并管理一个规范严格的框架。要是这么做，我们就可以确保每个人都会一直以正确的方式做正确的事，且不超越界限，而这些界限明确定义了只有那些不会改变正常管理流程的更改是可行的。因此，在流程工业中讨论策略部署比在机械制造业中严格很多。

因为在流程工业中非受控的更改带来的结果是具有颠覆性的，一直以来，我们从未允许除高度符合规范的工程技术之外的任何种类的更改。事实上，在流程工业中，我们向来对一线人员做出的任何种类的自主改动都会采取阻止的态度。这样一来,典型的西方机械制造者与最好的制造者相比而言,就未从一线人员那里得到太多改善。而典型的流程工序得到改善与之相比更少,因为我们对改变管理需要投入了更多的关注。

机械制造者通常可以直接让员工大胆地进行改善,而我们需要构建一套管理流程,用来确保工程控制得到一致维护。对于自主改善,这种保障来自建立并管理明确的界限,在这些界限中,我们能够确保员工能够安全工作。在如此严格的一套流程之下,我们能像那些最好的企业一样收获大量来自一线的改善。这些谨慎设定的限制,能保障员工以正确的方式做正确的事,并收获重大改善。

大型集团用社会模型来确保员工习惯性地用正确的方式做正确的事,且不逾越限制,这种社会模型被称作是"文化"。策略部署和企业精益思想奠定了企业文化的基础,在这样的文化中,所有的雇员共享企业的价值、信仰、行为和惯例。企业文化的这些属性和社会文化的基本属性是一致的,它确立了员工更好地在该文化下做事的相互促进的行为准则。

企业文化的价值(战略目标)和战术目标在理论和实践上描述了朝着总的企业目标前进的所有人的信仰同盟。行为描述了那些预期和授权的特定行动,同时也描述了对于这些行动的正式或非正式执行的限制,最终也是企业文化的体现,例如,质量稳定(稍后会在本章提到)能够联合不同的文化成员,形成一个团队,"这就是我们的方式"。是一个对你的企业有非凡意义的统一声明。当你让每个人都进入一个"改善"的文化氛围时,那每个人都能帮助你确保这种文化的结果是符合预期的。

> **关键点：**我们都知道怎样为了一项游戏或其他目的，组建一个五或十人的团队。在大多数情形下，我们在团队成员很可能都有的、已经存在的社会文化元素的基础上，为团队增加一些特别的文化元素——价值、信仰、行为和惯例。为了工业目的，我们通常有更大的团队，包含来自不同社会文化的员工。当我们创建一个基于价值、信仰、行为和惯例的，适应企业独特需求的，专门适合员工的企业文化时，我们就能将大量不同的人转变为一个统一的工作团队。

自主改善的先决条件

策略部署由三个不同的要素构成，其中每一个要素对自主改善都同等重要。

第一个要素是战略方向。如果我们期望员工有能力进行自主改善，并且这些改善是有意义的、相互兼容的，那么我们需要全体人员去追求对企业有最大价值的统一目标。在流程工业中，每个人都理解哪些自主更改未被授权。领导层必须在企业上下清晰持续地阐明商业价值和战略意图，这样一来每个员工都能秉承同样的目标，接受相同的约束。共享战略意图是创建一个敬业的员工团队的基本要素。如果授权员工做更改，但对如何组织、引导、限制自主行为缺乏清晰的理解，会导致不可预测行为的发生，这类行为常常带来浪费和混乱，使情况变得更糟。

策略部署的第二个要素是：清晰明确地把企业目标和企业价值的内涵解释传递给一线员工，以便在各个工作场景里都能够指导员工怎样为实现目标而工作。在董事会议中，描述企业战略目标的文字和概念通常是高度凝练的，然而不经过解释就很难被一线人员理解。举个例子，CEO 会立刻理解"在不进行新投资的情况下增加工厂产能"这个目标。相对来说,这个目标对一个在星期天半夜工作在沥青提取厂的技工而言几乎没有任何指导意义。一个合理的企业目标,经过派生或者转换,就可能通过减少由例行维护带来中断的耗时,来增加各个工作单元的产能。这个派生的目标,伴随着合适的改善工具,就能恰如其分地告诉工人怎样工作。

此外,随着经过解释的目标在企业上下传播,一项重要的事务是建立各个一线团队之间横向和纵向的联合。在一个复杂的组织中,一个团队的行为影响其他团队的情形是很多的。所有团队都需要了解哪些事是重要的,哪些是被禁止的。他们需要理解自己工作上的更改对其工作单元的影响,各个团队不允许把改善自己的工作建立在使别的工作单元变糟的基础之上,这种对自主行动的限制是很重要的。相比于传统上由管理者领导的更改而言,由个别团队人员引领的更改,在一线人员充分明白并尊重其他团队的工作后,会呈现出全新的强度。

策略部署的第三个要素是建立行动框架。行动框架使得改进的步骤如同一线团队实践的一样,变得清晰可见。这样一来,员工就能持续地证明他们正在取得进展,正在以正确的方式做正确的事,且不逾越界限。此外,管理者还能够确信,尽管有许多人员正在采取不同的行动,但其结果总是正面的,并且各团队的行动相辅相成,得到了有效控制,此外还一直符合管理者通常的更改习惯。当所有一线团队的行动和意图是明显可见的时候,各个团队的成员就拥有相互学习的机会,管理者就可以用非侵入式的办法来监督这些工作,以确保自主行动的目的和限制得到了遵守。此外,可见性还显示了各个团队确实在积极实践一线的改善。

企业基于共有的价值、信仰、行为和惯例做出改善,这种改善的企业文化有一个有趣的特征,那就是用正确的方式做正确的事所带来的重要的社会回报。反之,严重的后果是由不正确的方式或不恰当的事造成的。当前,我们可以从很多最好的化工厂中看到这种社会效应,这些工厂都实行着工作场所安全观察制度。在工作时相互观察、补充或改进安全守则,这会立即提高我们的安全绩效,并持续加强安全文化。

我们将分别讨论策略部署的各个要素。我们还将考察它们全部得到应用后这个完整的系统到底是什么样的。

战略方向

在精益环境中,关键的战略要素不在于决定是否进入新的市场或开发新的产品,而在于给你的员工提供足够多的关于你的战略方向的信息,激励他们参与企业的更改或改善,使他们能够帮助你成功。这里的战略很大程度上是关于清晰沟通的,沟通是分享工作的有效途径,这对达成战略意图来说很关键。沟通你的战略,意味着向员工清晰地描绘你的目的。对比企业目前的状态,然后让员工知道你未来要去哪里,比告诉员工“左转弯”要好得多。

精益不是参与式的管理,不是让每个人都来决定哪些重要、哪些不重要。精益是参与式的执行,每个人都为达成企业目标出力。精益过程的第一步就是,保证每个人都知道目标是什么,为此该怎么做。一个好战略使得无论是通过定义排除未授权的事,或者通过定义去涵盖授权的事,都能产生同样重要的影响。而且通过这两种定义,战略提供了方向(哪些应当做)和警示(哪些不应做)。

假设你采取了一个旨在不进行新投资的情况下,增加现有产品产能和运作效率,并降低成本的战略。很明显,长期而言这个战略对你的企业很有益,而且你能够想象怎样把这个战略意图转换为有实际意义的行动,以便被工厂内所有一线团队理解并采用。知晓并理解这样一个战略,使得员工能在很多场合以很多方式完成大量改善,并且所有人的行动都是相辅相成的。在这样一个战略方向下,员工能够积极自信地改善操作,并且这些改善不会带来除了降低成本和扩大产能外的任何影响。提供清晰的方向和警示不会缩小团队的行动范围,方向和警示的作用仅仅是通过确保行动的一致性和兼容性,使得整个团队共同提高。

同时,这个战略做出了清晰的限制:尤其限制新投资,这对创造力的要求高于对资金的要求。重点说明了新产品和新设施不在战略意图之中。员工没有权力为提高产能而降低产品质量,也没有权力为提高产品质量而降低产能或增加成本,更没有权力发起投资项目,即使它能增加产能或降低成本。

清晰地定义哪些特定的改善类型是被授权的,排除那些未被明确授权的自主改善行为,这是管理层和团队的一项重要事务。当战略意图的方向和限制都清楚明了时,无论是一线人员还是管理者或工程师都能够确信那些在追求企业共同目标的人都在做正确的事,这样一来你就建立了企业文化的新价值。值得注意的是,除了限制做什么改善,还要限制怎样做改善。

> **关键点:**在流程工业中,一线人员的自主改善行为有一项重要的限制,那就是考虑管理更改的实践经验,以及其他过程中安全管理的要素。自主改善团队必须跟所有人一样遵守同样的规章。严格的规章确保了过程安全,自主行为不应当成为一线人员用来逃避这些规章的许可证。在你的企业中,不同的人会以不同的方式采取不同行动,但每个人在做更改或改善时都应遵守规章。对更改的管理以及实践的规划,构成了一套界限,一线人员在其中工作并做出改善。

　　无论在埃克森公司(以下简称埃克森)还是在森科尔能源公司(以下简称森科尔),我们不允许某些行动的自主改善,比如说穿透高压边界或碳氢化合物容器封皮。类似的行动将交给正式的更改管理流程,只有工程师和特定的专家可以对它们进行更改。尽管有这样的限制,但是通过明确哪些行动是被允许的,我们还是能够收获大量有价值的改进。谨慎细致地确定员工不可以做什么,管理者不仅能轻松地意识到一线员工可以做什么,员工也可以明白自己可以做什么。

　　对一线自主改善的战略界限不是对企业行动的绝对限制。战略方向仅仅限制那些授权给一线人员的自主更改行动。企业的领导者乃至一线团队,在遵照更改条例的情况下,更可能选择以别的方式采取其他积极的举措。

　　因此,策略部署的第一步就是沟通需要做什么,不应该做什么,不能逾越哪些界限。在精益制造的背景下,和你想激励的人员明明白白地交流,这一点在实际方法中需要进行着重强调。你会发现,如果你表达你期望什么方面做得不错,你的员工就可以作出大量的贡献。

案例分析：沟通目标

　　在森科尔实施这个方法时,我们让一线团队集中于做出操作"安全性"和"可靠性"方面的改善。在管理层我们有和"人员"、"环境"相关的配套目标,但对于大多数目标,在传达给一线团队时,我们大部分还是强调提高可靠性和安全性。在策略部署的过程中,我们发现相比于预期,一线团队展现出了更多的改善环境的能力。

因此,我们调整了针对一线的战略,把一线纳入改善环境的计划中。你很可能发现,首次解释企业战略的尝试通常并不完美。但这并没有什么,因为对每个人包括领导者来说,精益都是一个持续的改善过程,只有改善目标,尤其是改善对目标的诠释,才能完全符合要求。

沟通对达成战略一致的作用

在确立企业战略目标时用到的理念和实践,会被妥善地记录下来。然而,在企业上下宣传交流战略目标的事务没有得到同样妥当的记录,但这个事务恰恰是推行全面自主改善实践的基础。因此,我们接下来将聚焦于这个问题。在大多数企业中,一线人员通常很少进行由管理层发起的关于战略方向的交流。而我们需要意识到,沟通企业战略内涵,会在执行精益生产并寻求更多人参与改善的过程中,有效地帮助你建立战略一致的同盟。

> **关键点:** 即便是一流的企业也没有能力在短时间内改善一切,重大的成效源于战略集中,这意味着所有的重大进展都针对少数几个重要的目标。

在策略部署的沟通中,首要因素是确定你正在部署的是战略目标,而不是其他事物。领导者最常犯的错误是,仅仅在领导层谈企业的战略意图,只向一线部署一些详细的事务,以期获得理想的成果。如果员工不知道你的目标究竟是什么,那么,他们帮助你的能力就大打折扣了。

> **关键点**：当你向雇员沟通企业目标，告诉他们怎样帮助公司获得成功时，每个一线团队都需要分享你的战略意图。战略是用来描述企业成果的，而不是描述具体事务的。

确保战略意图的持续性并不像听起来的那样复杂。让我们来看一个简单的战略意图链：

- 森科尔的战略目标之一是提高合成原油（SCO）的产能。
- 因为沥青是 SCO 的原料，企业目标被直接解释为提高沥青产能这一战略目标。
- 在初级提炼厂，相应的目标被解释成提高从油砂中以化学方法分离出沥青的能力。
- 在二级提炼厂，相应的目标转变为提高物理分离（去除经过化学分离后残留砂子）的能力。
- 对于负责气旋分离器维护的团队，相应的目标是改善本工作单元的机械性能。
- 对于负责气旋分离器定期检修的团队，相应的目标是提高检修的成效，同时减少因为例行检修带来的生产中断时间。

在上述目标解释的简单范例中可看出，一线维护组织建立一个和企业战略意图一致的目标是有可能的。很明显，对于维护气旋分离器的一线团队，森科尔的战略目标对他们的维护工作很有指导意义，它使得这个团队不是在简单地执行例行任务，而是在追求具有战略重要性的工作成果。当团队进行自主改善时，你需要了解他们的工作意图，这项事务具有无可估量的影响。将战略目标牢记在心，团队就能够确立战术目标并采取战术行动，从而帮助企业成功。这样一来，即使没有了管理层直接的支持和指导,员工也能针对企业目标作出大量贡献。

然而,很多团队当前仅仅实现了战术目标,带来的价值远不如预期。和战略目标类似,战术目标涉及大部分工作,在一段时间内将很多事情授权给很多员工。关键的不同在于,战术目标只有对战略目标有价值时,它对企业才有价值。当战略目标还是一片混沌时,员工很可能基于一线的意图制定战术目标。例如,在提炼厂,如果维护工作的改进对沥青的产出起了直接促进的作用,那当然对企业有战略价值。但是,如果维护的改进主要是让维护活动更专业——例如,加强对维护条例的遵守,这对企业来说没有任何价值。

"为增加沥青产出而改进维护",我们必须像这样传达战略意图,而不能只是给出一个战术目标——改进维护,甚至只是更具体的行动——更严格地遵守维护计划。维护实践中的普通改善,比如更严格地遵守维护计划,也许的确有价值,但却没有独立的战略价值。除非战术目标的成果能促进战略意图的实现,并且它和战略意图之间的联系得到维持,否则它不能带来企业级的价值。

向一线团队部署战术目标,并且战术和战略之间联系的讨论仅仅停留在管理层,这是商业领袖们常犯的错误。他们头脑中想着战略,实际上部署着战术。他们只是在部署他们认为能带来理想战略结果的战术,而不是在部署战略本身。无论什么战略,战术目标和战术行动都是其重要的组成部分,当你发现当前战术对产生战略成效来说作用不明显,或者当前战术和战略意图不一致,就必须积极主动地改变战术。然而,如果由管理层制定了战术目标,而一线团队并不了解战略意图,那么一线人员就不会意识到更改战术的必要性,或者即使意识到也没有权力做出更改。更糟的是,管理层很可能无法及时意识到问题的存在。

其后果是一线团队长期追求不恰当的战术目标,这种情形屡见不鲜。

***

案例分析：战略与战术

在气旋分离过程中,森科尔领导层意识到提高设备的正常运转率具有战略上的重要性。不幸的是,他们采用了一个被认为能够改善可靠性的维护方案,这个方案仅仅阐述了战术目标——全面维护和例行维护同步改善,而没有部署战略目标——改善设备可靠性。管理层选择的维护战术本质上无可非议,加强对维护计划的遵守的确是一项不错的行动,它常常和扩大产能联系起来。

然而战术目标直接由管理层下达,战略意图被束之高阁,在这种情况下,战术常常会很快和企业的战略目标脱节。创立项目的数量是衡量一个可靠性工程师的首要指标。而是否成功完成计划的项目通常又是衡量一个维护技术员的首要指标。这样一来,可靠性工程师不会重点关注关键生产设备,也不会为了建立针对关键生产设备的有价值的项目多花一秒钟,但这些项目恰恰能应用到最关键的工段,能提高资产的效率。他们只乐于发现并建立那些能迅速完成的项目,以便做出一份漂亮的工作清单。这样一些项目常常只涉及最不重要的设备,对增加产能的战略目标几乎没有价值。类似的,维护技术员没有时间进行重大维护,他们总是在执行一些容易却不重要的由可靠性工程师创立的工作项目。

由于管理层授意工程师和技工增加项目数量,但缺乏战略指导,所以尽管大多数工程师和技工意识到错误所在,他们还是这样干了整整两年。当管理层终于察觉到了问题,管理者才更改了战术重点以契合战略意图。更重要的改善在于,我们要传达战略意图,修改衡量标准:以前是可靠性项目创立和执行的数量,而现在应该是设备的改善对企业战略贡献的大小。

在战略环境中,以及在与战略相适应的衡量标准下,我们的工程师还是在建立可靠性项目,但这次他们会在关键设备上做文章。技术工人和操作员仍然执行程序化的工作,但这次他们理解了战略目标,并肩协作,增加了所负责工段的绩效。我们的战术还是原来的战术,不同的是现在我们把战术放到战略环境下,因此获得了有重大意义的企业成果。上述案例很好地说明了在一线中部署战略和部署战术的区别。

关键点:一线团队了解了战略意图,他们能据此采取适当的战术。更重要的是,他们常常为达到战略意图,迅速地修改或替换战术。然而,如果管理层仅仅向一线直接说明战术,一线团队很可能无法意识到问题所在,或者即使意识到问题,也没有权力更改战术。一线只会如管理者所说的那样行事,小心地听从指令。要避免此类问题,管理者必须确信,企业始终以战略产生的影响来衡量成功,而决不用战术影响来衡量。

改善机会受限

改善例行维护是一种战术目标,它也许对战略目标有支持促进的价值,却没有独立的价值。然而,一些管理者除了部署战术目标外再无战略远见,他们只是在部署一些详细的战术行动。我们再以提炼领域为例,管理层开始布置改善目标,他们首先确定的是战术行动——使用

SMED(快速换模技术,详见第 4 章)提高更换耗损零件的速度。

　　尽管加快例行维护的速度是提高设备利用率的有效方法,但只是把这个战术目标单独提出来就限制了一线团队改善的机会。还有其他很多因素影响机械利用率和设备性能,它们都亟待改善,却不一定都用到 SMED。目前 SMED 在提炼领域仍然有所应用,然而最重要的改善源自实施 5S 和操作维护过程中维护和操作之间的密切配合。

　　管理层把作出改善当作持续追求战略目标之外的独立事件,这同样会限制改善。举个例子,管理层要求矿山维护团队把更换一个重载卡车引擎的时间减少 50%。尽管这看上去是一个野心十足的目标,团队还是很快超额完成目标。说到这里,他们被认为"已经完成了目标"。接下来我们给他们下达了持续提高重载卡车利用率的战略目标。最后他们将更换引擎所需的时间降低了 80%。更重要的是,他们还显著改善了悬浮液、变速器以及其他方面,大大提高了设备性能,为确保卡车的利用率作出了贡献。

　　在着手部署策略时,你需要沟通企业的战略方向。尤其在大型组织中,战略方向的统一是确保所有独立的团队协同工作、相辅相成、一致满足企业需要的基石。缺少对企业战略意图统一明确的理解,会使一线团队在工作时感到迷茫。

部署战略意图

　　战略意图是沟通的首要载体,它对沟通的机制和效果非常重要。这就需要一个书面目标(一个结构化的书面陈述)以增强其沟通价值。一个良好的书面目标有五个独立的要素,每一个都有助于沟通:

1. 简单易记的陈述。

2. 每当战略目标达成或取得了实质进展,就对预期未来做一次散文式描述。

3. 对当前状态的散文式描述——与预期未来做对比,认识当前状态和它的差距。

4. 发布数据——显示当前进展。

5. 陈述在追求最终目标过程中的阶段性目标。

用上述模板使目标结构化,你就提供了充分的信息,使得员工能够很容易地理解你的战略意图。

简单陈述目标

目标陈述使员工心理上承担起这些目标。它通常是一个单句,如"在投资少于折旧的情况下,提高工厂的产能和性能"。我在贝城的埃克森美孚使用这一目标,不久之后员工在大多数对话中把它简称为"提高产能和性能"。给一个目标作简单陈述的原因在于,这使得员工能将目标牢记在心,并经常探讨它。简单易记地陈述一个目标使得员工回忆整个目标的大多数细节成为可能。

在森科尔我们还更进一步,让目标和描述我们战略关注范围的四个词结合,它们是人员、安全、环境和可靠性。记住关注范围有助于员工回想起关于目标的简单陈述,进而记住目标本身。分享对目标的理解具有强大的力量,只需要简单的一个词,我们就能共享对公共工作领域的理解。举个例子,我们不厌其烦地用"员工目标"这个词来探讨竞争力源泉(详见第 11 章)。

对预期状态的散文式描述

紧随上述简单易记的战略意图陈述之后,要用一到两段的简短篇幅,来描述我们成功实现目标后,未来状态和当前会有哪些方面的不同。其内容必须包含预期更改的重要目标要素。例如,假如你的员工目标是创建一个具有高度竞争力的敬业的员工团队,那么你应当就竞争力和敬业来描述未来状态。

对现状的散文式描述

接下来,要用一到两段的简短篇幅介绍另一个要点,那就是对照未来的目标,描述企业当前的状态。如果你对未来的目标是竞争力和敬业心,那么你就需要描述有关竞争力和敬业心的现状。当现状和目标摆在一起,自然就清楚了两者的差距。事实上,这如同在说:“我们在这儿,而要去那儿。”对差距的分析增强了员工对战略的理解。

进展的客观衡量

对于读过未来状态的描述,却仍不清楚你想要达成什么目标的员工来说,你的衡量方式也能够阐明他们需要做什么。因此,你必须谨慎细致地建立衡量体系,这些衡量标准向员工描述了他们要做的哪些工作与目标有关。在之前的案例分析中,我们一开始用创立项目的数量作为标准来衡量工程师的可靠性,其后果是,尽管大多数工程师对不良结果心知肚明,但项目的价值和质量仍然在迅速恶化。

阶段性业绩目标

尽管沟通战略方向旨在确定企业未来 3 到 5 年的道路,但在此期间设立阶段性目标还是极其重要的。

> **关键点：** 持续的创新改善不会在一个五年计划的最后一年产出所有的战略成果。持续的创新改善应当定期产生阶段性的可衡量的价值。总是能定期取得进展是不大可能的，而越早意识到行动没有产生预期成果，你就能迅速做出反应。

我一般青睐每 6 个月建立一个阶段性业绩目标，有时更频繁。通常，如果你有一个未来 5 年的战略，在头两年，设置 4 到 6 个月的阶段性目标就能提供一个良好行动的保障。在后续进程中，阶段性目标可以一年更新一次，以此来反映已经取得的进展，提供持续更新的近期业绩目标。

一个优秀的创新会产生业绩的改善，要把这种改善同随机波动区分开来，6 个月的时间足够。6 个月的阶段性目标增加了急迫性，还在预期的改善目标没有达到的情况下，帮助管理层迅速觉察到问题。一线的持续改善必须在管理层开拓实践改善空间后迅速开始，一旦开始，一线必须及时并连续地上报结果，这一点乃是重中之重。在最初的几年，一线的改善努力会逐渐成熟并增加，但我们仍需要短期的明显改善。

目标陈述的格式

一旦建立了各个目标的五项要素，建议你用包含五个要素的单张印刷纸规范化地传播它们。这样一来，无论是传播组织目标，还是传播企业各级部门的与各自工作领域相关的目标，都会变得相对迅捷而容易，你也就能让改善的目标清晰可见。把企业战略意图的原版陈述以及下级相应的战略目标挂在墙上让每个人看，是促使下级进行有价值的讨论和理解的最有效的方法。图 3.3 示范了目标陈述的格式。

- **战术目标**
  保持作业许可
- **展望未来**

　　我们的企业需要证明,我们的作业是绝对合法、安全、诚实、恰当的。我们应当建立一个好邻居的形象。到 2010 年底,我们将达到或超额达到对于安全、健康、财政、审计控制以及人事标准的所有现行法律与规章的要求。我们将预估未来的要求,这会成为作业和企业计划的关注焦点。我们将改善与近邻以及当地市民的公共关系,成为一个值得信赖的、有价值的社区成员。

- **当前状态**

　　要求我们遵守各种法律强制规定、政府规章、行业标准、财会标准以及公司政策。我们的方法是积极响应政策法规,而不是预测新要求以便留充足的反应余地。如今,社区参与不错,能充分得到社区支持。现场安全远优于行业平均,但还不及理想状态。我们健康积极的工作成果没有得到衡量和宣传。我们遵守了所有现行法律法规。对现行财会标准和企业政策的适应度还不理想但正在改进。

- **衡量**
  月度
  - 公司雇员和承包商总的事故率
  - 社区投诉量
  - 行动调整量

  季度
  - 废水、废气、废渣排放量及趋势

  年度
  - 用标准评价模板评价项目安全和项目健康
  - 用标准审计模板审计财政和内部控制
  - 政府行为、政府投诉以及管制行为的量
  - 与行业协会合作的政策鼓励项目的发展

- **绩效目标**
  - 以 6 个月为一阶段,成比例地取得进展,到 2010 年,总的事故率不高于美国行业前五的平均值
  - 以 6 个月为一阶段,成比例地取得进展,到 2010 年,社区投诉减少 90%
  - 以 6 个月为一阶段,成比例地取得进展,到 2010 年,总的排污量(以吨计)减少 50%

图 3.3　目标陈述的模板

在组织内解释战略意图

　　策略部署的第二个要素是在企业上下解释战略方向。一旦你确定

了目标,并且确信一线能助你达成目标,你就需要把目标传播出去。这些
目标不是针对管理层的,也决不像公司计划那样一年一定,过期后归档封
存。这些目标只有得到常态化的应用,让企业各级员工都能帮助你达成目
标,它们才有价值。这要求你交流并传达目标,让每个中层领导理解目标,
最后传达到每个一线团队,让他们知道目标的意义和行动的衡量标准。

这项工作的关键,除了确保企业目标传达到一线并得到了有效的
解释,还在于确保不试图绕过中层领导,直接给到一线。不管高层管理
者多么真诚而迫切地想得到一线的帮助,一线都必须接受中层管理者
的直接领导,因为通常一线是向中层领导而不是高层领导汇报工作。

如果中层领导不参与自主改善系统的创建,最终高层领导必须把
注意力转移到细节和实践上,细枝末节的工作是如此庞杂以至于高层
领导不可能面面俱到,企业也就不会成功。只有让中层领导参与创建
及领导自主改善实践,才能激发一线员工的主动性和创造性。

此外,应当通过谨慎细致地给整个组织解释目标,来保证提出衍生
目标的可能性。

公司各级的目标和行动为共同的目标增添了价值,并且所有的目
标都是相互兼容的。在大型组织,尤其是一个下设有独立员工和职能
部门的大型组织,除非你花费极大的精力频繁地关注目标,否则独立的
团队很容易设立不一致的目标。

支持和一致性可以通过以下称作三层级考察(three-level view
process)的方法实现。如图 3.4 所示,三层级考察由一系列简单、重叠
以及递进的步骤组成,这些步骤旨在按照目标的来源评估、修正组织的
目标和行动。这些目标和行为通过同事之间相互分享,进而被全体员
工熟知。以下图为例:

```
┌─────────────────────────────────────────┐
│ 执行委员会──→执行副主席──→管理委员会      │
│   任务                                    │
│   ● 制定战略优先级                        │
│   ● 协调同级的工作                        │
└─────────────────────────────────────────┘
    ┌─────────────────────────────────────────┐
    │ 执行副主席──→副主席──→各管理委员会的主管  │
    │   任务                                    │
    │   ● 把战略目标转换为各功能模块的目标      │
    │   ● 识别需要改善的领域                    │
    │   ● 分配资源                              │
    └─────────────────────────────────────────┘
        ┌─────────────────────────────────────────┐
        │ 副主席──→主管──→经理                     │
        │   任务                                    │
        │   ● 把功能模块的目标转换为团队目标        │
        │   ● 确定改善计划                          │
        └─────────────────────────────────────────┘
            ┌─────────────────────────────────────────┐
            │ 主管──→经理──→管理员                     │
            │   任务                                    │
            │   ● 把团队目标转换为战术目标              │
            │   ● 资源改善计划                          │
            └─────────────────────────────────────────┘
                ┌─────────────────────────────────────────┐
                │ 经理──→管理员──→一线                     │
                │   任务                                    │
                │   ● 把战术目标和战术行动转换为恰当的工作  │
                │   ● 帮助一线建立起对战略的认识            │
                └─────────────────────────────────────────┘
```

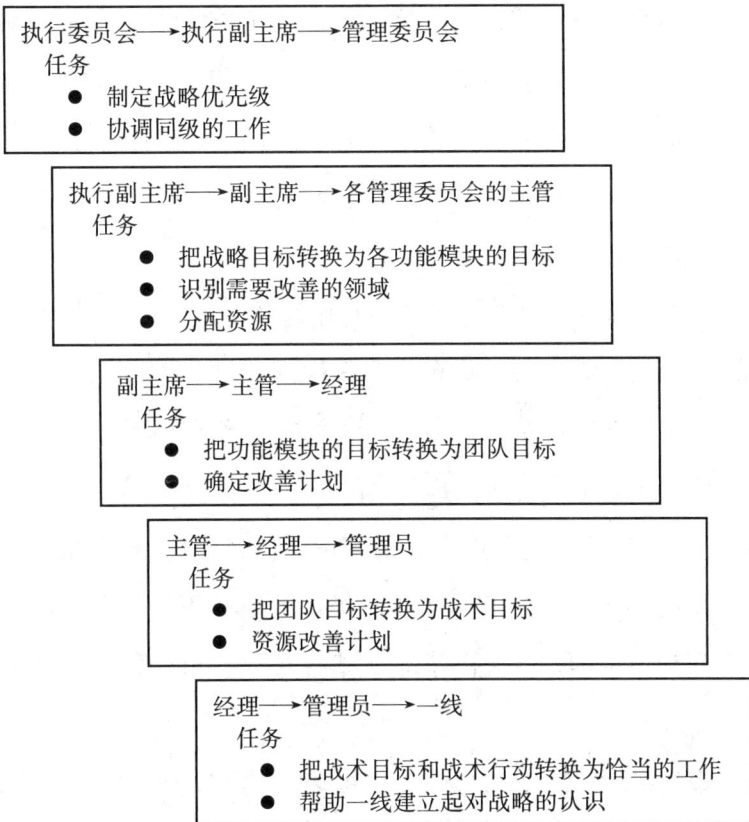

图 3.4　支持和一致性的三层级实现方法

● 在最高层，执行委员会建立企业目标，并在分管企业独立商务
部门的执行副主席（属执行委员会的成员）中传播分享。执行
副主席向他分管的商务管理委员会分享传播。这就是第一个
三层级考察结构：执行委员会作为一个团队，若干执行副主席
作为独立个体，各个管理委员会向分管它的执行副主席汇报。

● 然后，各个执行副主席和他分管的管理委员会一同处理商务工
作。管理委员会由若干副主席组成，副主席分管各个作业单
元。每个副主席与其他副主席以及执行副主席合作，根据执行

委员会下达的目标,制定整个商务部门的目标。他们还决定哪些目标会影响各自的作业单元。管理团队由一个副主席和若干向他汇报工作的主管构成,所以又被称作主管管理委员会。第二个三层级考察结构,就是执行副主席,所有的副主席和相应的主管管理委员会。

- 各个作业单元的副主席把目标解释给他们的主管管理委员会。主管管理委员会的成员将目标解释给他们的部门经理。这就是第三个三层级考察结构:副主席、主管管理委员会以及向主管管理委员会汇报的部门经理。

- 接下来,每个主管或者总经理和下属经理(直接汇报人)一起,用同样的方式把目标解释给经理下属的管理员。第四个三层级考察结构是:主管管理委员会、经理及其团队、经理下属的管理员。

- 最后经理及其下属管理员一起,将目标以一种具有实际意义的形式解释给各个一线团队。第五个三层级考察结构是:经理、管理员、各个一线团队。

在森科尔,每个层级的团队都是跨职能团队。因此,除了直接的商务汇报,每个团队的生产线管理人员还包括它的支持团队(例如,维护、供应链、可靠性工程团队等)的代表。在跨职能关系中,一些团队的成员从不同的职能部门得到不同的目标,但所有的目标都源自企业共同的目标,所以跨职能团队能从目标的一致性中获益匪浅。

用这种方法,每个员工依次参与到三层级考察的流程中。每个参与者都能意识到目标的来源、自己所处层级要采取的行动以及传达给下级的衍生目标。正是由于每个中层领导都参与传递目标的工作,因此不会用到高层领导越过中层领导直接给到一线的目标传达方式,也不会以目标大杂烩的形式传达给跨职能团队,使他们迷惑。相反,通过各级的理解,这一系列的目标完全符合手头的工作以及直接领导的预期。这些目标是有可能达成的,而且能使员工在这个流程中生活,至少工作得更好。

我们用森科尔的例子说明策略部署是多么的简单而有效,从企业高管到气旋分离器维护团队的目标传达过程中产生了几个简单易记的目标陈述,企业目标是增加产能。

- 森科尔执行委员会:基于现有工厂和设备增加产量。
- 含油沙部门执行副主席:增加合成原油产量。
- 提炼部门副主席:增加沥青产量。
- 气旋分离器部门主管:增加沥青分离量。
- 维护和可靠性部门经理:增加气旋分离器的利用率和可靠性。
- 定期检修团队领导:增加例行维护的成效,并降低例行维护引起的非生产时间。

当工作进展由一系列经解释后的目标来呈现时,有可能看上去并不显著。而当进展和一个优良目标的详细要点结合起来时,一线员工事实上就能够自信地说,他们在为企业目标的实现添砖加瓦,和同事的工作相辅相成,他们的行动是有战略意义的。

回顾之前关于战术目标的描述,增加例行维护在总维护中的比例。因为维护部门经理不能保持和企业战略方向的联系,他就采纳了一个维护战术作为改善目标,并且采用了一种让其他部门情况变糟的实施方式。正如第 2 章所说,本质上一样的错误还发生在供应链组织中,他们采用了"精益库存"目标,这使得维护和作业变得更糟。

上述两个例子中,管理者都很敬业,他们试图改善所在职能部门的

业绩,但它们采用了一个不利于企业战略改善目标的战术目标。不计
其数的例子显示了这个命题:一旦缺乏战略一致性的制度保证,就必
定有团队偏离航向。在传统的管理环境中,一线的自主行动缺乏有效
的约束来保证一致性,使得类似错误发生的次数超乎你的想象。

当我们在森科尔的沙油部门管理委员会讨论过目标实施后,一个
副主席注意到:"去年我们的执行副主席带来了 15 个目标,而我们花了
4 分钟来讨论。今年有 4 个目标我们却花了 15 个小时并且还没有完
结。"这是对进展的一个恰到好处的描述,也是一堂有价值的课。为企
业设定目标时,我们要谨慎仔细地检查上级指定的目标。企业中不同
工作部门的管理者,需要一定时间来理解怎样协同工作来达到目标,同
时还要分享各部门的特定工作的意图。

然而之前我们更多的是分开工作,只是定期坐在一张桌子前开会,
现在目标解释的工作把我们组合为一个真正的团队,制定一个共同追
求的目标。目标解释的一个要点是,不同团队以及不同个人之间新的
合作模式:要意识到通过目标解释,本质上是在追求共同的目标,而不
是通过并行工作追求各自独立的目标。通过较少但必要的时间来达成
共同的理解,使得我们去年的工作变得更协同、更成功。

关键点:目标的价值不在于你占有它,而在于传播它,使它得到广泛理解,由此带来
多方的支持,使企业得到改善。

行动的框架

策略部署的最后一点是创建行动框架。一线员工能够理解和执行

明确的战略目标,但他们还需要某种方法来证明他们将采取的战术行动是与"用正确的方式做正确的事"的意图一致的。行动框架需要管理者努力在工业生产过程中做到细致战略部署。

> **关键点:**战略方向描述该做的正确的事。行动框架提供人们有权力采取行动的边界或限制。

所有自主工业团队从关注、沟通并提出一个正式的做法,并从努力改善中受益。在工业生产过程,这种做法有特别的好处。我们不仅需要努力确保增加价值,并且需要保证改善是相互兼容的。于是没有团队能做出不良改变,或者引入或激活一个无收益或环境损害的风险。我们是一个注重细节的企业,注重创建和管理变革的细节就显得尤为重要,因为我们融入了那些之前没有任何权力做出改变的人们。行动框架和规则的做法管理、监督和保证,让人们实行自主的改善。允许自主改善但密切监督,它始终是非常谨慎的管理。

随着团队开始自主改善,需要一种方法跟踪进展情况来表明他们工作已经取得了价值。他们还建议评估和选择新的项目团队成员之间的内部沟通方式。管理需要一种方法,允许监测进展和成效,以及一种手段来确保遵守团队的权威和行动上的限制,同时又不过多干预团队活动。

质量站如何工作

行动的框架能够提供很多东西。在埃克森美孚和森科尔,我们称行动的框架为"质量站"。质量站必须做以下四件事情,以满足需求:

1. 它必须表现出团队接受的目标和他们打算实现目标的响应。

2. 它必须表现出团队通过客观测量的已完成目标。

3. 它必须表明什么是正在进行中的,以及其客观可衡量的成果将
   是什么。

4. 最后,它必须有能力使人们以交互方式提出建议,评估和选择
   新的工作。

一般的,一个行动框架是任何团队都想拥有的,只要它具有这四种
为其目的服务的元素要求便可。质量站非常注重细节,有着几乎完美
的执行,目标变成被钉在软木板上的一堆黄色板子。质量站的外观是
显著的,愿意保持它的团队会拥有它。我经常发现,质量站会成为团队
非常独特的个性。

因为质量站没有标准的格式,因此我总是犹豫是否显示样品,但我
总是被要求这样做。

图 3.5 是一个埃克森美孚的质量站;图 3.6 是来自森科尔的质量
站;图 3.7 是一个日本质量站。即使是在以标准化闻名的国家(日本),
个别团队来展示自己的作品的形式,仍可以是非常个性化的。

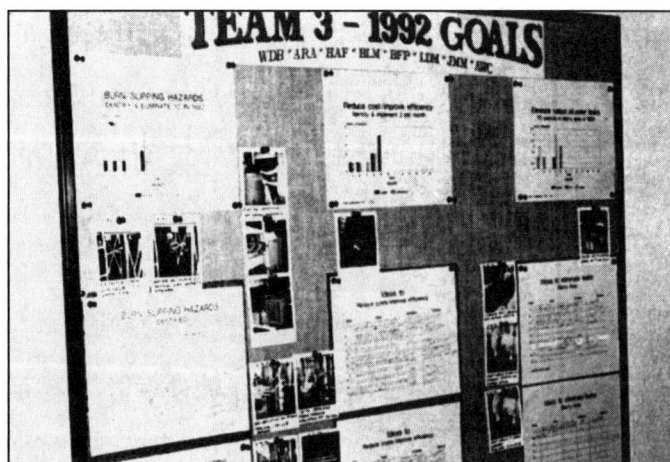

图 3.5　埃克森美孚的质量站

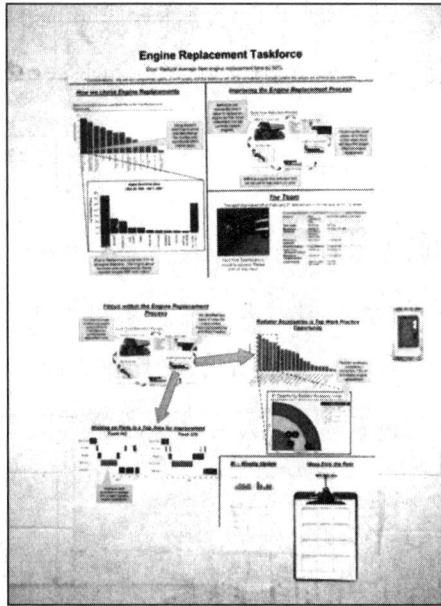

图 3.6　森科尔的质量站

图 3.7　日本质量站

一般来说,质量站的团队成员可以聚集于质量站,一起讨论和指导他们的共同工作,这也是一种使团队工作可视化的方法。这样的管理既可以锻炼少数人(管理者)对商业与安全的监督,又可以不介入团队的工作。

展示团队目标

每一个一线团队需要具体到团队工作的战略目标。这些目标需要来自企业的目标,并清晰显示出来。当一支团队开始在自主改善模式中运作良好时,对于一支 10 人的团队,平均每人每年 40 个或更多的改进是正常的。一年的过程中,团队的改善效率等同于 400 个人的改善效率。

在这样一个快速变化的环境中,团队很容易失去重点,并开始与原来的战略意图渐行渐远。因此要求每个团队不断显示它的目标和这些目标的变化,这样可以提醒团队成员和其他人他们应该做的事情。对每个已完成的项目进行审查,以确保它们是按原本设想进行的,可以选择每一个能够支持目标的新项目。项目中的任何人如果不支持目标,或者可能偏离目标,就可以修改或放弃它,以免造成损害。

质量站在部署目标后控制目标,并且要求每个团队不断地表明他们所采取的所有行动都是与总目标一致的,并且不以任何方式超过限制。质量站作为非侵入式监督的少数之一,在保证自主改善的同时又不丧失团队的完整性。如果团队很明显在做正确的事情,那么管理层则允许他们这样做。

展示团队已完成的工作

由于一些原因,每个团队都必须客观衡量它已经完成的工作。首先,因为整个过程只存在做出改善的过程中,因此团队需要证明他们在做与目标一致且有良好计划的改善。同时,这是一种非侵入性的监督,如果团队取得了良好的进展,管理层则不应干预他们的工作。任何时候,一个团队如果不能够证明他们能取得实质性进展,管理层就需要进行干预,提供力所能及的帮助,指导该团队开始或重新启动自主完善的过程。

第二,客观衡量一个团队已完成项目的结果,可以使团队成员如管理层理解目标的方式一样,了解他们自己的目标。与对目标定义的言辞相比,对目标的客观跟踪往往更有效力。其结果是很多团队注重适合的指标,远远不是对未来目标的散文性描述。即使当一个团队面对措施时表现良好,定期的回顾评估结果也是很有价值的。这种回顾能进一步保证工作团队在管理层允许的自主改善管理的范围内继续工作。

第三,当这项实践在公司中发展时,团队的成功合作案例,往往能够成为其他团队的激励与想法的来源,即使好的团队也可以从其他团队得到鼓励与进步。

展示进程中的工作

每个团队都需要至少有一个改进项目处于进行中,并且需要以一种容易理解的方式在质量站中展示其进展状况。团队成员正在做什么,和他们预期想要实现的结果应该是显而易见的。更高级的团队经常使用的东西,有点类似一个正式的项目管理方法,包括预算开支、预测完成日期以及其他数据。

然而,重要的是,团队必须进步,管理者必须能够监控这些进步,以确保团队专注于目标并在适当的界限内取得进展。如果一个团队没有改进,管理人员必须确保这个团队能在需要时,受到这方面的帮助。

　　说明：正如管理人员和工程师同意的一线团队的界限内的自主改进，同样重要的是经理和工程师为了保持持续监督团队在做什么，从而不断审查团队做了什么和正在做什么。

　　提供互动空间

　　团队成员和其他人可以在互动空间为未来的团队行动提出新的思路，互动空间有两个主要功能。首先是为团队成员提出可供考虑的新思路。如果团队在进行一系列的改善工作，它必须有一系列持续建议保证改善工作的进行。

　　第二个是在团队开始工作前，管理者与工程师可以在管理站的互动空间，得到一个正式和具体的机会去回顾建议。在行业应用过程中，这些互动栏目，通常有非常具体的与工厂的政策改变的管理直接相关的"执业规则"。这些规则可能会包括在提升到自主行动之前，任何新的想法必须有至少2周的考虑时间。实施这项延迟措施的原因是给其他人，包括管理者和工程师足够的时间"冷静审查"这项建议。这允许管理层和技术层的审查，有助于权威合理限制团队的自主行动，而不是完全对自主改进加以限制。如果一支团队找到了它想要或需要迅速执行的项目，并且它要求和接收一个特设技术审查，以符合传统的设备改变手续，它就可以这样做。

　　审查工作开始前，还需要提供进一步的保证：行动永远是在既定的范围内以正确的方式做正确的事情。这也保证如果管理层发现了一个需要进行干预的建议，干预可以出现在团队项目已投入或已采取其他任何行动之前，将那项建议撤销或重做。在这种方式中，管理人员可以保持业务控制，并且工程师可以保持技术而一般不干预团队活动。

　　还应酌情制定其他规则。例如，在任何时间，涉及的烃容器壳体或压力容器壳体流程的改善,我们绝不允许任何自主行动。还有其他一些自己的规则的做法,例如,每个团队将开发自主分配工作、选择项目的进程,或分配预算和时间等资源的过程,以促进理念变为行动。

实际策略部署:质量站中的对话

策略部署是贯穿组织内部正式且严谨沟通的主要实践。质量站处于这条链的最后。质量站中的沟通练习有两个重要部分。首先,一线团队成员内部交流了他们的目标、工作以及结果。其次,团队成员可以使用质量站与其他人交流。对于许多在一线的人员,这些谈话都将是其职业生涯的第一次谈话。谈话的结果是:他们将以全新的方式投入与你(管理者)的工作有关的事务中去。

一线工作人员经常告诉我,在工作的过程中成为一个明智的参与者或值得信任的同事,是他们最有价值的工作经验。在埃克森美孚,一个曾在公司工作 40 年的电工,当我们开始实施改善过程时告诉我说,在他漫长的职业生涯中,这是他第一次得到了他加入这个公司想要的工作!

类似的事情刚刚发生在森科尔。原本是一个工艺技术工的工会执行者要求来参加我们 SMED 的培训(详见第 4 章)。虽然 SMED 明显不会对他的工会有什么作用,但作为一个工匠,他觉得他需要参加。像埃克森电工所说,我们现在做的这类事情是他一直想做的。

团队内部沟通

当团队收到目标后,在将其转化为工作过程的讨论中,策略部署才开始有了实际影响。在此活动中,一线团队第一次以在日常工作外的方式,讨论他们如何有助于业务的成功执行。最初的讨论往往是理论

多于实际,直到团队有一定的一线改善的经验。团队成员都有了一定
的经验后,常见的是,这时团队重新审视自己的目标,并产生更好的战
略方向,以及更好的战术行动。这个过程中不断提高团队的目标是完
全适当的,因为长期的目标的各个阶段接受管理层评审,以保证一致性
和在允许改进的范围内。

团队发现,即使他们建立了良好的战略方向,他们的目标仍然相当
稳定,但他们支持该战略意图的战术目标和具体行动变化非常快。这
对团队来说是互动频繁的时刻,他们将互相接触,并做很多有关目标和
策略的谈话。通过交换信息和意见,他们提高了对工作的了解。

在工业领域工作过的每个人都经历了一段管理层要求一线改善措
施的时间。但是这一次,特别是当结合第 10 章提到的领导活动及第 4
章提到的自主改进的工具之后,这个需求看上去将会成功。管理不只
是要求人们做出改善,还会让它付诸实施。这是非常不同的,员工要及
时认识和理解这种差异。

> **关键点**:正如古语所言,寻求宽恕胜过要求允许。在工业中就是说,接受甚至鼓励
> 人们开始着手改善。管理者在以非结构化的方式寻求一线改善时,经常采用这种方
> 法。然而,对于大多数在一线的人,寻求宽恕会让事情糟糕,这不是个好的选择。同
> 样,在这个过程中的管理者,授权不被允许的变化也不是一个好的选择。如果我们
> 期望得到一线改善的利益,我们必须创建一个精心管理的行动框架,在这个框架内
> 人们都可以确信正在允许范围内以正确的方式做正确的事。

在将目标持续转化为实际的改善实践过程中,人们开始根据业务
的战略目标谈论他们的工作,以及如何在自己的能力范围内做有助于
达成目标的事情。以同样的方式管理委员会讨论能尽力达成目标的行
动,小团队的成员也这样做。在森科尔,我们给每队 8 小时分散在好几

班开始这一事情。在那个时间段结束后，各个团队可以说有了一些信心，他们知道如何为业务目标改变他们的工作。继良好的开端之后，他们继续将谈话作为定期的团队会议的一部分。

在小团队可以参与作出改变之前，他们需要全套的文化启用（详见第 10 章），但策略部署使人们能够了解他们的贡献是有用的。甚至在他们能开始自主改善前，将会从了解自己在业务成功中的独特角色而受益。

一旦团队明白了如何能够为业务作出贡献，团队将开始最重要的有关未来团队行动的谈话。每位成员的建议，会以书面形式出现在质量站，以便团队队员和其他人回顾。这与遇到即时问题本该与同事一起交流却交给技术部门是完全不同的。不管是不是个人有撰写提案的天赋，都不影响互动交流。审查建议的人都已经对操作内容熟悉，也可能对要解决的问题非常熟悉，或对与他们每天一起工作的提出了这个建议的人熟悉。这都是易于管理的不确定性。

我始终认为，标准建议方案失败的一个关键原因是你将永远不会收到一个人的第二个好的建议，除非在他/她提出第一个建议时，你做出了其所看重的举动。好的结果在传统的建议方案中是罕见的，但在质量站将不时被实现，在那里，想法会被最熟悉具体情况的人详细地审查。

一个对共同工作的队员提出改善建议的有趣方面是，想法往往从另一个建议中成熟或进化。相当好的建议一般会在工作完成前提出。我已经看到非常广泛的原始概念以这种方式发展成真正的大项目。举一个有趣的例子，原来改变建筑物上的排气系统的安全防护建议转化成一个完整的重新设计的机械系统。

　　尽管范围受限,但这种广泛的变化是真正自主的工作,因为在维修团队接受并实施改变后,工作可以增值,没有真正的增量成本来实现想法。系统的每一个元素在需要维护时被转换到新的设计。以这种方式,转换的成本被避免维修所抵消。其结果是对原有排气系统的转化需要昂贵的专业团队,但是维修会变得容易且便宜。最后的项目是在原来的想法中融入了 30 多个由不同团队成员增加的想法之后形成的结果。

　　除了理解目标和决定他们如何作出贡献,一线团队可以进行其他对话。团队通常有一个小的实施变化的预算(详见第 10 章),他们需要自行决定如何花这笔钱。他们还决定如何选择对工作的建议和如何分配团队成员之间的工作。这往往意味着有人做工作的改善,而其他人负责正在运行的单位的,这种转型是惊人的。过去很少参与的人很快在其操作的各个方面开始采取专有的方法。一线团队开始看上去很像小企业,是每个工厂成功运行的一部分。

　　团队外部沟通

　　当团队采用质量站时,社会上会有更有趣的变化发生,这意味着团队需要和团队之外的人沟通。传统意义上,在一线,与不参与手头工作的人的实质性会谈是罕见的。大部分人在传统环境中的工作包括常规工作,且只有轻微的慢节奏变化。此外,所有的变化已经被别人开始进行。这个团队的成员对变化毫无作用,除非不乐意或不情愿去体验它。

　　当高级管理人员或其他拜访者到工作区时,谈话几乎全部集中在安全或社会上,会很肤浅。高级管理人员花费了大量的时间跟工人谈论体育和天气。当谈话转向业务,它往往是测验员工或员工向经理抱怨。没有人对谈话是非常满意的。其结果是,许多真正聪明的人选择不与高级管理人员和其他到工作区的拜访者交谈,有人来他们会转身走开。每次发生这种状况,一个对业务提升的好机会已经丢失。

质量站改变了这一切。一线人员都深度参与促成改变的发生。团队构思发生了变化。顺便说一下,除了已经完成的,更多的是对进展中的工作的改进,一旦质量站正在使用中,总有与来访者之间的丰富交谈。

例如,一天,一个雪佛龙公司的高级管理人员及 10 名来自炼油组织的高级管理人员团队参观了我们在贝城的工厂。在一天的参观结束的时候,他非常赞赏并且表示我很幸运能拥有这样好的执行人员和管理人员的团队。当我告诉他,我是在他的日程中唯一一个不是工会会员的人,他和他的同事们相当惊讶。

在埃克森美孚贝城,我们经历过这种转型,我开始与等我去他们工作区的人进行最有趣的谈话,与他们谈论正在做的事情。在此期间,我们会定期举行在该领域的管理委员会会议,每个人都有机会代表一个质量站管理委员会的团队,而被其他部分的人认识。

参观其他团队的质量站也代表了一个了解人们工作和做法的良好的机会。这样一来,工厂内好的想法得以流动,改进可以穿过各个地方和领域,一些想法在其他地方转化为更好的想法。

案例分析：谈话的价值

当团队之间存在某种联系时,谈话的效果特别强大。例如,在我们的业务中,森科尔的升级和提取装置在很大程度上取决于水质和水量。从以前的经历看,水由提取组织来管理。当在森科尔的升级运营商了解到提取运营商提供的水质能影响他们的工作的同时,提取运营商也意识到升级运营商提供的水量影响自己的工作。于是,他们以真正了不起的方式开始了具有巨大好处的业务合作。这样的结果在以前是可能的,但却没有发生过,是因为以前一线的人从未清晰了解两个单位的共同需求和目标。

企业精益思想和策略部署相结合,会创造战略意图的基本知识,并能够实施一线实践的精益改善,人们将会有识别地去做正确的事情。

在接下来的六个章节,我们将研究精益基本工具的做法,也适用于工业生产过程。当你掌握每一个工具后,你可以及时提供给你的团队。他们尚未为真正的自主行动做好准备,但他们可以通过具体的管理、监督、指导和支持立即开始实践改进。通过这种方式,他们将通过新工具来获得专业知识和经验,这种新工具日后会成为他们自主地以正确方式做正确事情的基础。

第 4 章

改善机械设备灵活性与可用性

引言

精益价值要求生产设备必须避免产品的供应中断(可用性)、无效产品转换(灵活性)以及低质量产品(性能)。对于理想的精益生产过程中,一个车间可以在任何时间生产出符合任何要求的一切产品。当然,产品本身应当一直保持良好状态。

在液体制造过程中,能否达到很高的预期绝大部分取决于设备的情况。事实上,由于液体制造十分强调资金要求,因此改良工艺操作最好的办法之一就是提高设备的性能、灵活性以及可用性(关于设备性能的内容在第 7 章和第 8 章会提到,灵活性和可用性的内容在本章会有所涉及,第 9 章也涵盖了部分关于可用性的内容)。

精益生产中最为有效的工具之一就是 SMED(Single Minutes Exchange of Dies),也就是**快速换模**。值得一提的是,SMED 在解决灵活性和可用性的问题上效果尤为突出。无论产品损失的原因是因为设备急需为新产品重新配置(灵活性)还是仅仅需要修理维护(可用性),SMED 都可以极大程度上削减机械任务相关的产品损失。在实际生产中,SMED 的这两种用途极为常见,因此我们不会在描述 SMED 的时候对这两者进行区分。

说明:假设你在经营一座炼油厂(比如森科尔)或其他无须灵活性改良的工厂,你也会发现 SMED 是可以用来改良其他影响可用性的机械活动(比如日常维护)的一个极为有用的工具。

快速换模系统

SMED 技术主要应用于已改良的机械灵活性和日常维护的核心部分。新乡重夫先生所著的《制造革命：SMED 系统》首次描述了这门技术，这本书是由生产力出版社于 1985 年出版。当时我很快就拿到了一本，并瞬间陶醉其中。从此，我时而会购买几本，送给那些能够应用书中理念的同事。我推荐各位读者也买一本。

由于 SMED 是"快速换模"的缩写，于是我的同事常提醒我在液体加工工厂中不存在什么模具。这显然是不对的。聚合物颗粒的稠化（后面会详细讨论）就运用了一种颗粒模具，类似于一开始命名 SMED 的工业成型模。这表明在加工工厂中成功使用 SMED 需要语言和习惯上的一些转换，我们会在这里进行演示。

案例分析：通过 SMED 减少维护时间

我们在讲到森科尔的时候一开始提到了 SMED，主要内容是关于采矿维护团队为重载卡车提供日常维护。在刚开始使用 SMED 的时候，他们将 400 吨卡车所需的一次更换机油时间从 83 分钟减少到了 8 分钟。第二次运用 SMED 时，他们把更换卡车引擎的时间从 250 小时缩短到不超过 45 小时。通过开始的这两次成功经验，采矿维护团队在先前的基础上提高了 55% 卡车的可用性。我们后面还会提到许多关于改善工艺设备的经验，比如更换热交换器包之类。

在这章的内容里,我们会谈到一系列关于埃克森美孚化工厂塑料挤压机的案例。接下来的案例分析是一个简单的介绍。

案例分析：通过 SMED 减少制造时间

因为塑料球很容易处理而且可以用来保养设备,大多数生产塑料产品的制造商是为了去保养他们的挤压机以及需要密集塑料球的铸模机。然而,从聚合反应器中产生的塑料通常呈现为一种低密度的水晶颗粒。在生产聚合物的厂内,这些颗粒通常需要相当巨大的挤压机来提高密度并转化为客户可以使用的微丸。

由于制丸是在客户得到产品之前最后一道制造工序,它也可以用于在产品内添加一些客户的特殊需求,或者用于加强产品间的区别性。改变添加的材料一般需要挤压机或者支持设备本身做出一些变动,例如,比较小的变动是在添加材料送料机中切换材料;比较大的变动是将挤压机卷筒的操作重新配置,从阻塞改为排出。

在过去,因为加热后的挤压机中不能终止塑料的操作,重新配置设备就需要很多步骤:停止生产,清洗挤压机中所有的材料,冷却机器,重新配置,预热以及重新开始生产。通常情况下,这套操作从停止生产到重新开始需要消耗至少 15 小时。

自从用了 SMED 技术,在现实生产过程中,我们只需要花几分钟就可以重新配置设备。通过如此迅速的操作过程,我们可以得益于机器中一些流动的残余材料来在机器相对普通的操作过程中重新配置。如今,我们通常可以仅需损失表面出现的一点点转换产品(小于 100 磅),就能连续不断地进行在设备添加新材料。

关键点: 在机械生产过程中,一次好的改良可以将由设备重新配置过程而损失的生产时间从 4 小时减少到 10 分钟。在加工制造过程中,一次有效的改良可以将产品损失从 15 小时降低到 0。考虑到加工工厂的特殊性,一开始,关于灵活性的问题比机械制造的问题要显得更加严重,但反过来说,其中蕴含着更大的改善空间。

正如你所见,我们在重新配置挤压机的过程中,核心工作就是更换机械设备。尽管这个案例主要在讨论如何提高灵活性,其中也描述了如何通过提高日常维护速率来提高可用性。

向全美运动汽车竞赛协会学习

在讨论 SMED 之前,我们先讨论一个大家熟悉的类似例子:瘪了的轮胎。当你前去停车场却发现你的车胎漏气了,你就会意识到大概会浪费至少半个小时来处理。遇到这样的情况,一般会进行如下步骤:拿出备用轮胎,弄清楚如何使用千斤顶,拿出手册查阅千斤顶该放在汽车的哪个部位使用,最后再寻找工具。就在你开工之前,你就会浪费十多分钟。除去一些非常规的影响因素,换轮胎大概要花费半小时。

但是,在每周日下午的电视节目上会播放一个节目,其中大概的内容是关于全美运动汽车竞赛协会(NASCAR)的专业后勤维修团队如何在 12 秒内完成四个轮胎的更换并加足燃料。赛车和赛车后勤维护人员究竟拥有怎样的特质才会产生这样的奇迹?更为重要的是,作为观众的我们是否可以将这一切应用于实际？事实上，赛车队会自行配置一些专业装备并"保证赛车不脱离赛道"。所以，通过 SMED，你也可以配置你自己的装备并保证工厂的服务质量。

全美运动汽车竞赛协会后勤维护人员和你的工厂内维护人员事实上并没有太大的差别。专业后勤维护团队拥有 3 大业余人员所不具备的优势：事先准备、团队合作以及专业设备。由于我们很清楚自己的事业（操作工艺工厂），我们也应该可以把这些专业的优点应用于工厂。你会看到全美运动汽车竞赛协会的核心操作和 SMED 基本一致：

1. 事先准备：全美运动汽车竞赛协会团队做过充分准备。所有的工具、设备以及所需要的零件都全部准备好了。同时，他们也有预防偶然事故的工具和材料，以防一些零件不够完美或者一些突发事故发生。

2. 团队合作操作：全美运动汽车竞赛协会是由有一帮训练有素的人员组成的团队，他们在操作过程中会把整个工作分解为各个部分并按顺序完成。

3. 专业设备：全美运动汽车竞赛协会团队知道比竞争对手更迅速地重新配置设备所带来的价值，因此他们会花很多时间和资金来改善车辆、轮胎、团队本身以及工具和设备，尽可能把速度最大化。

第三个要素包含了一个相当关键的概念。全美运动汽车竞赛协会团队明白维持设备服务能力所带来的价值。尽管我在很长一段时间前停止了对这些数据的跟踪，但是印第安纳波利斯 500 英里比赛中的获胜者依靠的并非是跑道上跑得最快的赛车，而是赢在最短的中途维修时间上。这表明，比赛中赛道上所能够赢得的时间比服务点维护车辆所能赢得的时间要少。

案例分析：保持车辆在轨道上行驶的价值

2008 年，瑞恩·纽曼以 0.092 秒的优势赢得了代托纳 500 英里比赛的冠军。在 2008 年 5 月 9 日接受《华尔街日报》采访时，纽曼先生的首席轮胎负责人说："你不能凭借一次 12 秒的停车来赢得比赛，但可能因为一次 18 秒的停车而输掉比赛。"对于工艺加工者来说，这句话十分正确。

关键点：快速的单独机械作业不会带来成功，但是差劲的表现会导致失败。

将全美运动汽车竞赛协会的成功经验应用到自己的工厂

迅速地看一下全美运动汽车竞赛协会的每一个优点，你就会发现这个技术如何应用到你的商业领域中。

准备工作

并不令人惊讶的是，实现简单的准备工作往往会带来很大的优势。部分准备工作是用来建立紧密的联系与合作，这样一来员工就可以在设备停止运行的瞬间开始工作。另一部分准备工作是用来组织工作任务与工作间，提供合适的支持设备以及预备好相关工具。在赛车停止的时候，没有任何与"返回"操作绝对相关或者必须同时进行的活动发生。每一个其他的活动要么在汽车停止前结束，要么在汽车重新行驶后结束。同样，我们可以将这个情况应用在工厂内设备停止的状况中。

> **关键点：** 当完成准备工作较为优先时，准备工作本身并不会花费太多。通常来说，它们的成本更低，因为它们可以以更加合理的顺序完成。在工作开始前准备和工作开始后准备之间唯一的差别就是工厂会在准备的阶段仍然保持盈利。

案例分析：通过提高注意力盈利

在我们真正开始练习训练有素的 SMED 技术之前，森科尔在 SMED 提高上面获得了第一个主要的成果是将最初更换引擎的时间成功减少到 100 小时以下。在我们为 SMED 分析（之后会讨论）收集工作资料的时候，我们只需花费之前一半的时间来更换引擎。这是因为每个人在这个活动中都提高了自己的注意力。与全美运动汽车竞赛协会不同的是，直到那时我们的机械师们仍然没有意识到保证卡车在矿井中的价值。或者说，至少他们还没能够在工作中应用这个价值。

在每一个我们需要重新配置设备或者为维护设备停止生产的时候，我们没有理由做不到像全美运动汽车竞赛协会那样程度的准备工作。

> **关键点：** 通过森科尔卡车的故事，你可以创造日常工作合作程度所带来的价值以及给予团队一种反馈的机会，由此得到一个类似的同步提高。但要记住的是，之前所提到的停车维修价值并不是来自驾驶员或者首席工作人员，而是来自换轮胎的技师。

如果想立刻达到全美运动汽车竞赛协会那样的准备工作阶段，我

们工厂内存在的理论上的困难就是,关于计划将这种工作应用于所有
设备的时候,细节程度会超过我们专业计划人员的能力范围。因此,
SMED 是作为一线小团队可以计划组织的操作范围内最好的方法。在
工厂内的小团队和全美运动汽车竞赛协会的人员有着同样的规模和关
注点。在这样的规模下,人们可以在工程师甚至专业计划人员无法达
到的细节程度上计划并实施他们的工作。

　　由于这使得人们通过这个方法达到了一般工程人员所无法触及的
细节改善程度,SMED 便是自行改良中最为有效的工具之一。在自行
授权使用 SMED 方法的时候并没有任何很大的风险,因为工作的价值
流以及产品大体上没发生变化。以后你就会发现,主要的改变就是消
除了实施工作所留下的垃圾。

　　说明: 尽管 SMED 被认为是部署一线的一个工具,如果你有这个
需求或者机会去这么做,你可以在完成这个部分之后立刻指派专业
人员来进行。这样一来,组织的剩余人员会把这个成功的案例当作
典范。

案例分析:关于流程的阶段材料和提醒团队

　　埃克森贝城化工工厂的维护经理利用一次机会创造了埃克森
第一个 SMED 改善,并在他介绍完这个技术的两小时后完成了改
进。他把 SMED 原理应用于一个聚合物"分类器桌"的维护工作,
而这个桌是用两个屏幕来对挤压器传送出并经过不同种筛孔大小
的塑料小球进行尺寸控制(如图 4.1)。过大的小球以及块状的聚

合物都会被第一个屏幕阻挡,而剩余符合尺寸或者更小的球会经过。第二个屏幕可以识别合适尺寸的小球,把粉末和过小的小球排除。这些屏幕需要根据机械磨损进行周期性的改正。我们之前能够将这个任务整体的损失时间从六小时削减到六分钟,然而仅仅在停止运行和介绍工作之前收集到了一些材料和工具(如图4.2)。尽管改正这些屏幕并不复杂而且一个月就进行一次,埃克

图 4.1   操作中的聚合物分类器桌

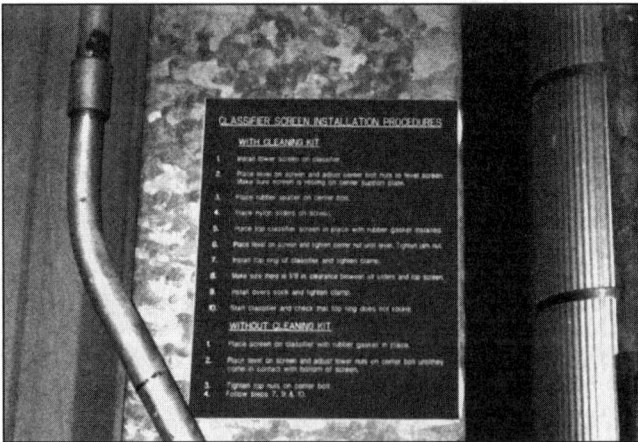

图 4.2   分类器桌的维护说明书

森却动用了五个团队来提供不间断的操作覆盖。结果,团队绩效非常显著。

团队合作

和业余人员更换自己的轮胎相比,专业后勤维护人员的工作体现出了很有价值的一个要点:他们总是多人一起工作。对于每一个有可能不能单独进行工作的地方,都有专业人员协作完成。很明显的优势是,整个团队就会有一个计划。这个计划不仅能够让所有人一起工作,而且能够让每一个人的工作总可以和其他成员的相互补充或者协调。因此,每个人都知道自己要做什么。

事先准备工作并需要多个人来进行工作,这表明服务停靠点仅有的一个很重要的目的是为了让赛车尽快回到赛道。有了足够的时间,一个人确实可以完成全部工作,但是这样不可能让你赢得比赛。在加工工厂中,我们需要明白同样的道理。在大多数情况下,一个多人组成的团队会比一个人更迅速地让设备重新运行。

尽管我们讨论的重点是关于让设备重新运行的速度,但千万不要认为多个人来完成一个人的任务就会导致劳动力浪费。

案例分析:减少工作时间以降低停工时间

埃克森曾有一笔生意,任务是挤压出塑料细丝、穿越其余材料织入廉价的纤维中,来把棉花缠绕成捆。作为编织操作工作的一部分,工作人员需要定期向"粗纱架"添加上百个新的细丝线轴,以满足织布机的需求。通过将每个新线轴的头部和旧线轴的尾部系在一起的方法，可将线轴加入织布机中。

最初，这项任务指派一人完成，这通常需要 8 小时不间断地工作才能完成。当我们将该任务指派给由五人组成的小分队的时候，他们仅用不到半小时的时间就能够完成。除了设备重返操作的间隔时间缩短了 7 个多小时以外，所需劳动力也减少到了一半。

造成这种差异的原因有很多。其中一部分原因是，对于单人单独作业，工作本身是单独的，由于要长时间的重复动作，这项工作也需要一定的体力；对于小分队作业，团队作业则是个不错的方式，且只需花半个小时。对于单个员工来说，8 小时的工作时间包括休息间歇时间和个人需求间歇时间，比如午饭。在此类间歇时间中，设备停止生产，也没有员工使其重新运作；对于小分队来说，他们可以使短时间内开始并结束工作成为可能，并且不会出现中断间歇。

设备

在停车场，当人们站在自己的车边时，设备是大多数人首先想到的。许多专业赛车的价值的确远远超出大多数私家车，但价值多半与提高赛车轨道性能的设备相关。仅有一小部分价值与可更易于并更快捷维护车辆的提升改善有关。当考虑到关于保持赛车轨道性能的商业价值时，这些提高维护的改善价值就更小了。

事实上这种关系在我们的工厂同样成立。虽然很多快速换模的例子如图 4.2 所示一样，并没有什么价值或价值极小，但当你需要花钱获得快速换模的效果时,这通常需要很多次操作才能达到效果。新乡重夫先生的书中有超过一半的内容描绘了实施简单改善的细节,这些改善可以使设备快速并易于维护或重新配置。在各种情况下,新乡重夫所描绘的改变与维修人员采用的改造相似,可以使赛车更易于维护。相对于设备而言,它们的价值通常较小;相对于维护设备操作性能而言,它们的价值就更小了。

再提一下,工厂中的技术人员和管理者不能为此目的而希望改善工作能够事无巨细改善所有设备。但当被授权可采取自主行动时,你可以采取快速换模,作为一个正式的实践工作,也可以将使用方法教给更多的人。根据新的实践工作,一线团队可以采用适度的方式改善自己的设备和工作方式,你也能够期待工厂的机械作业早日变得更加快速和便捷。

案例分析：刺激细节改善环节

在埃克森贝城化工厂,当我们首次引入快速换模技术时,两名备受尊敬的技术员立即表示愿意,表明他们在工厂中的小车间希望快速换模技术能够"驻扎"。他们凭借自己的自主模式利用该技术成功地定期提升设备性能。当然,这需要在他们授权范围之内。除了凭借着他们的努力所获得的操作提升以外,作为备受认可的车间领导者,他们对这项技术的引入使得该技术的认可接受程度更加广泛。显然,他们等待着恰当的时机想要作出更大的贡献,快速换模技术就给了他们这个机会。

此外，在这个努力改造的案例中，技术人员大的改善措施和一线团队小的改善措施中的协同作用十分明显。当一线团队对设备实施改善时，技术人员可以采取该实践措施，应用相似的方式把它用于所有的新设备当中去。技术人员也可以把快速换模技术作为一个巨大的项目。在主要生产纸制品的制造工厂中，几乎所有设备都有可变的部分。作为一种提升更换速度的途径，这些部分需要产品更换能够满足标准尺寸模块，也需要结构配置的设计有相同定位并能够装配进主干线。

生产线停工后，现有模块会被解开并从一边推出，同时替换模块会被从另一边推入并组装。生产线或零件都不需要单独调节或者调整大小。采用这种方式，产品更换可更便捷快速地完成。相较于完美的模块设计而言，每个模块都可能会有些欠缺与不够完美，但是，作为一个生产系统，它可以运作良好。比起之前将模块逐一设计完美，但作为生产系统的一个环节而言并不完美来说，现在的实践工作有了巨大的改善。

如何应用快速换模技术

当你认清需求时，快速换模技术会显得很简单而且相当直观。之前的一些人实施过类似于快速换模的技术，但并不是很正式，我经常收到他们的反馈。故事的发展往往是这样的："四年前，我们有一项十分重要的工作，它需要相当快速地完成，但是我们认为这根本不可能。快速换模技术正和我们直觉所做的事情一样。"当听到这类故事的时候，我很惊讶很少有人能够像新乡重夫一样认识到，机会就来自雇佣大量员工，正式并常规地采取上述措施的实践工作，而不是仅将其用于一些特殊情况，或者仅让少数专家掌握该方法。

案例分析：避免运行中断

　　埃德温·P.亚历山大的著作《宾夕法尼亚铁路：一段极富画面感的历史》描写了一个早期应用该概念的有趣事例。该书出版于 1947 年，讲述了一段发生在 1901 年的事件。铁路公司希望替换掉费城斯古吉尔河上的大桥，为了不中断这个交通要塞，他们在大桥的两边竖立起了临时构架。在其中一个临时构架上，他们建造了一座替换桥。

　　所有准备就绪后，1901 年 10 月 17 日（星期天）下午 2 点 53 分，最后一趟火车通过了旧的大桥。火车的最后一节车厢刚通过大桥，两队工作人员（一端一队）开始拆解横跨河道的大桥与陆地轨道的连接部分，四分钟后，两个提前安置好的特殊引擎发动，通过一组滑轮，一个引擎将原有大桥拉离到第二个临时构架上，另一个引擎把新大桥从第一个临时构架拉到桥梁永久地基上。三分钟后，陆地轨道与新大桥连接就绪。最后一辆火车通过原有大桥 12 分钟后，也就是下午 3 点 05 分，第一辆火车通过新的大桥。这发生在 1901 年。

　　当我开始把这个故事添加到快速换模技术的实例中后，化工厂里那些经常面对巨大机械作业的人们开始讨论"快速换桥"。对于制造工业来说，这是对原有快速换模概念的有效补充。

　　在森科尔，我们近来需要更换大型退火炉的对流段，因为它已被管中泵出的含砂石油腐蚀。快速换桥技术鼓励我们更快地完成这项工作，快到我们曾经会认为不可能。这对于为其他目的而计划好的运行中断来说是"基础工作"；不过，用这种方式来处理这项工作，我们可以在不影响原先安排的情况下着手开展并完成这项大规模任务。

快速换模操作的五个关键组成部分

快速换模操作的五个组成部分

1. 活动分离：为减少设备中断操作的时间，需要将运作设备或重新配置设备的工作分成两部分，一部分为必须在设备休止时间执行的"内部"任务，另一部分为设备停运前或启动后执行的"外部"任务。这种分离允许我们在停机期间将工作限制为该时段必要完成工作。

说明：在化工领域，此类计划中，一种并不详尽的形式在日常工作中被用以为周期性的"转变"活动做准备。区别在于，对于转变计划，少数策划师以不少于100小时的增量评估一项500 000小时的活动计划。在快速换模操作中，小分队以分钟甚至秒钟为增量来计划工作。

2. 改善内部活动：通过改善内部活动，可以进一步降低生产中断时间。改善的形式之一，是对大型内部任务开展细节分析，确定可以与其余内部工作分离的有意义的子元素，并在外部处理完。内部改善的第二种形式是从工作本身移除无用部分以提高绩效。第三种方法是再将工作细分，使更多的工作可以同时进行。

3. 改善工作团队：通过安排合适的工作团队，而不是像传统的维护实践工作通常所做的那样仅依靠单人或极小的团队，可以使设备回归较快的操作。派用合适的团队同时执行多项任务能够实现胜过人力增加的速度提升。的确,速度提升往往能减少总的故障工作。对内部工作的适当改善可以增加更多人员同时执行更多工作的机会。

4. 改善设备:你实施了 1—3 部分后,可继续改善设备。为了使设备运作或重新配置更加容易,通过对它进行少数简单的改善,我们便可获得十分可观的速度提升和价值。

5. 准备每项活动:在这个过程中,为快速换模做准备包括了其他四个步骤的结果。其目标是按计划精确地执行工作,所以,在该过程中这是十分精细的一步,需要尽可能接近这单生意的一线操作。我只想强调一遍:你的一线队伍能在对所有设备的紧密计划中取得成功,但你的专业人员不能。

我们现在来详尽地讨论快速换模的各个部分,以保证你可以在工厂中加以实施。

活动分离

快速换模操作的第一步是将与生产中中止相关的活动分为两部分,一部分是可以在中止期间完成的"内部"工作,一部分是可以在中断之前或之后完成的"外部"工作。在多数情况下,一旦快速换模开展顺利,就可以确定如聚集材料、分类工具一类的外部工作元素,这些工作可在本质上采用永久处理方式,任何时间都不需要再重做。

本质永久准备的概念也可用以准备任务的详尽说明。当工作计划作为快速换模自主模式的一部分,做好准备并正确记录后,在运行过程有任何改进发生之前,这项工作都不需要再重做。在施工现场,耗材分阶段处理也可利用此法,在每项活动之后进行更新。(图 4.3 所示是一个耗材工具包,永久用于维修挤压模具加温机;图 4.4 展示了一名技工

图 4.3　零件替换分阶段工作

图 4.4　技术人员在使用工具工作

正在拿取适于工作的小工具包。)

　　分离活动的目的是为确保当设备运行中止时工人所做的工作仅仅
是需要在该时段完成的工作。其他的工作则需要在设备停运之前或者重新投入使用之后完成。当我们为大型作业的大型任务（比如转变）做计划时，我们通常采用这种方式。

　　说明：新的概念是将小的任务分割成几个更小的任务。这种细致的划分要让一组新人都能参与进来提供帮助。

> **关键点**：当人们意识到他们以前使用 SMED（快速换模）的方法去提高工作效率时，分离内部和外部的活动是 SMED 中经常被提到的一部分。

　　活动的分离，首先要正式确定这项工作的所有详细的步骤，然后将它们严格划分为设备停止时必须完成的工作和设备工作时可以同时进行的工作。后一类包括可以在停止工序前准备的工作元素，以及那些在工序再次进行后可以完成的工作元素。那些必须在设备停止时完成的工作被标记为"内部"，因为它必须在设备停止期间完成。那些可以在停止工序前准备的工作和那些在设备重新启动后可以完成的工作被标记为"外部"，因为它不应该在设备停止期间进行。

案例分析：进行"实时"的评论

　　如果被研究的工作十分频繁地进行，那么就可能会观察到它，而不只是在理论上对它进行分析，"现场"的审查往往具有特殊的价值。在这种情况下所使用的技术被称为"意粉图"。进行意粉图分析，首先要准备一个简单的工作区示意图，然后对技术人员工作时的物理运动绘出注释。从图 4.5a 中可以看到，称它为"意粉图"的原因是显而易见的。在这种分析中，我们发现，大部分的时间设

备处于停机状态,技术人员在工作区域周围移动,而不是在机器上
工作。

　　改善后,其中大部分重新安排的工作区域,使得工具、零部件
和信息变得方便可用,节约了 90% 以上的工作时间。改善后的"意
粉图"如图 4.5b 所示。

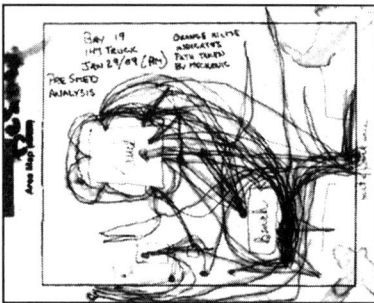

图 4.5a　改善前的意粉图　　　　　　　　图 4.5b　改善后的意粉图

关键点：技术人员对应在"意粉图"上的信息是明确无误的。随后,森科尔公司第一
次使用这个工具的时候,两名技术人员到达工作的第二天就是穿着电子计步器工
作的。

　　一旦所有的工作步骤已经确定,并在每一个步骤都已经被归类为
内部或外部后,就要对作业做好计划,在停机时只处理内部工作。因为
我们的目标是减少停机的时间,工作小组必须确保所有可能的外部工
作在运转时间内进行。

　　这个简单的划分活动有一个巨大的好处,那就是可以使技术程序
或者劳动程序不超出计划和协调好的工作。我看过无数这样的事件,
作业团队停止生产,设备被闲置后才开始为后面的工作准备机械服务,
即使是在其他方面表现得非常好的工厂。我曾经看到在受自己工厂容

量限制的设备在人们为后期认真工作准备之前长期的闲置。虽然承认它很尴尬,但是这确实存在过。

案例分析:等待时间最小化

最近,我在和一个区域维修经理开车经过森科尔厂房时,一个大型矿石输送带变慢,然后刚好停在我们面前。就在我们通过无线电试图了解发生了什么的时候,一辆润滑卡车抵达了,之后工人开始安排它的装备去维修输送带底端的大型滚子轴承。在油车终于准备好开始工作的时候,这个单元停机了将近一个小时。

在许多工厂,早早地停止设备等待工艺技术人员是很常见的。很明显,他们认为设备等待技术人员比技术人员等待设备的劳动方式更有效率。然而,在资本密集型产业,这种表面上的效率造成了严重的误导。就像赛车一样,在一个流程型企业尤其是一个容量受限的流程型企业中的主要价值活动是操作机器生产产品。

> **关键点:** 任何使限速设备离线来保持业务效率的活动可能会适得其反。

根据这个内部/外部分类方案来规划和组织工作,总是能非常明显地降低总生产中的中断频率。

这些改善通常是及时有用的并且通常是没有成本的。此外,在正式计划的日常工作中,甚至做相对较少的工作却具有持续的价值。将工作计划存档并且定期根据最新信息和这个领域的工作经验对其进行更新,重复性的机械工作在快速恢复设备工作上通常是十分有效的。像这样的规划不需要很正式的过程。通常情况下,以一些小的形式(比如在墙壁上张贴说明)或少量的准备工作(如永久性的为工作准备好所需的工具或零件),你几乎可以立即实现这些几乎没有成本的却又令人印象深刻的永久性的改善。

案例分析: 分析要执行的工作

　　当我们第一次评估造粒挤出机来分离活动时,我们发现 15 个小时的停机中断时间大部分是完全不生产的。1 个小时浪费在了挤出机停止生产后的和所有工作开始前的随机延迟上。整整 2 个小时消耗在机械工人的休息时间,这包括每个人需要的休息时间,回到工作区域或者从工作区域离开去店内吃午饭的时间,还有换班的过渡时间。另外 2 个小时消耗在拿取吊挂设备及手工工具,检查存储组件的变化,以及其他的可以并且应该在生产之前完成的外部工作上。对工作本身的分析表明,以减少人们花费在工作区域非生产关系的行走时间为标准来组织停产前的工作区域可以节约至少 2 个小时。

　　经过初步分析停产时间,我们让工作人员在关机之前到达工作区域,加入足量的工作团队使得工作人员的休息和午餐时间交错起来,并且让第一个工作人员可以工作到换班人员抵达,这样就可以通过换班来实现连续工作。迅速的开始工作并且在中断期间连续工作可以节约 3 个小时的生产时间。将收集工具和材料的工作转移到停产时间之外又可以节约 2 个小时。安排工作区以方便工作可以节约 2 个小时。总结起来,这个简单的第一次生产中断期间的评估可以节省原来丢失的 40%以上的生产能力。

关键点: 在中断期间的工作人员去吃午饭的效果和工人更换导线的效果是相似的。一旦完成一项任务所需要的时间超出了一个人不休息持续工作的自然周期,那么在不考虑这项工作需要的情况下,这个设备的停产时间通常是延长了。

限速内部工作的改善

一旦你已经获得了几乎免费的并且几乎是立即可以得到的分离外部工作和内部工作的好处,那么接下来你可以开始改善剩下的那些限制你完成维修和让你的工厂恢复生产速度的内部工作。当你将维修或重新配置设备这些非常规工作当成是日常工作去研究,你会发现有很多机会来改善或修改几乎所有的工作元素来提高工作效率。而且用完全相同的方式你可以提高其他重要的生产工作的效率。

许多这样的机会将会提高外部工作的效率。这些都是很好的机会,但不要让它们把你的注意力从最紧迫的工作——通过提高内部工作效率来减少生产损失上移开。第一个需要的改善应该是集中在限速的内部工作的步骤上,以缩短停产持续时间的方式对其做出改善。如果不出意外,使设备恢复工作的明确且一贯的管理重点会不断提醒工作团队关于他们在赛道上始终是明确的但在制造工厂中却往往不清楚的主要目标。

一个简单内部工作的改善往往将一个大的内部任务细分成几个较

小的任务。通常,这些较小的任务中的一个或多个可以成为外部工作。另外,通过将内部任务细分成更小的元素往往可使几个原来连续进行的内部的步骤变得可以同时进行。当这种分析的细节和改进延伸到衡量几分钟或几秒钟的活动时,某项工作究竟是哪个前线员工应该做的就很明显了。

案例分析:问题假设

化工厂和炼油厂的技术人员平常都围着炎热的设备工作。他们用技能、特殊的工具、适当的安全措施和个人防护装备在该模式下安全有效地工作。通过对挤出机的任务进行初步的分析和划分,我们认为冷却设备和重新加热设备一定是内部步骤。因为正如我们所知,热的挤出机内的聚合物是停不下来的,所以准备这个工作的第一步是停止生产,并清扫机器。这之后,没有考虑到我们有能力在热的设备上工作,所以关机团队会对设备进行冷却。

冷却和再加热都需要大量的时间,在此期间,设备是停工的。于是我们采取在热的挤出机上工作作为内部工作修改的第一个步骤。我们以前没有发挥在炎热的设备上工作的能力是因为一般我们习惯只有在无法移出设备时才在炎热的设备上工作。在这种情况下,只有当挤出机被隔离了,设备还在工作的借口才会在手工艺者和规划者的头脑中消失。他们就会简单地认为这是在冷却和再加热挤出机,而不是在热的设备上工作。

用新的方式,发挥现有的工作能力来改变内部工作节省了4

小时的生产中断所需的总时间。另外,得到这样的好处不需要现实的成本。如图 4.6 所示,在通风操作模式下,聚合物正常进入通气组件。当渗透聚合物冷却后再卸下通气孔对身体是具有危险性的,因为该聚合物已凝固在挤出机和排气口的接头之间。在热的环境下工作的一个额外好处是冷的聚合物将不再干扰工作。

图 4.6 冷/硬聚合物在挤出机的通风口

在流程工业工厂中,人们还常常在保温、脚手架和伴热领域对内部工作细分。虽然其中每一部分工作都是其他工作的一个元素,但是在大多数情况下,它们每个都可以被转移到停产期以外去完成。事实上,在大工作的规划中,这些活动通常是可以在停产期以外完成;然而,在有着详细规划的较小作业中却不能够这样做,这种情况经常在停产期间出现。此外,还可以经常为在内部工作中经常改变的设备购买一些合适的备用设备。例如,一个备用的热交换器管束,可以让你在设备停止时方便地调换并且在设备重新工作之后清洁当前的管束。

案例分析：微小变化的价值

如图 4.7 所示，在埃克森的几个工作单元有两个功能相同的换热器。我们在拓展我们的 SMED（快速换模）能力时，我们发现可以将所有冷却液转移到一个换热器，然后隔离并打开另一个，用备件调换其中的管束，然后用足够快的速度让隔离的交换器恢复工作，那么我们就不会在设备开动时工作。然后，我们在外部工作期间清理第一热交换器上被拆掉管束，然后再用这种快速调换的方式来清理第二热交换器的管束。

图 4.7 有相同功能的两个热交换器(顶部和底部)

很明显，以前一直需要多日停止生产，同时打开所有换热器，清洗所有管束的状况转变成现在不用停产，一次清洗一个管束的状况。

　　如果你仔细观察图 4.8,你可以发现这种快速的工作得益于法兰螺栓的一个微小的改进。我们将正常的法兰和螺栓转换成带铰链 C 形夹的固定法兰,这样可以很好地达到原来的目标。这个设备上的微小变化很大程度上提高了打开和关闭交换热交换器的速度,使得我们在设备上的工作能力快到使设备无法对我们的工作做出响应。

图 4.8　C 形夹法兰

工作团队的调整

正如我们所见:

- 五个人重新扎一个织布纱架只需要一个人单独工作的 1/10 的时间,比一个人单独作业时的工作量减少了一半。
- 添加了一些人来错开休息和午餐时间,可以消除由于换班引起的挤出机的工作中断,节省 2 个小时的休息时间。

- 一组维修人员可以在几秒钟内换掉四个轮胎,而一个人单独工作则需要半个小时来换掉一个轮胎。

如果要寻找抓住类似机会的方法,你应该注意到多人协作可以同时做得更好的并且能够缩短一些或全部的内部工作的停产时间。例如,一个小工作团队可能可以取代个人或者一个大的工作团队可能可以取代一个小工作团队。另外,寻找更多的人可以让工作在换班、休息和午餐的时候继续保持进行,以此来缩短停机时间。通过使内部工作更快速、更有效地进行为标准来改变分配员工队伍;你通常可以更快地恢复运行,甚至通常可以避免效率损失。

> **关键点:** 在持续工作中,组织工作小组总会确保机组人员的个人需求发生在设备停止期间来避免工作停止或速度大幅放慢。如果不认真管理,那么在个人休息、午餐和交接班时间会很容易地发生这些情况。在化工厂,大规模的工作经常全天候长时间的进行,如果工作人员的个人需求和工作人员换班的过渡期管理不妥当的话,可能会导致生产中断,那么就需要比预期多 30% 的时间来完成预定工作。

案例分析:员工在生产中断期间的重新部署

在森科尔,通常存在工作人员一直从事绝缘的腐蚀调查工作、蒸汽疏水阀调查工作、热追踪工作,甚至是一个接一个地更换熔炉内锈蚀管道的大型工作。这些都是重要但不紧急的工作。因此,在停产期间我们中止了这些工作并将这些人补充到生产中断期的工作团队中,这样可以使设备能够更快地重新开始工作。几乎每个工厂都有一些重要但不紧急的工作,这些工作在生产中断期间可以暂时停止为设备恢复工作提供额外的人手。预先确定这类工作可以让你在需要的时候迅速重新部署。

这种做法有两个额外的好处。首先,通过正式地认识这项工作与其他工作的关系,我们对于完成以前并没有受到应有注意的重要但不紧急的工作能取得良好的进展。其次,我们发现,通过重新部署自己的员工,而不是增加临时工,可以使我们在工作中拥有更好的且更安全的员工以及一个更稳定的员工整体。

设备的改造

我把快速换模这个元素放在操作名单上的第四位有两个原因。首先,因为人们喜欢用对设备进行改造的方式来进行变化。我想强调的是往往能用其他更快且更便宜的方法对生产过程进行改善。其次,改造设备经常花费金钱,我坚定地认为改善应该是自己买单(如果改善不是免费的,它至少应该是自负盈亏的)。按照这个次序来实施快速换模要求工作团队利用节省时间积累起来的金钱,或者在产量增加的情况下所赚取的利润来弥补他们在修改设备上的费用。这种工作团队赚取自己的费用的做法往往在一线有着惊人的吸引力。

> **关键点:** 在任何提高一线生产的改善活动的努力开始时,工作团队拥有的改进模式都是工程师和管理人员使用的重要事件模式。通常情况下,这是他们所看到的唯一的改进方法。通过限制或推迟可用的资金来进行设备改造,帮助他们认识到小事件的改进模式才是改善一线生产的精髓。

新乡重夫的书包含了数百个快速简单的改装设备的例子。新乡重夫去世之前,我经常在和他一起出席的研讨会和会议发表演讲,在这段时间内我逐渐了解到他喜欢一整天访问一个工厂。在访问期间,他会非常快速地设计一些简单的改造方案。当他还在现场的时候,这些改造方案就可以被构思、建造、安装和使用,并且可以为生产提供很大的改善。我一直把这个作为快速换模的一种实践模式。生产一线员工应该寻找可以迅速执行的改造方案。这不应该是资本项目。

重新配置或维护设备的工作往往是去除一个组件然后用另一个组件取代它。因此,很多最好的设备改装方法是改善各个组成部分安装的位置和各个组成部分的机械连接方式。这些变化通常很容易设想并且以相对较低的成本就能快速实现。

改造设备,提高效率

挤出机的例子就是这种组件交换的一个很好的案例,在实施改进挤出机的改进时对设备进行改装可能是你想要的那种具有代表性的改善类型。在新乡重夫的书中还有更多的例子。在书中的其他地方,你常常可以找到一个迎合需求的改善,可以让你不必以免去推倒重建的麻烦。

下面对我们做的四个机械变化进行一些描述:

变化一:完善附接机构

我不确定人们为什么在工业上使用"过度设计"这个短语来形容设备被设计者设计了更多的或更强大的功能,但在过去的40年里这样的描述是耳熟能详的。像挤出机的这种情况,过度设计的设备是将挤出机从通风状态转换成非通风状态或者可插入状态的可互换组件的装配。

在通风的配置上,挤出机有一个连接到排气系统的法兰,这个法兰可以使化学气体进入一个密闭的空气处理系统,以此来采集和控制气体,而不是让它从挤出机逃逸到大气中。通常情况下,这种配置在加入如过氧化物一类的化学物质会作为塑料的改性剂时使用。因为我们不希望有过量的过氧化物气体逸出。

　　当我们第一次开始研究这项工作时,使用了约 30 个螺栓将排气口连接到挤出机中,图 4.9 为通风口的连接。

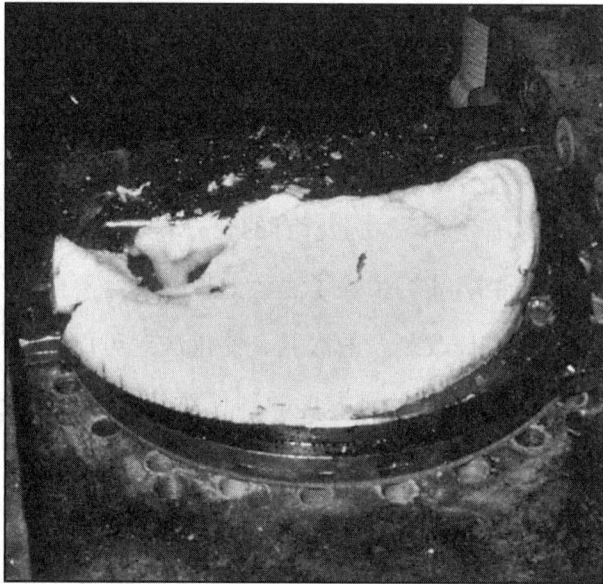

**图 4.9　新的通风孔,带有 2 个螺栓孔,放置
在含有 30 个安装孔的挤出机上**

　　在挤出机中,变化的部件要被定位,将凸缘孔对齐,并每隔 30 个孔插入并拧紧松动的螺栓。拆卸旧的部件然后定位、对齐和装配新的部件是个缓慢而艰苦的过程,这个过程需要近 2 个小时,这还不包括搬运变化部件的时间(稍后讨论)。我们的结论是这个组件已过度设计,因为虽然挤出机在进行排气操作,但是在法兰上没有(零)内部压力。因此,该组件显然不需要 30 个螺栓。

说明：这是特设工程师的决定，我们并没有让一线维护团队减少法兰自主的安全性。

针对这一评估的结果，我们先对挤出机做了一系列的机械修改。我们将通风孔的组件中使用的螺栓从 30 个减少至 2 个。我们认识到附件的设计远远比它需要的更严格，就可以大大减少组装和拆卸所需的工作量。

说明：我们最初没有修改机器，我们只是简单地停止使用所有的螺栓。

变化二：修改法兰使它能自我定位

因为我们并没有使用法兰上所有的孔，所以我们可以修改法兰本身。首先，为避免混淆，我们去除了法兰上带有已经不使用的孔的一部分。这样我们就可以修改剩余的法兰。使得法兰可以自动定位。如图 4.9 所示，剩余的一部分法兰是方形的延长部分。因此，由于法兰被安装到挤出机主体里并且进行旋转，所以法兰与挤出机的主体啮合并且可以自然地为组装进行正确定位。这个挤出机是一个巨大的设备，并且它的排气孔较大、不灵活、笨重。在过去，挤出机排气孔的定位和对齐螺栓孔是一个耗时且对身体有很大负荷的任务。而现在，排气孔自身就能进行定位。

变化三和变化四：改装组件和使用小团队

我们对大且笨拙的部件进行另外两个合适的机械变化。在原来的配置中，当一个排气孔或塞子从挤出机中被去除时，连接螺栓就要被拆除。那么要被拆除的装置就要用橇杆撬起，并且要用一个吊索连接将要被吊起的组件的螺栓孔(见图 4.10)。

我们对设备做了这样的改装，在通气孔和塞子上需要吊索的地方，

图 4.10　原始的通气孔一共有 30 个安装孔和吊索

安装了一个永久的吊挂点。如果不做这样的改变,那么困难将难以想象,在世界上技术最先进的制造工厂之一,为了让两个人用橇棒和捆绑的绳索举起通风孔,我们让每小时持续产量为 70 000 磅的挤出机停产了一个半小时以上! 在改装后的装置中,将通风孔挂到吊重机上只需不到 1 分钟,因为吊重机的钩子可以快速吊起这个永久性的吊挂点。

　　第二个要进行的改变是停止使用便携式起重机(图 4.10 所示),并竖立一个架空的空中吊运车轨,将两个吊链分别挂在同样的吊重车上,让两个部件(将要被去除的部件和将要被安装的部件)能够在同时进行处理。(同样,我们此前让挤出机在一个组件被举起、降低,从起重机上断开连接,并且另一个组件被连接到起重机上、举起并定位时停止生产几乎是不能想象的!)我们会定期丢失 30 000 磅的生产量,因为我们没有已安装的吊重机。(宾夕法尼亚铁路上的人们在近 100 年之前已经解决了这个问题)安装吊装点和安装两个吊重机的成本与恢复生产的收益相比是微不足道的。

在森科尔,我又吸取了一次教训。为了实现真空炉对流部分的快速更换(如前所述),我们安装了两个 500 吨的起重机——一个抬离老的部分和一个放置新的部分。仅这一步就降低了此工作的总运行时间超过 10 小时,因为所有的吊装和安置问题都是两个升降机同时处理的,而不是按照先后顺序。起重机是昂贵的,但这绝对没有我们单位因延长停产时间而丢失的生产量贵重。

这些变化的结果

在这种修改后的配置中,需要转换挤出机状态的机械工作量是相当小的,肯定比它原来的工作量小得多。将挤出机从通风状态转换到密闭状态的工作现在进行如下:

- 在工作开始之前,在挤出机在满负荷生产时,将隔热的厚的覆盖层铺遍挤出机保护着技术人员,工作人员也要穿着用于炎热环境下工作的个人防护,带上相关工作设备。
- 将工作所需的所有组件和工具都组装准备好。
- 将当前连接在挤出机上的组件用挂索吊挂到其中一个吊重机上。
- 将要更换的部件装配好并吊挂在邻近使用第二个升降机的挤出机的工作高度。
- 工作从打开要更换部分和挤出机之间连接的两个螺栓

开始。

●　一个技术人员使用一个升降机将当前组件从挤出机中抬离出来,同时另一个技术人员立即使用第二个升降机将新的组件降低到安装位置,新的组件将会进行自我定位。

●　每个技术人员到达工作位置并且将所有螺栓收紧,组装就完成了。

此时,整个工作就已经完成了。我们只需简单地改变添加剂进料器中的材料,并且在这两种产品的接口之间转移少量的材料。将一种产品转换到另一个产品基本上不会损失生产能力并且只需要适度的工时量。

设备的工作速度非常快,因为我们有两个热交换器在工作,现在我们在挤出机上的工作基本上不会影响生产,这是我们在不对口的流程制造行业中的一个优势。由于持久的化学特性,我曾经历过数以百计的这种情况——工艺设备上的常规机械工作的重大的生产中断以这种方式降低到零。

说明:这种改善不需要密集的劳动力。虽然提高挤出机转换速度的首要步骤之一是加大维修队伍的规模,但是我们只用了不到原本所需的 10% 的劳动力。

在第 9 章,你会发现更多的规模不大但很有价值的设备改装的例子。

准备工作和持续改善

快速换模的最后一个步骤是准备使用已有的所有优势。如果做这个工作的团队与做分析并改善工作和设备的工作团队是同一个团队，那么准备一般都非常简单，如果多支团队都做同样的工作，但计划的改进和执行只由一个团队进行，或者原来的规划完成后团队的成员又发生了变化，那么后面做这个工作的团队会需要依靠为每个工作的执行准备新的操作文件。

管理的关键在于，一旦改善已经完成，就不能由于时间的推移或人事变动而让这个改善白费。这是我们削减挤出机法兰的一个原因，没有哪支团队可以重新使用 30 个螺栓的装配。

> **关键点：**有两个原因说明记录改进的结果始终是个很好的做法。首先，在实施这些改善的过程中，你会进行良好的分析工作。保存这些文件可以为今后的改善提供依据。其次，在许多流程型企业中，多个团队都会做同样的工作，虽然工作是重复的，但不一定是频繁的，比如聚合物的分类。改善的记录可以使每一个团队不需要自己去进行这些改善就体验到同样的经验。同样，没有记录的改善往往会被浪费掉。条理清晰的文档在实践中是对已存在改善的一个很好的提醒。

当然，我们在森科尔已经发现了许多这样的机会。在某些情况下，由于那些小的改善在日常重复性工作中会有累积的效果，这是很有价值的。像在埃克森美孚中对挤出机和换热器的改善以及在森科尔中对卡车的改善都是这些机会下的典型例子。

改善的结果

改善挤出机的操作减少了停止生产的时间，并且使交换组件的时间从 15 小时减少到 0 小时。我们所做的变化都是简单且直观的。回首过去，像埃克森这样良好的公司已经按照老旧的方式运行了这么久好像是一件很奇怪的事情。但也很容易理解原来 15 个小时的时间表之所以会出现的原因。

　　因为机械工作需要几个小时并且许多松垮的零件可能会掉进挤出机的敞开的机身,所以停止操作的想法是可以理解的。一旦决定停止挤出机,那么就有必要清除材料。当机器停止运转后,有必要让技术人员在冷却了的机器上工作,这就需要更多的时间。当冷却和再加热的工作持续较长的时间,那么挤出 2 个小时作为工人休息和午餐等个性化需求以及交接班所需的时间就比较容易了。没有对工作的分析,就很容易失去两个多小时的生产时间,这会降低效率(图 4.5a 和 4.5b 所示的"意粉图"总是出乎工作团队的意料的)。

　　据我所体验,每一个化工厂都很有可能与我们讨论过的那些工厂十分相似。像转换挤出机、清洗换热器,或者更换真空炉的对流段等大型作业看起来好像都需要很长的时间。一旦每个人都认定一个工作很可能是漫长的,那么做这个工作的时间很快就会变得更长。我们曾用卡车引擎的更换过程来做实验,结果我们仅仅利用在工作进行的过程中计时的方法就节约了一半以上的传统方法所需时间。

第 5 章

改善运营计划,提高化学制品间转换速度

引言

传统的精益生产侧重于通过提高机械操作的灵活性使得从一个产品过渡到另一个产品更加容易，从而获得利益。由于设备和化学品之间的相互作用，一些化工厂在改善的机械灵活性方面有着比机械厂更大的需求，而其他流程制造工厂很少以一种有意义的方式体验到这种需求。尽管制造企业在改善机械灵活性的需求上存在差异，但是，快速换模适合所有的化学品制造商，因为我们可以用它对维护工作和其他机械工作作出宝贵的贡献。

本章所描述的提高化学制品灵活性的技术主要针对在产品过渡过程中伴有化学反应或化学污染问题的液体制造商。在这里，制造企业和精益技术有一个独特的关系，因为在生产商真的经历化学制品缺乏灵活性的问题时，这些问题往往是十分明显的。再一次，我们需求的独特程度代表着比在机械制造中有更大的机会获得更大的效益。

当我们有效地处理这个情况时，我们可以做出惊人的改善。例如，我所知道的一个聚乙烯装置有着超过 200 种产品和一个世界级规模的反应堆。在这种情况下，公司试图在任何时间生产它的任何一种产品来达到立即响应市场需求的目的。虽然这听起来非常像一个精益生产操作实例，但是因为缺乏化学制品灵活性，这个公司从来没能使它的生产量超过额定容量的 50%，它的成本是行业中最高的，但它却是如此的无利可图。公司已经采用了精益技术的形式，但没有能力使公司运转。本章的概念确实拯救了公司的业务。在采用这些方法的 6 个月里，公司第一次盈利了。

化学制品缺乏灵活性的原因

在寻找答案之前对问题取得一致性的意见通常十分重要。一般来说,化学制品缺乏灵活性的两个原因：化学污染和意想不到的化学转换。我们将描述每个原因以便在我们讨论如何解决这些问题,它将清楚显示这些方案如何解决了这些问题。

化学污染

化学污染以两种不同的方式发生。化学污染的第一个来源是在当一个类型的一个产品仍然存在时,下一个产品和它在反应容器中混在了一起。化学污染的第二个来源是当一个材料,例如,一个或更多的添加剂或用于区分随着反应发生的各种产品的变质剂,随着产品发生变化仍在设备中存在着单个产品中存在不规律的数量,或错误的混合。不管污染物质以哪种方式进入生产容器,这些情况必须完善地解决,只有这样新的材料才能生产出完美的产品。

意想不到的化学转换

在许多活性化学操作中原材料会转换成其他东西而不是预期的产品。虽然这种材料的转换确实是意想不到的,但是一般来说,这一结果并不出人意料。它发生在连续生产中每次转变一个产品需要很大地改变工艺条件的时候。因为它发生在每一个过渡时期,这个损失已经成为一个常规生产要素,就像机械转换历来被认为是离散制造业中不可避免的因素。

> **关键点**：不论材料和工艺条件是否能够生产出预期的产品，不确定的转换都会发生，而且足以产生一个相似的反应，从而导致不同的产品被生产出来。

案例分析：由反应条件的变化造成的意想不到的生产

在聚合物的生产中，生产以丙烯作为共聚单体的聚乙烯是很常见的。如果一个客户希望获得含3%共聚单体的聚乙烯，而另一个客户希望获得含5%共聚单体的聚乙烯，这两个产品都将在同一反应器中连续生产。然而，当反应器稳定于新条件时，反应堆自然会产生一些含4%共聚单体的聚合物。这通常是良好的商业材料，但它却不是客户想要的。因此，它的价值很小。

就精益价值而言，在产品转换时化学污染会导致额外成本、材料浪费和生产力损失。在产品转换时，不确定材料的生产也会增加成本，浪费材料，降低生产能力。如果这个过程的制造商尝试通过长期生产运行来摊销由每次的转换造成的损失，并且库存浪费的增加也会发生。尽管这些产生损失以不同于液体行业的方式产生，但其影响与在离散制造业中产生的机械转换损失是相同的。

固定序列可变容积生产

最大限度地减少在制造业中独特问题所带来的影响的管理实践就

是固定序列可变容积生产(FSVV: Fixed Sequence Variable Volume)。在最简单的期限中,FSVV 组织一个固定的生产周期,使得一个又一个产品高成本转换的数量最小化,低成本转换的数量最大化。

最佳固定序列的管理生产可以确保每个单独的转换以最小的损失进行。那个实践同时确保贯穿整个生产循环的总损失远远低于传统操作模式,传统模式是一种几种产品随机转换的库存管理算法。库存驱动生产管理方法几乎没有考虑产品转换损失的影响,而是增加存货用来摊销损失。在固定顺序运行中,总过渡损失有意被降低,因此库存容纳这些损失的总成本也降低。

> **关键点:** 管理一个固定的生产顺序来避免转换损失而不是管理一个随机顺序生产补充库存,符合精益价值以及清楚地集中整个组织纠正潜在的问题而不是适应这些问题。

概念: 一个全面的生产周期方法

乍一看,FSVV 概念的操作按照固定的生产顺序听起来好像是会让你的操作失去现在的灵活性。为了练习固定的生产顺序专门由几个不同的产品组成的最优转换,确实有必要为单个产品安排生产次序。对于习惯于在自己想要的时候生产的工厂,这个需求看起来像一个倒退。对FSVV 的价值理解的关键是考虑整个生产周期,而不是单独的产品周期。

在所有的产品被生产而每个产品经历最好的可能性转换的操作中,转换的总量损失(包括损失的产能)将是有可能达到最小的金额。库存中过剩产品的容纳生产也将是最小数量可能。因为在每个周期的能力在过渡期间降低,失去了消费能力,使库存降低,你有更多的真正的有效时间可用容量在每个周期生产目前市场所需的产品。

随着现在有效的能力增加，所有产品的整个资产组合的生产速度更快，每件产品都能更频繁地被使用。通过有目的地优化转换，将减少固定转换产生相关的浪费，以及你将立即开始注意到一个有效的改善交付所有产品的方法，以及一个不错的降低生产成本的能力。因为你自然能够更加频繁地生产产品，生产自己需要的各种产品的实际能力可以改善，而不是恶化。

我们可以从纽约地铁系统中学到的经验

与快速换模一样，用一个简单的类比来介绍 FSVV 的概念是有用的，这会让你对此模式有个宏观的理解，从而在学习具体的实践细节时参考。在这种情况下，我们可以使用纽约地铁系统。

和从你的家里或办公室随时乘坐私家车将带你直接到目的地的便捷性相比，对于个人的短途旅行，地铁属于很慢以及不灵活的交通方式。你需要在站台等待时刻表上标注的地铁。然而，很明显与每个人都试图驾着私家车穿梭在城市中相比，纽约市地铁经常为所有人提供到达所有目的的更为快速、灵活和节约的方法。在纽约的所有的交通工具中，地铁已经反复被证明是最方便有效的，即便地铁运营因为一些原因而中断。

尽管地铁是缓慢的，缺少灵活性的，但是在如今已经被应用到个人交通工具中，它的应用实际上是自愿的。每个站在站台上等待的人已经被他/她的短期旅途，或者至少是所有旅行的总和做出了选择，相比乘坐私家车进行相同的短期旅途，地铁更快、更便宜。

说明：这是我们想要达到的 FSVV 效果。对于日常操作，我们想以一个规定好的方式来安排整个生产顺序,以减少任意排序的生产造成的损失,就像这个产品的制造是一次性的,与其他生产无关。

此外,由于地铁承载了大部分常规的个人交通安排,它对一个瞬时具体需要更快的速度和灵活性的个体能够有效使用私家车,提供了真正的机会。没有地铁保持道路通畅,私人汽车在纽约市将是无用的。这种影响在地铁系统中断期间得到了很好展示。

说明: 这是我们想要达到的 FSVV 第二效应。当生产或市场情况确实需要一个非例行的响应,创建于 FSVV 操作的能力和灵活性允许我们更好地响应。

FSVV 生产完成的功能与地铁对于纽约的功能是一样的。它组织了一个固定和计划系统的生产,常规管理大部分操作,使其在生产的整个投资组合的产品更快、更灵活、更便宜。个别产品确实必须定期安排它们的次序,但是所有的产品都应更快、更频繁,而成本更低地进行生产。此外,组织和加速了大部分生产的 FSVV 系统帮助你有效地管理在这个过程中发生的必要异常情况。

关键点: FSVV 系统的严谨结构似乎远离了在任何时间生产任何数量的任何产品的精益生产理念。重要的是,不断朝着这个典范行动是有益的,但立即跳到理论的最终状态常常引起比已解决问题更多的问题。FSVV 是完全与精益理念一样的。新的灵活性当然让我们在正确的方向上有一个较大的发展,通过一个持续改进的有效的实践来完成这个旅程。

FSVV 实践的四个组成部分

FSVV 由四个元素组成:

1. 固定的顺序：FSVV 授权的概念是指一些必要的转换会导致巨大的损失而另一些转换会导致较小的损失。通过建立一个固定的生产顺序，你可以通过整个生产的投资组合，使得比较容易的转换的数量最大化，同时比较难的转换的数量最小化。这样，个体的转换成本将能达到它的最小成本，整个生产的投资组合的总体转换成本也可以降低到它能够达到的最小成本。

2. 库存政策：FSVV 的库存政策通过不间断循环的生产周期提供足够的材料满足用户需求，从而支持固定的生产序列。通过按照固定的序列构建库存，生产的库存材料的数量随运营水平提高而改变，从而促进循环加快。

3. 可变容量调度：生产不同数量的产品——可变容量——每次生产序列固定。在传统的生产调度中，产品容量固定，序列可变。这种优先次序的逆转结果的差异，在于通过增强生产运行的稳定性和有效的灵活性而不是从库存中满足市场需求。

4. 持续改进：FSVV 改变了化学操作中持续改进的竞争环境。对于一个有 200 种产品和一个反应堆的工厂，生产的随机排序意味着有 39 800 种不同转换的可能性。在这个操作模式中，如果反应堆团队能够定期正确地转换，就已经非常幸运了。在固定生产序列的模式中，一个有反应堆和 200 种产品的工厂只需要管理 200 种转换。因此，操作团队确实能够确保这些转换的正确性以及使这些转换进一步改进。

FSVV 中的每一个元素都会在接下来的章节中进行详细描述。

典型操作问题

在这一章，我们将使用基于连续生产的工厂的示例，因为这是最复杂的情况。批量制造商可以很容易地明白如何使用这种技术为自己服务。首先,我们将简要介绍用来说明 FSVV 操作和其效益的相关问题。

改变现有的工艺条件

活性化学制造业的许多产品转换需要改变反应的条件,例如,调整反应的温度、压力和停留时间。如果变化过程是较小,转换损耗会相对较少;如果当改变的幅度很大时,转换损耗就会比较严重。在改变工艺条件过程中最常见的损耗来源,是在达到新条件的反应稳定前经历非预测转换的材料。如果条件的变化很小,稳定新条件所需的时间也是很少,只有产生少量的非计划的材料。随着改变条件量级的不断变大,生产出的未计划的材料也越来越多。

添加剂和调节器

其他的转换需要合并各种化学添加剂或调节器形成产品或改变一个合并材料的数量。如果只有一个材料,并且数量的变化是很小的,由这些改变造成的损失是适度的。损失随着单一材料在数量上的变化而增加。如果转变是由不同互相兼容的材料合并成的产品,那么损失是较小的。反之,当合并中的材料是不相容的,损失就会增大。

活性化学物质的变化

共聚单体和催化剂的改变代表了在化学领域产品之间的转换需要一个根本性改变。在这种情况下,如果材料足够兼容,那么转换损失便是适度的;但如果材料不足够兼容,那么损失就会很严重。在某些情况下,不同催化剂系统中的不相容程度是很严重的,所以不允许任何可能、任何程度的污染。

> **关键点**：很明显，这些损失的原因都是可知的且可预测的。尽管源于化学根源，但与机械转换造成损失的特征是相同的。更重要的是，这些损失是可以控制的。这些损失源于对于生产若干产品要求的各自变化轻缓的一个成比例的响应。因此，可以把每个单独转换的严重程度减少至最低的方法来安排生产以达到控制转换损失的目的。无论你有五个还是五百个产品，都有可能确定生产序列避免或消除最严重的转换。

固定的序列

FSVV 操作的本质属性是固定的生产序列。类似于快速换模，一旦你大致了解的化学转换的原因，FSVV 的概念和实践是非常简单的。相对而言，有的产品之间的转换是简单的，有的确实很困难。有的转换非常困难，导致需要极大的努力或关注，对这些转换的成功实践是至关重要的，就相当于关键设备对于机器的稳定性而言。

其他的转换发生得太频繁，是因为不合理的库存政策或不可预测的需求。这些太频繁的转换可能会很困难或容易，但是其对工厂运营产生的破坏作用就是因为这些转换的频繁程度。这使得其成为设备正常运转的不利因素。正如我们在维护工作中，对关键设备予以特别关注而要避免那些不利因素一样，FSVV 能让我们对提高产品转换方面给予特别重视。

建立一个固定的序列

一个固定的序列生产周期组织几个共享公共设备的产品，以便它们固定地一个接一个生产，使两个产品之间的转换达到最小可能的变化。在某些情况下，实现这一结果需要特殊的洞察力。例如，如果一个特定产品的特性能够使许多转换变得更容易，最好就让这个产品在每个生产周期中多次出现。相反，如果一个次优的转换能够使得其他转换更容易,那你就得接受它。

　　这个序列一旦建立,它将会按照产品间最优或接近最优的转换进行,然后回到第一个产品重新开始。通过这种方式,所有产品的循环经历绝对最小损失是可实现的。这种在一个重复周期中组织一个产品组合的形式就像一个圆环,通常被称为"生产轮"。

案例分析:构造一个生产轮

　　描述如何创建一个生产轮的最简单的方法,是分享我们在埃克森贝城美孚公司聚丙烯工厂的工作经验。影响我们转换损失最重要的参数是用于开始反应的催化剂。当时,我们使用三种不同的催化剂。虽然我们也有各种共聚单体和其他活性材料,为简单起见,催化剂的变化将被用来代表活性材料的整个类别的变化。

　　影响转换损失的第二个参数是熔体流动指数(MFI),用于测量在一定条件下聚烯烃流动的速率。对于初级塑料制造商,MFI 用于间接测量聚合物的分子量。虽然操作条件影响许多不同的参数,为简单起见,MFI 用于代表工艺条件中损失种类的变化。

　　影响转换损失的第三个参数是产品中改性剂或添加剂的结合。对于这些目的而言,化学改性剂是化学结合的二级反应物质,是在为了创建一个新的化学效用而形成聚合物后产生的。添加剂是一种在聚合物形成后被机械性地添加到聚合物中的不起反应的材料,是为了能获取一个独立于聚合物基础结构的功能。虽然不同的添加剂和改性剂可以以不同方式添加,但是简单地来说,我们都会把添加剂和改性剂归为缺失物进行讨论,就好像它们都是机械添加的。

这三种参数之间不同的关系都会影响转换损失的幅度。在损耗的后期,在其他参数都保持不变情况下,两个不同的熔体流动指数间的微小变化都会导致一些计划外生成物的产生。同样在临近转换损耗的后期过程中,材料都会包含一种添加剂,这种添加剂是两种产品间转换时产生的很小量的物质,这两种产品中含有类似规格的添加剂。

在转换损失频谱的中间部分,材料都会包含两种不同的添加剂的混合成分。与此同时,该材料还会有显著的非常规的 MFI,这些都是反应条件巨大变化的结果。

在转化损耗的尾期,一些添加剂或改性剂彼此间不兼容。同样,转换损耗是复杂的转换,在这些转换中多种加工参数也是在不断变化,比如,随着加工条件变化和共聚单体改变,同时要改变添加剂。

在转换的最末端,转换是在一种催化系统向另一种催化系统转换。这些经常是一个长时间而缓慢的过程。在一些案例中,不相容的程度非常严重,以至要将反应停止,反应容器打开,进行物理清洗,就好像在进行批量生产。

当然,我们还有其他解决方法,但是我们这里的目的不是描述技术细节。仅使用这三种具有代表性的东西(催化剂、添加剂和MFI)去描述聚丙烯的生产轮也是一种简化,这使我们能够专注于

FSVV 的概念而不是聚丙烯生产的技术问题。你需要为你的商业生产找到一个类似的运营参数表。

面对这三个参数,我们将采取以下三个步骤。

第 1 步:催化剂系统代表了我们所知道的想要避免或者适当最小化的几乎所有的高消耗转换。因此,我们考虑建立一个固定生产序列的第一个限制就是建立一个生产序列以限制催化剂变化到一个绝对最小值。因为我们有三个催化系统,我们决定允许在一个贯穿所有产品的完整周期中,一种催化剂在一个反应器里只使用一次。

第 2 步:我们首先安排添加剂和改性剂的顺序以适应它们之间的相互关系。当两种添加剂接触时不会产生不良后果或不良后果很小,我们就把它们放在一起排序。当两种添加剂互不相容时,我们经常把一个无添加剂的产品放在序列中以确保两种添加剂彼此分离。比起接受两个不相容的添加剂混合,我们更愿意接受非常规量的单一添加剂。在每个系列添加剂中,我们通常开始生产需求低含量添加剂的产品,并安排一个序列,过渡到需求高含量添加剂的产品。我们通过减少添加剂量以继续转换成需求低含量添加剂的产品,然后转换成无添加剂或只有小剂量另一种添加剂的产品。因为这个序列使得我们能够从一种小剂量添加剂产品持续转换到另一种小剂量添加剂产品,所以转换损耗很小。在这种方法中,我们避免了任何单一添加剂剂量的较大变化并且我们通常能够避免混合一种以上添加剂的产品。

第 3 步:为满足客户的 MFI 参数要求,我们通常需要改变操作条件,比如温度、压力或者反应时间。我们需要一个序列,将反应条件中的强烈变化最小化。因此,我们进行了逐步从高 MFI 到低 MFI 的反应堆变化活动。在做添加剂改变时,我们通常以缓慢的速度开始每一个反应并且在高速循环后低速返回。在改变反应物条件时,只有等到我们到达了 MFI 范围的另一端。我们才会通过该系列产品的 MFI 范围的高低发起一系列新的产品并进行循环。在这一点上,我们过渡到了一个新的产品系列。

在单一系列的产品中,循环 MFI 从低值到高值,再返回低值是没有任何意义的,因为我们不会添加或去除任何需要从反应器中清除的物理材料,也不会增减任何添加剂。通过极端反应条件下,单一产品间循环 MFI,我们最少化了改变条件的次数,这些都有利于维系原有的效果。

我们将这样的操作视为有效地阻止催化剂反应,以在产品生产中促进添加剂的波动效应,以使 MFI 的范围扩大化。

正如你想象的,在一个工厂中有几百种产品、三套催化剂系统、许多添加剂和改性剂以及非常多的 MFI 值,形成一个固定的序列不是一下午就能完成的工作,并且我们第一次的操作也不够精准确切。但就观念层面来说,我们完成的核心工作以及如何完成的方法在先前就已描述。

- 在每个产品的循环中,我们针对三种催化剂启动了三个大型的运动。

- 在每种催化剂的运动中,我们通过基于共同兼容性的多种添加剂和改性剂所产生的波动进行循环,并且使用高相容性的添加剂或者无添加剂产品来为循环提供一些缓冲,以此避免产生不理想的组合物。

- 在每个添加剂方波中,我们通过改变反应堆的情况,在一个从高到低或从低到高的 MFI 值范围内生产产品。

首先,建立一个最优的固定序列是需要时间的,策划者和工程师要不断地摆弄它来确保它的状态更好。到最后,这第一次尝试产生了惊人的价值。

- 我们的能力是非常有限的,但却得到了迅速提升。

- 我们遭受了高额的成本;现在则控制在最佳范围内。

- 之前,作为一个高质量的供应商,我们因为出售了大量的不符合标准的产品而使自己的名声受损,也破坏了市场价格。这些产品的添加剂剂量不一,并且分子量也不合规定。它们引发了市场的超低价格,一入市场就压低了我们所有产品的价格,产生了滞销效应。通过我们一系列的努力后,这种商品的材料供不应求,且原本不符标准的产品的价值也相应地提高了。

为了进一步证明这一实践在短时间内带来的益处,在一个拥有 200 种产品的聚乙烯工厂以及之前描述过的单一反应堆工厂,他们曾尝试做到在任何时间生产任何数量的任何产品,以直接满足顾客的需求。转化结果使他们损失惨重。同年的后半年,他们采用了 FSVV 测序技术——不包括其他在此描述的 FSVV 变化——使他们降低了 90% 的转化损耗,将反应堆的利用率从原先低于 50% 提升至高于 85%,他们就这样收取了第一笔收益。

FSVV 库存法

FSVV 的第二个元素就是库存策略,它首要的目的是确保固定序列能有效运行,并且保持最少的例外情况。FSVV 库存法意在提供足够的材料使得序列能不因为计划表中市场导致的停顿而间断运作。在这种情况下,库存不是迁就和掩盖问题的存在。相比之下,库存直接与解决问题相关,并且能够观察到这种相关。

FSVV 库存法的第二个目的是,通过阶段性地将一些易于移除并且库存占用率小的产品从生产序列中移除,降低转换损耗。它允许运营团队从一些生产循环里将低容量的产品全部取出,同时也允许他们撤回难度极高的产品。这与关键设备以及受到特殊关注的操作不当者的维护理念较相似。在这个操作中,那些太过令人烦恼的或太过频繁的产品被有意地从序列中移除了。当产品不存在变化时,也就不会有转换损耗了。

库存法的第三个目的在于通过将降低库存(作为固定改进的一种方式),以促成对于循环时间中的改进的持续性反应。因为 FSVV 库存法生产产品的数量是与生产循环的持续时间直接相关的,当循环得到改进时,库存也就自然而然降低了。这种改进是永久性的,因为没有可用的库存来允许一个生产循环恢复到旧的情况。

我们现在将查看更多的传统库存法,这样我们就能将 FSVV 与其进行比较,从而得出 FSVV 库存法相对于它们的益处。

库存所需时间

最常见的产品库存法是基于日历制定的。举例来说,许多企业采用这样的政策——对每种一定数量的产品保持 30 天的库存时间。因为这一方针是根据日历上"存货的需求时间"来衡量计算的,它经常被称作 DDI 法(例如,30 - DDI 法表示 30 天的存货需求时间)。因为一个标准的 DDI 法平等地运用于所有产品,它会使大批量产品得到较大库存以及小批量产品得到较少库存。

实践中,在这套产品管理系统中,为补充库存,产品将在任何时候被随机生产。在这一生产规划的计划中,所有的产品都会以预定的最小数量进行生产。这是因为在随机生产序列中,去计算产品的批量是不可操作的,这会相应地提高所有可能发生的转换成本。

ABC 库存法

除标准 DDI 库存法之外,还有另外一种 ABC 库存法。它改进了DDI 法,以衡量一种产品批量的重要性。这种经常被使用的经典 ABC法按产品批量的重要性分类。在这种分类中,A 类产品是最重要的产品,它的生产批量/价值高,或者其面向的客户是重要客户。换句话说,这些产品的生产原料一旦短缺,会造成严重的商业后果。因此要严格控制,不能出现原材料短缺的情况。

此分类的另一个极端是 C 类,C 类产品是批量最小或价值最小的产品,销售给没什么影响力的客户。这类产品的短缺几乎没有什么不良后果,因此不必时刻备齐原材料。

B 类产品则是介于两者之间的情况,它在库存按照简单的标准DDI 法操作。ABC 法通过调整库存材料的数量来保护价值高的产品和顾客,而不是对每个产品准备相同数量的库存,相对高容量或高价值产品的库存数量高,相对低容量或低价值产品的库存数量低。因为高容量/高价值产品的高库存量的影响,这种方式常常会导致较高的库存量——虽然有些规划者通过减少 B 类产品来避免这种情况发生。另外,在这种生产规划中,每种产品都是随机进行生产,以此来补充既定的库存数量。还有,因为随机生产排序不可能对数量控制得很准确,所以那种产品规划的最小数量决定了要补充的数量。

> **关键点：**在这两种最流行的库存管理操作中，我们要认识到库存决定了生产计划以及任何计划导致的转换损耗，这是非常重要的。

FSVV 库存法

FSVV 库存法与 DDI 和 ABC 库存管理形式有两大不同：首先，FSVV 库存法根据产品固定序列完成生产循环所需时间计划产品的库存与产量，而非根据固定的日期计划产品库存也非根据固定的最小生产周数计划产量。当一种产品需要从反应器中提取时，FSVV 库存法可以保证到下一次从反应器中提取该产品之前有充足的原料进行反应。

其次，FSVV 库存法与标准 ABC 法是完全相反的。根据 FSVV 库存法，生产批量较多的产品相对较少，而生产批量较低的产品相对较多。因为这样生产策划人就可以以一个较低的成本处理掉产品循环之外的生产批量较小的产品。从产品循环中去除生产批量低的产品能够加速循环进程，加快生产大批量或高价值产品的速率。我们通过大幅提高产品的生产效率而非通过大量的原料库存来维系有价值的产品和客户。因此，我们更注重维系有价值的产品和客户，并且大大减少库存产品的种类。

与之前所描述的对于 ABC 库存法的定义相仿，以下为一个典型的运用 FSVV 库存法的案例：

- 对 A 类产品，在每个循环中都会有足够的库存维持每个反应循环并留有一定余量。

- 对 B 类产品，在每个循环中都会有足够的库存维持每个反应循环但不需留有余量。

- 对 C 类产品，在每次产品的生产过程中，我们会通过固定序列一次性生产足够用于两到三个循环的库存。

根据 FSVV 方案，对于每类产品，我们只需生产并维持一个反应周期内所需的最小量的产品。A 类和 B 类产品需要维持每个反应循环，而 C 类产品需要维持两到三个循环。随着存库中产品数量减少，可以去掉反应循环中很多不需要的产品和转换过程。

> **关键点：** 按照传统的库存法，产品根据库存补充需要随机生产，物料转换所造成的损失是不可控的。而根据 FSVV 库存法，每种产品的生产都是按部就班的。这种情况下，固定的生产程序将转换损耗和产品库存置于良好的控制操作之下。

因此，建立一个固定的生产工序可以使你的工厂在最低转换损耗率下获得最高的生产循环速率。将此理论应用于你的工厂能够进一步提高生产速率，降低转换损耗率。因为库存与生产周期直接相关，生产周期的缩短将会立即反映在库存产品的持续减少，因此进一步缩短生产周期。

还有其他的好处。产品的数量和成本也大幅下降，因为高价值产品的数量大大减少。在库存减少时，各种产品都保有少量的存货以满足在产品循环过程中消费者变化的需求，鉴于你能够更频繁生产重要的产品，那么你的生产会更加符合市场需求。

说明： 精益理论可以使你免受不可控问题的困扰，这些问题都是你不可能解决的。对于高价值/高额产品，在生产周期内留有一定量的库存，以应对消费者随时可能出现的不时之需是非常明智的。

相较而言，低额产品的需求变动一般是最大的，但是应用此方法之后，这种状况也是可以应付的。根据 FSVV 库存法，通常来讲，批量最少的产品的库存是最大的。并且,如果对于低额产品的需求量空前上涨,我们可以适时地将此产品重新加入生产循环中。相反,如果其需求量出乎意料的下降时,我们仅需将其从下一个生产循环中移除。

轮中轮——复杂形势

FSVV 法的另外一个好处是可以产生所谓"轮中轮——复杂形势"的效应。原始的固定生产流程被称作生产车轮,正如你所想象那样。有些添加剂或改性剂、化学品或者催化剂的毒性很大,如果不兼容或者转换过程中有损失可能会造成严重后果。有些添加剂、催化剂或者其他化合物处于开发中,或者新上市,又或者由于其他原因剂量不明确或较少。根据 FSVV 法,你可以将所有这些产品归入 D 类。(有些人很喜欢这种分配,并且开始称这类产品为"受宠"产品。)

将以整个系列的产品归入一个特殊的生产分类的好处是,这整个系列可以根据你的选择从生产过程当中取出进行一个、两个甚至三个循环。无论何时,只要你需要一种产品,你就可以启动生产的轮中轮,然后将产品从生产程序中提取出来,进行一个或更多的循环。整个系列产品在生产工序中只占一个单独环节,通常这一环节仅用于单个产品的生产。固定的生产工序保证你能够在生产循环中合适的位置生产这个系列的产品,并且这种策略可以最大限度地帮助你避免频繁生产所引发的高转换损耗。

可变量安排

除非工厂能够有效率地在任何时间生产任何数量的任何产品,每次生产的产品数量必须是精确的,以弥补由于业务生产约束所造成的生产该产品过程中特定的转化损失。不幸的是，在允许随机生产工序的工厂中，可能发生的转化数量如此之多以至于不可能实现此理想状态，因为这么做需要重复计算每个生产过程中的转换损失。事实上，大多数工厂只是简单地为每个产品或每个系列的产品安排最短的生产周期。

关键点： 我经常批评将"弥补"生产转换损失作为一项生产策略的想法。然而，只要你遭遇过重大的转化损失，就会觉得根据当前损失计算产量是非常有必要的。这样，在你能够有效地降低转化损失之前，你的生产力和生产成本都会维持在一个合理的范围内，以保证你能够正常地生产运营。

无论库存法如何，也不管市场需求怎样，传统生产计划流程都要求所有产品的生产都要按照预先确定的固定量。在这种运作方式当中，进入库存的材料的数量总是与未来市场需求不匹配。因此，从生产清单中取出材料的时机也是不确定的，而且与未来生产计划毫不相关。FSVV 生产工序和 FSVV 库存法使你能够在每个生产过程中生产可变量的产品，从而可以预知使库存消耗和未来生产计划。

案例分析：定量生产的库存影响

1987 年，在引入 FSVV 法以前，埃克森聚丙烯工厂没有尝试计算每次转换的实际损耗，只是简单地设定了每种产品每生产 800 000 磅所需要的"最小生产周期"，也就是大概四列车箱的聚丙烯。虽然有些高需求的产品很明显需要通过更多的生产循环来实现，大多数产品都是按此定量来生产。

> **关键点：** 虽然根据最小生产周期来规划，确实会造成低额产品从生产循环中剔除，就像 FSVV 法的效应一般，在传统生产计划中，此结果是无法控制的。产品随机地回到生产循环当中，因此生产并不是按照最优的序列或者最优的产量进行的。此外，因为转化损失很高，最小生产周期却很长，低额产品的库存和相关成本往往比在 FSVV 法中更高。

FSVV 操作流程与最小生产周期方法有两大显著不同。首先，根据固定工序生产，总转换损失大大减少，因此也自然而然地降低了所有基于上一步转换损失的最低产量。重要的是，按照适当的 FSVV 生产工序生产的许多产品的转换损耗会变得特别少，以至于这些产品的生产不能按照特定的最小生产周期生产。你可以按照任何数量来生产这些产品，这是精益生产之路上的真正突破。

其次，确定并按照固定的生产工序生产而非随机序列，就可以很轻松地确定每个转换中准确的生产损失，因此可以很容易地确定需要用于弥补损失从而获得预期产量和成本的产品的精确产量。具有转换损失的产品的确需要有超过自然生产过程持续时间的最小生产周期，并可以归入 C 类或者 D 类产品，以此生产足够的材料来将它们从生产循环中移除，并解决其异常的高转化损失问题。因此，我们可以对关键产品和扰乱性的产品给予特别关注，这在传统的运营模式中是做不到的。

> **关键点：** 一旦你能够停止生产随意最小量或由于高损耗而人工提高产量的产品，你就能够非常精确地生产任何一种产品。每种产品的量往往是不一样的，甚至同种产品在不同时期也是不一样的。关键是经理和工程师创立并实施固定生产序列而引起立竿见影改进的"大事件"。这给未来许多"小事件"提供了新机遇，一线队伍可以通过优化转换过程和改进库存来持续并自主地创造更多改进措施。

FSVV 运营模式制造可变量产品的机遇来自三个基本途径。第一个是固定循环运行本身。FSVV 库存法要求生产量增加,也就是对每个产品种类来说,要生产足够的材料来满足固定序列当中潜在消费者的需求。系统的两个特征对于该数量有一定的影响。

首先,C 类和 D 类产品持续进入和退出生产循环,而且转化损失逐渐改善,循环持续变短。在日常生产环节的运行中,每当某个产品需要进入反应器,计划者需要查看未来循环的预期周期和预期需求,并根据实际发生的循环制定合适的产量。这是一个与制定最小产量的随机序列区别很大的任务,并且效果也非常不同。

第二个改变产量的机遇来自产品在生产过程中的存在以改进其他产品的转换损失。目前存在于生产过程中的 C 类产品是预计将要从生产序列中移除以进行下一生产循环的。然而,当计划者为接下来的生产循环检查生产序列细节时,他/她可能会发现此特定产品在控制转换损失中的重要作用,反之就会产生。

举个例子,序列中从产品 X 向产品 Z 直接的转化,不生产产品 Y,可能有非常高的损耗率;而同样从产品 X 向产品 Z 的转化,如果中间生产产品 Y,损耗率便相对较低。在此案例中,意识到此项技术是为了降低转换损失,每当产品 X 和产品 Z 同时进入从生产过程中的同一循环,产品 Y 便会在两者之间生产。这种情况下,产品 Y 的转化损失为零,因为整个序列从 X 到 Z 的转化损失因 Y 的存在而降低。在此案例中,你可以按任意产量生产产品 Y。这个结果是另一个真正实现精益生产的有力推进措施。

第三个机会在生产 D 类产品的复杂形式中出现。在通常的运行过程中,每个 A、B、C 类产品都是相互独立的计划,并根据产品特点相应地从生产过程中移除。当任意数量的 D 类产品出现在反应器中,整个产品系列必须具有足够的数量以在后续反应循环中移除 D 类产品。正确生产整个 D 类产品经常会使系列中某些产品在过程中仅产生很少的量。这些少量产品的生产过程通常非常有效，因为系列内的转换是典型的普通转换，而通过非此系列内的产品转换来制造同样的产品通常是非常昂贵的。

用兼容性差的材料从 D 类或者向 D 类的转换使得 D 类成为转换损失很高的产品系列。通过建立运行计划来保持整个系列产品离开生产过程，系列内的转换往往能有零转化损失的效率，因为如果某一系列产品出现比较频繁，整个生产循环远离那个系列产品会更好。

持续改善

作为一家拥有 200 种产品，但仅有一个大型反应器的塑料厂，通常情况下，应用固定的生产工序就能够迅速带来可观的提高。若能再实施有效的库存法和可变的批量生产方案就会使这些提高变得更加持久、显著。如果可以进行有效地管理以及专业的计划制定与践行，工厂便可以获得巨大的提高和收益。

也就是说，我们需要做出更多改善，而 FSVV 库存法是实现这种持续改善的一大有力武器。通过固定的生产工序，反应器团队需要控制的转化的最大数目大大减少。事实上，因为 C 类和 D 类产品被持续地从循环中剔除，你会发现最频繁发生的转换数目会进一步减少。就像其他情况一样，注重重要转换很大程度上提升了一线团队的成功改善的概率。

如果你仔细观察 FSVV 法内部各个元素之间的相互关系，你会很容易地发现整个系统中对于任一转换损失的改善会很快引起系统中其他转换损失的减小。每个改善后的转化使得转化损失减少一部分,对产品来说是这样,对于整个生产序列来说亦是如此。因为转换损失降低,进入库存以弥补损失的材料也会因此降低。专注于循环周期的库存法降低了为满足生产周期内库存需求而生产的材料,这进一步加速了生产循环。循环越快,满足循环内部需求变化的安全储备量越少,因为随着循环变短,变量就会变小。

> **关键点:** 许多生产企业拥有较大型的设备和持续作业使得化学品在绝大多数情况下都具有强烈稳定性。虽然 FSVV 法不能消除那些固有的损失,但可以迅速地给你带来实际且可持续性的改善。你将有机会体验高速有弹性的生产运作过程,从而使生产与当前市场需求相符,更加接近精益目标,这是很多现有企业所无法预想的。

可持续性

如果没有严密、长期的监管,通过鼓励员工加倍付出努力而获得的效益改善往往不是可持续的。这些通过努力得到的改善往往是有自身局限性的,因为每个人只能在一定时间里付出一定量的特定的努力。

作为替代,如果新的措施被正确采纳,那么通过采纳新的或者更好的生产措施而获得的效益改善往往是可持续的。当你的团队被赋予了全部的有效生产能力,团队努力改善的效果将更加显著。这种可行的改善方式将进展得很快。这样,我所管理的公司连续 25 年保持每年超过 16% 的改善速度。这不需要付出额外的努力,只需要持续地实施改善措施。

因此,我经常花很大力气描述正确的实施改善方法的策略,而很少

强调建立此策略后的努力。要将 FSVV 维持下去却不一样。在 FSVV
法成熟之前,你一定要格外地关注和维护它。

"例外"问题

之前,我注意到地铁改善了个人的日常交通问题,这样,也促进了
私家车在特殊情况下的合理有效利用。类似的,FSVV 作为管理日常
生产计划的存在,成为工厂处理特殊生产情况的有效途径。但也存在
一个显著区别:在纽约,每当一个人决定是否有例外或是否需要特殊
交通工具的时候,这个人需要承担改变交通工具所带来的额外费用。
而在制造工厂中,提供额外服务的费用往往不会加到产品或者是产生
这项服务的消费者身上。通过使企业有效地处理常规生产中的特殊情
况,FSVV 经常鼓励更多的特殊情况。

弗雷德·史密斯(Fred Smith)1973 年创立了联邦快递,主要承担
文件的快速传递。大约 8 年前,传真机的发明使一些人认为传真机将
代替联邦快递实现常规商业文件的速递服务。但是史密斯先生并不同
意,他相信,每当人们体会到快捷之便后,他们将期待更快的速度。事
实证明,他是对的。

> **关键点:**通过处理计划外的情况,FSVV 经常鼓励更多的例外情况,因此并不如我
> 所期待的那般具有自我持续性。在每个我实施 FSVV 的案例中,有必要重新审视此
> 方法来确保管理能够缜密地保护这个系统,并且一线团队能够有效地为改善付出努
> 力,而非花时间处理例外情况。

1987 年,我们将 FSVV 引进了聚丙烯工厂,直到 1995 年,我才非
常自信此系统将持续作为一个日常的商业部分,不需进行定期的管理

评估。因此,我推荐你采用常规的监管 FSVV 系统——就算你认为它已经成功地被应用——以确保它与你想象中那样是可持续的。

　　抛开这一单独考虑,FSVV 是我们行业特有的迈向精益生产的有效工具。它可以在经理和工程师实施大事件的时候立竿见影地提供改善,也可以在一线团队日常自主运作中提供持续的改善。

第 6 章

评估与优化其他的资源冗余

引言

成功地将一种产业或文化中的精益生产引入另外一种产业或文化中的方法,是学习企业的精益思维并利用其深入地思考精益生产在最初应用中的运作方式。如果通过案例学习,对精益生产理论能有自己的理解,你就可以创建一套符合自身工作实际的精益运作计划。

虽然把机械工业的精益生产工具直接转用到流程工业对其开展精益生产是有价值的,但另外一个关键是,如何运用精益思想来辨别出机械工业中使用的但不适合流程工业的精益生产工具。比如,我们观察到了在机械工业和流程工业生产中所使用的不同的操作方法。我们发现在机械工业中作用重要的警示灯或停止线,这个精益工具就不适用于流程工业生产,因为我们的流程工业生产无法像机械工业一样停机与再启动。同样的,很多流程工业,例如石油,并不存在向多种产品转化的作业,因此,警示灯或停止线这个优化工具不适用,这些受欢迎的精益工具可能并不能完全按照精益理论来使用,但人们一般认为,在团队解决精益问题时,这些都是有价值的讨论课题。

开展精益生产的同等机遇可以让你考虑是否应该为企业创造一个独特的精益模式。通过对精益理论的创新,我们超越他人,并提升自身的生产能力。(上一章所讨论的)固定生产工序是精益生产工具之一,它可以帮助我们解决流程工业中特有的反应型化学问题。

在本章中,我们将讨论如何将精益原理延伸向流程工业运作管理,我们也可以将其延伸应用于其他广泛的资源领域,包括资金、技术和技术支持,这些基本精益原理的延伸一般只适用于流程工业的科技密集与资金密集型的工业环境。作为接下来的讨论基础，让我们先简短地看一下机械工业与流程工业生产的结构性差别。

机械工业和流程工业生产的结构性差别

一般来说，流程工业生产是资金密集型生产，机械工业生产属于劳动力密集型生产，但并不是完全如此，运用完整的数字来表达的话，在机械工业生产里，劳动工资占车间费用的70%，物料与资金成本占剩余的30%。在流程工业生产中，这比例大致是倒过来的，劳动工资仅占车间费用的30%，资金与物料占另外的70%。比如说，埃克森作为一个4 500亿美元的流程工业生产雇佣了八万员工；德事隆集团（Textron）这个130亿美元的机械工业生产企业，雇佣46 000名员工，这样的结构性差别为我们创造了机会，让我们聚焦于它们在优化活动上的潜在差异。再说，机械工业生产一般都有很多小而独立的工序，这些工序之间的过渡通常属于劳动力密集型的独立操作，因此，机械工业生产存在大量的由微小作业而积累的库存、运输与其他形式的运作浪费，这些浪费会警示操作者或其经理人，有关他们运作过程中的一些小问题，一线团队有很多机会在工作时间察觉到这些小问题，并且在一线创造一些小规模的动作优化，这样特点使很多人能察觉出生产中的小问题，这无疑是精益生产的强大推进力，也是对精益生产的必要贡献。

由于我坚信全员参与优化活动会获得巨大的利益，我在不存在大量人工参与的小范围流程工业生产运作中探索了全员参与模式，同样获得了不错的效果。流程工业在不同的环节上极少会发生各处物料聚集、不连续的情况，一旦了解了机械工业与流程工业的结构性差别，我们就知道在流程工业生产中,与其说是库存,还不如说资源冗余是我们产业特有的问题。

在机械工业生产,大量的小规模的劳动力密集型的独立作业在各工序中积累了巨大的资源,它存在大量小问题,例如,半成品库存、运输、物料处理以及直接劳动力。在流程工业中,我们认为也存在大量的资源冗余,例如,科技或工程、重复的生产型设备、运作支持工作、例行维护工作、检验技术人员。如果要在我们内部运作中寻找半成品、物料或直接劳动力,以此来寻找优化的机会,那必定是徒劳的。在流程工业中,寻找其他大量的、小的资源冗余才具有真正的价值。

流程工业中的小浪费

机械工业生产中的库存与直接劳动力的小浪费可以融入一线人员的解决方案中,很多小问题和浪费也可以这样被解决。机械工业的优化方法也可以运用到流程工业的优化中,流程工业从业者也可以用类似的方式发现这些不同的浪费。我们在讨论精益思维,目的是让从业者运用原始的精益原理发现一些因库存而隐藏起来的问题。

> **关键点**:在机械工业中,通过资源累积解决问题是十分常见的。库存是这些资源中的一种,其他资源也可以在累积过程中达到同样的效果。在流程工业中,内部改善的机会在其他资源操作中更容易体现,相较而言,库存的内部改善机会不是很多。

机械制造用库存作为一个指标来帮助工人找到小问题并解决,用同样的方法,我们可以把资源冗余量作为指标以达到同样的效果。我们正在探讨精益生产的原始理论,有用的技术能解决潜在的问题,这些技术可能是针对特定情况的,也可能不是。因此本章将举出四个案例来展示这些想法的概念,并且给你一些方向,在什么地方可以找到类似的机遇。

案例分析:检测不复存在的问题(多余的技术支持)

在贝城展开精益生产时候,我们一开始就调动员工帮助我们进行优化,原本拥有的精益经验,包括流程工业生产经验,是有裨益的(可查看第 1 章)。这些经验能很快让我们给参与项目的员工讲授精益理论的概论,并邀请他们在自身的职责范围内认真分析、查看以避免任何形式的"非自然"的资源冗余。

说明:"非自然"的资源冗余是指那些对运作没有必要的资源。

现在提出流程工业生产运作中特有的可能形成的资源冗余,诸如技术、资金与生产支持等。我们和员工们分享的是,一些"非自然"的资源冗余可能就指一些未解决的问题,而那些未解决的问题可能代表着改进的机会。我们的一位年轻一线主管很快就发现了我们要寻找的东西,那是当他质疑一些存在已久且资历较长的员工已经不再关注的东西,当然,老员工们并不把它当作非自然的东西了。

异丙醇(IPA)是一个已经被生产了数十年的简单产品,我们的生产从来没有发生任何问题,我们的客户也未曾遇到过任何质量问题。我们已经围绕着它的生产建立了一个稳固、可靠的质量系统。此外,我们用车厢将产品直接运送到客户端,客户端也极其细致地从车厢上卸下这些东西。车厢装卸后立刻被关闭密封起来送回。运输过程中根本就不存在任何能够使其受到污染或被破坏的可能性。

为什么？运输部的这位一线主管想知道是否是因为我们雇佣了一位化验技术员日夜值班，每天都在进行将产品装入液体桶车厢后执行针对污染的检验。车厢为什么必须停靠着等待化验报告完成后才被容许放行运给客户？

他曾经提过这个问题，所得到的回答非常有趣。首先，他认为如此的化验程序事实上就是一个技术资源冗余，会耗费很大的成本。埃克森的一位化验技术师的薪水、福利、加班费、制服与其他费用合计大约每年十万美元，要每天日夜都有一位化验技术师，不间断地值班的话，我们需要最少 5 名化验技术师，那就意味着我们每年要花费五十万美元来化验查寻一个公司根本未曾发现过的污染问题。事实上我们也都认为这样的污染是不可能发生的，再说与资源冗余一齐发生的还有其他费用，例如，他们需要化验室、化验室主管、化验室物料，等等。我们把这个资源冗余浪费估计在五十万实际上是低估了。

在调查中发现，如此的车厢污染化验检查是五十年前启动该项目时建立的。当时产品是用共用的车厢来运输的，那些车厢运输各种各样的东西，当异丙醇用这样共用的车厢来运输时候，当然存在污染的可能性，那也是符合精益理论的。当时存在运作上的问题，因此我们添加了化验这一个环节来解决问题，以确保无污染情况发生，如果发生污染，它将在我们的工厂就被发现，不会扩展到顾客端。

90 年代初期，当进行此项调查时，我们已经使用专用车厢与专用设备来运输异丙醇十年了，可是，没有人想要终止污染化验，我们已经彻底地适应了,以至于持续了这个防污染的化验检查,没有人想把它停下来。根本就没有人注意到,我们检测的问题因为某些变化不复存在了。当我们发现这个情况,我们和客户探讨了情况,他们同意我们终止这个化验操作。

这是一个完美的案例,其价值体现在它给一线工人灌输了企业的精益思想和资源冗余的基本理念。埃克森贝城占地超过 3 500 英亩,它雇佣数千人,这个资源冗余被忽略的时间比几乎所有的人在这个工厂工作的时间还要久,一个化验师的出现对大家来说,算不上一件值得关注的事情。一个人在每个班次中都要来回几次到车厢取样,回去化验室,之后放行运输车辆,相似的事情也发生在其他产品日常运作上。

如果一位经理或工程师注意到了这操作,他也仅是满足于化验结果确认一切安好,此问题存在超过十年,从未被过问的事实上来说,也许工厂管理层也不可能发现它作为需要被纠正或排除的问题。寻找与发现这样的事,需要一线员工知道他在寻找的东西,需要认清他所查看的东西,而且要有能力改善问题。一旦情况被发现,纠正它需要内部与客户间良好的互动,它并不需要什么特殊能力或成本。

案例分析:维护失误(多余的资本设备)

在不间断的流程工业作业中,备用泵是常见的。虽然,重型高流量的化工泵常用高档防腐蚀的材料制造,而且价格昂贵,但它们仅是庞大的化工厂的相对比较小的资产。拥有备用泵是极其低廉的成本,尤其是相比因泵损坏,一大串的生产停顿而造成的损失。当你在大型的化工厂中,经常会看见两个泵在同一地方,一个是在使用中,另外一个是备用。

当一个泵失灵,它被拿出生产线维修,维修期间,备用泵会进行工作,这样,企业生产得以继续。利用远程操控阀和开关来调换泵是常见的,更换泵的工作可以在操作室中完成,无须技术员到现场。在某些场合,流程控制电脑会监测到,当正常使用的泵不工作,会自动切换到备用泵,无须控制台工人的介入。

一个备用泵和一个正常使用泵并用已经不稀奇了,不寻常的是,三个泵被放在同一个地点来执行同一个任务:第一个用于正常使用,第二个备用,第三个可用于防备备用泵出问题。在正常用泵未修复之前,如果备用泵出问题,第三个泵就被启用,这样防止生产被中断。工程师这样的设计,一定有它的道理。备用泵在原来的泵修复之前,有可能出问题,因此需要第三个泵。通常,这样的泵都是为生产而精心设计的,可连续使用数月甚至数年的,第三个泵的存在明显体现出了一些非常状况。

在调查不正常的资源冗余的时候,我们觉得非常尴尬。首先,我们发现,在正常的泵未被修理好之前,备用泵不工作这个现象不仅是存在的,而且比较常见。正常的泵,一旦装上,可以连续使用数月,但是,当正常的泵出问题后,备用泵却偏偏很快就出问题,这就比较诡异了。

在设计预防性维护时,我们使用了日常程序,为了避免备用泵太久未启动出问题,我们在正常维护作业中规定,备用泵不时地要投入短暂的运作,启动它的发动机,借以将泵轴转动,以确保它不被停顿在静态中太久。由于静态的泵开始运作时候,泵中的液体黏度相对比较高,每次启动泵,由于液体慢速中黏度高,它都必须经历一段相对重负荷,如果泵继续运作,由于液体的黏度降低了,负荷就会逐步降低,但是开始的一段短暂的时间,对备用泵有破坏性损耗。如果备用泵每周被启动一段短暂的时间,这些损耗将积累,造成需要用备用泵取代常规泵的时候,备用泵频繁出现失常。

为了解决这个问题,我们建议用手动方法,每周转动泵轴来防止它由于处于静态太久的卡死,这样不打开马达,不将备用泵投入到正常生产过程,它就不用承受短暂的高黏度液体负荷,也就不会在正式需要它的时候出问题,这就排除了备用泵失常的问题,就不需要第三个备用泵了。

关键点:1991 年,埃克森尚未开发出适当的维护分类与报告工作系统,我们的劣质记录和劣质命名方法耽误了我们,虽然泵是好的,仅是泵的发动机失灵,那些设备失灵经常被报告成泵失灵,我们的可靠性工程师没有重新检查发动机的维护系统,因为只有维护技术师知道发动机是问题的所在,我们的可靠性工程师也不知道技术师是通过开发动机的方式使发动机轴转动的。生产一线发现了真正的问题并加以改正,能帮助我们进行一系列的其他优化,这是一个常见的优化步骤。

由于这个维护作业上的小改变,我们能够将许多这样高价的化工泵用于一些新的任务,避免了购买新泵,同时也消除了频繁重新购买发动机的费用,因为它不再会出问题。更重要的是,当我们有两个备用泵,而且同时在两个备用泵上进行同等的不正确的维护,那么就算有了两个备用泵,我们也会不时地遭遇主泵失灵后两个备用泵业都很快就失灵的情况,那时我们就必须面对昂贵的停止生产。通过检查备用泵,使我们改正了相对较小的问题,同时也避免了更大的停止生产的问题。

说明： 没有好处反而会造成损害的维护比我们想象的更加频繁出现，例如，在森科尔，我们经常碰到管道腐蚀的情况，但是依据我们的经验与预判，管道的腐蚀通常发生在大半径管道的转角处，由于内部流体改变方向，对转角部分产生撞击的缘故。我们的腐蚀监控技术人员发现我们在较小口径的管道转角处发现了腐蚀，进行了管道更换，在正常运作中，不应该发生这种情况。经调查发现，我们的维护人员过度铲除锅炉中碳垢聚集这一操作造成了如此的问题，我们重新进行了碳垢聚集的评估，确定了更适当的应对的措施。在埃克森，一旦发现了一个问题与它的对策，我们就把同样的优化措施用到很多其他地方。对这些问题存在警觉的一线人员专门关注了不寻常的维护后果，这是个好消息，很多优化都是从这里来的。

关键点： 在埃克森与森科尔，一旦维护问题被一线人员发现并且其原因也被找出，它能够以低廉代价来解决高价值的事情。我们在帮助我们的人员运用精益与其他优化工具时候，就专注于寻找以小成本来造成高价值的优化机会。

案例分析：解决潜在问题（预防资本冗余）

有时，不正常的资源冗余尚未形成，但当意识到资源冗余即将要发生时，我们可以超前一步，问题尚未发生就提前解决掉问题。

在第 4 章，我们描述了运用挤压机将聚乙烯与聚丙烯挤压成型的过程。在这个案例中，新造出的高分子聚合物从反应炉出来后，形成了一种低密度水晶状的颗粒，为了运输方便与优化客户加

图 6.1　一块合成橡胶

工,挤压机将聚合物颗粒挤压城高密度颗粒,我们在制作合成树胶运作中使用同样的方法,当合成树胶离开反应炉时候,它形成像爆米花一样的碎屑,它被运输给客户前,我们将它挤压成高密度的长方捆,然后,将这方块捆装进大纸板箱,我们的树胶厂从一家供应商处购置了能自己打开纸箱来装物品的自动装箱设备,在使用中,我们发现自动装箱设备经常由于气压不足被卡死,我们的人员检验购置专用的压缩机来保证我们足够的气压。这个方案,假设装箱机没有问题,并且将矛头指向气压问题,因为厂房里需用的气压量是变动的,有些时候,厂房内用气压过高,造成装箱机气压不足。他们就想添加一个新的高压气源。

就如很多添加的资源会造成问题一样,空气压缩机将带来新的成本,运作与维护费用。无论如何这队伍获得了他们要的压缩机,但是他们犯了典型错误,要了腰带还要肩挂带,他们不但要求自己的压缩机,同时还要求一台后备压缩机作为压缩机出问题时候的备案。

这个请求无疑是一个为解决问题造成的资源冗余的现象。

我们派了人员去了解问题,并学习了更多关于装箱机如何运作的经验。根据不能运作的空气管道的专门设计,他们发现装箱机的管道是造成气压不足的原因,他们应该在正常的运作中仅需较低的气压。装箱机厂的管道规格一般仅适用于像可口可乐纸箱那样的纸箱,而不是像我们这样的大纸箱,因此他们的气压管道规格较小,我们的纸箱是他们设计中最大的,所获的气压不足我们装箱的作业,他们没有为我们的作业进行设计的修改,所以装箱机本身就是问题。

那天结束之际,我们将装箱机的管道的直径由 0.25 英寸改为半英寸,这样虽然花了一些钱,但是成本远远少于购买和运用空气压缩机。

在这个案例中,虽然管理层进行了干预,大家也应该认识到是一线人员发现了问题,最终发现了低成本的解决方法。管理层的干预不仅限于看得见的、不正常的资源冗余正在形成过程中,并在它形成之前将它排除掉。管理层的角色应该是教导大家构建新的精益运作系统,让大家能够利用小的运作来产生大的优化。在这里,我们所学到的是很基本的,小事情的优化最好在现有的资源以内,少量的维护费用可以适用于该模式中,大的资产项目就不能这么做了。

案例分析:领导优化过程(定义多余维护)

由于贝城埃克森有纪律严格的生产优化运作,它的设备表现往往远超出行业标准。这些年,我们开始想我们为何需要夜班或周末班上班的维护技术员?我们为什么不能在日常的工作时间中把该做的维护工作完成掉?在提问的同时,我们也清楚,确保工厂正常运作的重要性远超过节省维护费用的必要性。我们从未忘记精益运作的第一条规律,它教我们在追求优化、移除资源冗余的时候,必须维持生产运作的优化而不是给它造成问题。

由此,管理层单方面认为夜班与周末班的维护是不必要的,我们完全接受我们必须继续夜班与周末的维护,但是在这些时段里的维护必须属于例外而不是常规的。在这种情况下,我们就大量减少了夜班与周末班的维护人员,把他们调到其他日常工作上去。

夜间仅需一个小规模的维护人员队伍,他们的主要任务是执行有限的、有计划的维护工作,但是,如果有计划外或紧急情况,他们是可以工作的。可是,我们的新政策规范是,那些计划外的维护工作必须是非要立刻处理不可的运作问题,在周末和夜间的不在计划之内的维护工作仅在下列情况允许:生产主管宣布该情况是值得报告的,并且该情况会在第二天由高级管理层重新审阅。

在这样受到限制的维护环境中,生产线的一线主管自己开始密切关注一些以前他们可能忽略的地方,正如预期,他们发现了很多不显眼但是高重复性的问题,解决了以前由于维护丰富资源而被忽略的问题。

我们使用一个有条不紊的时间表,将这些问题放在计划内的维护工作上,有的问题比较棘手,有的相对简单些,但是只要我们厘清情况并合力解决问题,它们就都在我们的正常维护能力范围之内。

值得注意的是,这些问题并非仅是在周末或晚上出现的,通过宣布夜间与周末维护为非正常范围,我们发现解决了大量的平常会在任何日、任何时间占用掉的大量资产问题。

如第 1 章描述,从 1991 年底到 1997 年底的这六年中,贝城埃克森的产量平均每年提升 16%,它的产量翻番,利润也加倍。在那整个期间,所增加的产出,过半来自优化现有的资产。1995 年,我们以此速度优化产能的第四年,我们需要新机会来优化以保持我们的增长率。

订制了的正常班以外的维护属于非正常资源冗余,这对我们有很大帮助,帮我们发现新的优化机会。这种做法,正是符合精益思维的。通过撤去原先导致小生产问题的资源,问题需要得到重视以便解决。

通过很多员工自发地对细节的关注,资产的表现得以提升。虽然我们取消了一些资源以帮助我们发现维护问题,在那些问题被完全解决之前,我们正确处理问题的能力还是要保留下来。对于未解决的问题,我们永远不会提前撤去资源。

案例分析：定义稀缺资产

我们在森科尔遇到了类似的情况,在我们转换沥青砂为合成石油的产能加大,我们从地面上回收油砂的矿业设备也增加。我们的油砂矿业设备是世界上最庞大的地面上移动设备之一,它的铲子每次可以挖出 100 公吨的矿物,运输车每次可以运输 400 吨的矿物。我们的设备队伍扩大的同时,我们对重型设备技术师(HET)

的需求也随着增加。实际上能够维护矿业重型设备的技术师的稀有事实是我们成长的绊脚石。不止我们存在这种情况,在整个行业都是如此,因此我们就把重型设备技术师定义为稀缺资产,开始系统化地评估需要重型设备技术师的维护工作为非正常的维护。

正如精益原理所预言的,我们会发现我们的稀缺资产会被消耗在大量的小问题上,很多这些问题都是小事,是"杀鸡不用牛刀"的小事情,而我们却用了重型设备技术师。重型设备技术师被用在维护车间里,用在维修在现场不能工作的车辆。我们在维修部添加了一些技工、电工与车辆机修工来做车辆的维修,这样排除对重型设备技术师的打扰,重型设备技术师可以专注于更加具有生产力的事情,让我们的矿业设备获得充分与及时的维修。

说明: 运用快速换模和其他精益工具优化日常重型设备技术师的机械任务,诸如第 4 章描述的加快车辆引擎更换的速度,也会起到作用。

关键点: 添加了一些技工、电工与车辆机修工来维修车辆,听起来像是一个设备维护本身的问题,另外的看法是,让全体的标准化维护人员为全体职员提供一般支持,这样我们就可以调动那些珍贵的、用来解决大的维护问题的资源。当你在车间内运用精益原理的时候,你需要了解你正努力解决的问题是什么。

在各种独立的运作系统中,库存通常掩盖着各种问题。但在流程作业工厂中,努力探查资源冗余浪费是十分有必要的。这是我们鼓励一线工厂中员工进行持续改善的最好方式,机械制造商从这种传统的精益实践中受益匪浅。

第 7 章

统计质量改善

引言

丰田汽车生产系统的最初开发以及日本精益生产的相关技术都是伴随着统计过程控制（SPC）的引入而出现的，因此它们常被认为是同时发生的。当然，它们是完全并列的，这两种方法的区别也是互补多于冲突。这是近期西方工业联合项目发展的原因之一，有时也被称作"精益六西格玛"。它不是一个新概念，而是将长久以来并列的两个词语统一为一个，精益生产和统计过程改进是相辅相成的。

统计质量与精益生产相结合

正如每个参与到 19 世纪 70 年代中期西方制造业的人所知，早期日本工业采用了这两种方法，从而在提高质量的同时也降低了成本。当通用及其他汽车制造厂商发现他们的竞争对手是像丰田公司这样的公司，能够快速地以更低的价格提供更好的产品时，破坏性的竞争效应就产生了。吉尔巴克公司与埃克森公司竞争时也遇到了相同的情况（详见第 1 章）。通用汽车知道丰田汽车在做什么，却无法理解如何实现那样的成果。当我们在工业生产中采用精益方法时，也会想要用到其好伙伴——统计过程控制。

正如精益原则改变了传统的制造生产模式，统计过程控制改变了生产质量和工序一致性的概念模型，使重点从事后检查转为事前控制指标。其理论基础是，当制造过程本身能够成功生产出产品并且该过程是受控不产生波动的时候，产品质量一定是好的。以此类推，可以通过一些预防措施去改善过程、控制波动,从而控制产品质量,而不是通过被动的反馈来改善坏的结果。

因此,统计过程控制有两个主要的部分。第一个是评估和改善生产过程的固有能力,第二个是精确的流程操作。统计过程控制提供给工程师们一个主动改善工序的机会,也提供给生产线上的团队一个在没有偏离原定流程工序的情况下进行生产的机会。精益化、统计过程控制使得每一个人都能够为实现理想的精益生产作出积极有效的贡献。

流程工业中的统计方法

机械制造中的统计方法可以直接应用到流程工业。统计方法在两个行业的应用是十分相似的。因此,埃克森公司以及其他主要的加工制造厂商在流程生产运作中,有 30 多年都广泛采用统计过程控制方法。确实,因为流程生产在过程稳定性和一致性中存在一些特殊的问题,我们能比机械制造商从这些方法中收获更多。

案例分析: 偏差管控

将评估和控制波动作为管理制造过程的基本概念的好处并不是显而易见的,因此,我们经常通过举例来阐明。控制波动的一个最好的例子来自我早期在通用汽车工作时领导一个制造仪表盘上安全垫的小组的经历。由于款型和外观的原因,这个仪表盘的安全垫需要被真空塑料膜覆盖。在原始的设计中,规定真空前的塑料膜厚度为 0.040 英寸,允许偏差为: -0.004 至 +0.004 英寸。

　　塑料膜形成真空以塑造仪表盘的外形时会发生伸展并变薄，这个规定的工程目的在于适应这种变化。通过设定初始目标厚度0.040英寸，我们相信能够确保最后仪表盘所有位置的塑料膜厚度都能够大于0.020英寸。然而，初始塑料膜的厚度波动对生产结果有很大的影响。

　　较厚的部分加热缓慢，因此从加热炉退出时它们的温度低于那些比较薄的部分。在成型过程中，这些相对较厚并且温度较低的部分比起那些较薄且温度较高的部分弹性要差。因此，在形成真空时，初始塑料膜上较厚的部分比较薄的部分伸展的少得多。事实上，温度低、弹性差的部分导致那些更薄更热的部分伸展得比它们的固有伸展更多。

　　我们进行了若干次减小塑料膜的厚度的操作。每一次我们改善塑料膜厚度的波动，其在加热、拉伸、成型后的性能差异也得到改善。当我们能够生产出厚度波动小于0.001英寸的塑料膜时，我们就得到了厚度统一的塑料膜最终产品。这种新的一致性使我们在生产过程中可以将最初塑料膜的厚度从0.040英寸降低到0.030英寸，仍然能达到最终覆盖仪表盘表面的薄膜最小厚度为0.020英寸的目标。

　　事实上，我们经常是在使用更薄且耐性更高的原材料的情况下实现最终产品最小厚度的目标，而不是像之前那样使用较厚的材料。我们没有改变材料抑或产品的任何特性，但是通过提高耐性，我们使用的总材料能减少25%。此外，现在这种耐性更高的材料性能也更好。当环境温度变化时，汽车仪表盘的安全垫在使用中，会继续因厚度波动小而受益。

> **关键点**：除改善一致性或减少波动之外没有其他方式能带来显著的产品质量改善和成本的降低。

人们在工业生产实践中早已发现生产过程中存在偏差。显然，产品的规格提供了产品可接受的尺寸波动范围。比如，塑料膜厚度的规格为 0.040±0.004 英寸。这个尺寸公差表明，产品设计者预计制造过程会在最佳尺寸上下产生多达 10% 的自然波动。

可是，在统计过程控制之前，并没有实际的方法作为生产系统的特性来评估和管理波动。仪表盘衬垫设计者不懂自然波动的专业知识。百分之十的波动看上去是一个合理的目标。然而，更糟糕的是，当自然波动被认为是不可控的产品特性时，人们就不能实现今天已经实现了的产品改进。

基本统计概念

工业生产中，统计方法最基本的元素是加工能力。这个概念通常被认为是由爱德华·戴明首先提出的。戴明最基本的思想是：制造过程存在固有偏差，但这个过程中的波动是可测量并且可预料的。更重要的是，一旦获知其偏差，我们便可控制自然偏差。通过这种方法，统计过程控制给予制造领导者控制生产的波动属性的能力，但在之前我们只能知道存在自然波动。

实际上，在制造中，当统计预测的产品规格与实际生产的产品规格相比较时，自然波动的重要性就更加明显了。比如说，在千分之一英寸的数量级上测量的厚度波动，对于塑料膜的生产是很重要的，但对于船用锚链的生产却没有任何作用。按此推理，过程波动的控制对于一个产品可能是适当的，对于另一种产品则可能是不适合的。在生产过程中管理波动的价值就是针对特定的产品的。

> **关键点**：戴明告诉我们工业生产过程中固有的一致性可以让我们通过统计分析得出一个数学模型，这个模型可以精确预测每一道工序的自然表现。通过比较生产过程的自然表现与其生产产品的要求，准确描述生产过程，成功控制生产产品的能力就成为可能。一旦过程的固有能力被详尽知道，就可以改善对过程能力有影响的操作因素，就可以有效地管理生产过程以维持那个能力。这就是统计过程控制的基础。

六西格玛

因为这个实践依靠统计分析，所以人们用数学符号来比较流程操作偏差和产品标准。统计把围绕平均值的变动称为标准差，并用希腊字母 σ 表示。在统计学中，几乎所有（99.73%）生产过程中的自然波动都被包含在平均值加减三个标准差的范围内。因此，基本所有自然波动都被置于六个标准差的范围内。

一个过程被调整以使结果的中间值或者平均值被调整至产品最优的规格，这个过程被称为"中心化过程"。当这个中心化过程统计预测的自然波动范围和产品规格的公差一致时，该过程的所有自然输出都满足产品规格。这个过程自然能令人满意地生产产品。根据近期的工业实践，这个过程是一个"工序能力充足"的过程，这种情况被称作"六标准差质量管理"。

在这种情况下，缺陷产品的主要来源是生产过程的失常。这些异常的事件被称为特殊原因缺陷。改善基本过程的任务就是创造一个能够自然地生产出特定产品的过程。改善过程操作的任务就是保护过程不被影响它们自然能力的特殊因素干扰。

　　运用戴明的方法,我们能够创建一个工艺操作的数学模型,它可以精确地预测各制造过程生产各种产品的能力。此外,一旦过程波动的统计模型存在,我们就可能通过实验或经验来识别波动产生的来源。通过积极的识别、移除或改善自然波动的来源,我们就可以使过程的固有能力增强。

　　更重要的是,一旦成功建立了过程波动的统计模型,我们就能识别过程不按照其固有能力表现时的阶段。这使我们可以准确地知道何时非系统的或特殊原因的波动影响到了过程表现。因此,特殊原因的波动也能够在其发生时被及时地识别并去除。由于波动的特殊原因被去除,过程固有能力虽然没有被改善,但过程的即时表现却被改善了。

　　通过基于统计过程控制的过程模型,我们得到两个强大的针对过程和性能提高的新方法。通过统计分析和实验,我们得以识别过程固有波动的来源和影响。通过去除固有波动,我们就有可能改善固有能力以及过程的长期性能。类似的是,通过持续比较实际性能与统计预测的性能,当特殊原因影响生产时,操作员就能及时地识别。原因和结果几乎是完全相关的,因此,我们能够判断并消除导致波动的特殊原因,从而改善即时表现。永久地消除频发的特殊原因也能够改善过程的固有能力。

　　这种理解和行动使积极的质量改善成为可能。以前,我们检验最终产品并通过反馈调节过程。在统计质量控制实践中,我们能够积极地分析和改善过程,并且能够不断的监督过程性能以保护它不受异常事件的干扰。

统计分析前的过程改善

只有少数制造过程是完全没有能力生产出好产品的。大多数工业过程能够生产出很多好的产品。在自然随机波动中,这些"相当好"的过程存在高性能阶段和低性能阶段,这些都在它们的固有能力内。结果,在统计过程控制之前,当我们操控一个通常可以产出98%好产品的过程时,阶段性成功率100%时我们会很高兴,而成功率降至96%时我们会沮丧。我们没有意识到过程的固有能力是同时包含好的结果和坏的结果的。

因此,我们无法建立一套流程改善的完整有效的方案。工程师和管理者通常都会假设好的阶段是存在的,并证明已建立的过程是好的过程,因此坏的阶段是由好的过程之外的某些因素导致的。结果,对于并不是总能生产好产品的过程,或者正如我们现在所说的,是基本上工序能力充足,在戴明之前,大部分的努力都集中在寻找和去除特殊原因的问题上。

鉴别特殊原因的大部分调查都集中于操作员的表现,而操作员表现通常与固有波动无关。仅次于操作员的表现,改善措施很大程度上依靠工程师或操作员调整过程使输出的平均水平回到中心位置。如果没有理解我们试图影响的波动对过程来说是固有的,那么试图改善操作员的表现就通常没有作用,而重定位中心使情况变得更糟。我们定期地发现和解决一个正确的特殊原因或一个自然波动的来源,但是这些行为都是非结构化的和不常见的。

结果,在过程统计控制之前的改善比现在可接受的更慢,且效果更差。只关注操作员的表现,过程的调整和消除特殊原因的改善措施是不可能使得制造趋于一个完美(或者零缺陷)的状态,因为它们无效地致力于缺陷产品的两个可能来源的其中一个:特殊原因。对流程的固有能力的改善在这种情况下很少发生。

使用统计分析实现流程改善

因为每一个流程本身都是可以被精确测量且其操作须紧密结合理想产品的规格,统计过程控制使我们能够创造一个有用的分析工具,对结构化的、普遍的过程进行改善。简单来说,这个工具是用来描述预期的过程自然性能的统计模型。通过比较统计预测的性能与产品规格的限制,可以精确地预测在常规生产产品时各流程达标的程度。在一定程度上,通过分析证明流程运作本身不能充分满足产品的需求,需要更多详细的实验和分析才能识别和去除固有偏差的来源,从而提高其固有能力。

案例分析:使用预测模型

在森科尔能源公司的萃取部门,经常会有不能令人满意的砂子和沥青分离阶段。这样,过多的砂子就会随着沥青进入质量提取装置,这就导致了管道和炉子的侵蚀。一直以来,我们缺少提取工艺的预测模型。沥青的质量则由产后检验决定,当我们发现沥青中有太多的砂子时,我们需要调整萃取单元的操作,典型的方法就是降低它的萃取速率。缓慢的操作虽然改善了产品质量,却限制了生产能力。

在我们采用了统计模型后,我们会发现萃取单元无法以全速正常生产无沙沥青。过程的自然波动会定期地超出产品的规格范围。知道了这个道理,我们就能做一个更加详细的分析,并判断出产品质量的波动来源很大程度上取决于我们填入分离单元的物体

的一致性。当注入速率大幅上升时,沥青中砂粒的数量也大幅
上升。

我们原以为分离的单元是处于矿物的离散操作转化为连续处
理的合成原油生产的位置。然而这个分析告诉我们,连续流的改
变发生在原料进入分离过程时,而不是在过程中。有了这个知识,
我们既能改善过程全速运作时的固有能力,同时也能生产出合格
的产品。

运用统计分析进行操作改善

一线团队明确地识别出未按预期表现的过程。在那时,团队在一
定程度上也会知道过程是受非系统或特殊原因波动影响的。因为这个
比较和评估是即时发生的,一线团队也会知道他们所寻找的特殊原因
是刚刚改变或者在那个时刻正在改变的事。

有了准确鉴定非系统波动发生时间的能力,对波动来源的寻找就
会更加成功。事实上,与过程固有能力无关,认识到统计过程控制可以
识别出何时过程未按预期表现,操作员就可以精确地从自然波动中分
离波动的特殊原因。对于本身的过程能力足够和本身的过程能力不足
的过程来说,这种强大的分析能力都是可发挥的。过程能力不足自然
会生产出一定数量的缺陷产品,但只要我们清楚,这些缺陷是我们预期
的过程结果,操作员不需要调整过程或寻找很可能并不存在的特殊原
因。在寻找改善的机会中,确切地知道过程是否按预期表现,是有极其
惊人的强大价值的。如果没有统计过程控制,这个知识是不可能存
在的。

> **关键点**：统计分析使得几个不同的改善途径能同时进行。一旦我们有了可以准确预测工序自然表现的统计模型，我们就能够更进一步分析和改善工序固有波动的来源。当工序未按预期表现时，我们也能独立的识别它，要么调整它，要么寻找非自然变化的非系统原因。

工序性能的统计模型

　　预测工序性能的统计模型究竟是怎样的？制造工序的固有表现是指工序未经调整时所表现的生产状态。为了评估这个表现，工序需要具有稳定性，保持运行并定期抽样检测结果。在这个阶段的抽样测量了工序的固有性能，而不是操作员调整工序的技巧。使用统计模型可以确保抽样是有意义的，但是为了在无调整状态下能够获取足够的数据，它却限制了工序运行的时间。

> **关键点**：测量未经调整的化工仪器的性能是要符合高标准要求的。工程师在这之前从未意识到他们所设计的工序与一线团队的关注以及调试密切相关。

　　在所有工序中，利用未经调整的产出中得到的样本数据，我们可以进行两个重要的统计计算。第一，通过分析能够计算出工序自然生产结果的平均值或者中值，这是测量在最初设定的基础上，稳定工序在某一选定的目标值上的能力。第二，通过分析可以计算出输出值围绕平均值的变化范围和在此范围内预期的分布。这是对工序固有波动的测定。综上所述，这两个结果允许你创造一个数学模型来更精确的预测工序的自然表现。

　　我们也可以在很长一段时间内进行大量的测量，以获得创建工序的模型所需的数据。如果你在足够的时间内搜集到足够的数据,那么你会从长期的经验中得到与预期工序表现几乎完全相同的模型,而不需要进行统计分析。这个经验模型允许你了解工序的生产力,并且做出的相应反应与统计模型是一致的。我们中的很多人并未意识到自己在做这个,他们在采用统计工序控制工具前就会得到大量的数据,并且使用这些数据得到更好的工序改善。这本质上也是我们之前解决塑料膜的问题时所做的工作。

使用蛮力的方法存在三个问题。第一,获取大量数据是非常困难的。第二,不对工序做任何调整,留以充足的时间做长时间的操作性能研究。很多操作员根本做不到这一点。当你从被调整的工序搜集数据时,数据就会反映工序的自然波动和由操作员调整引起的特殊波动。第三,当为改善工序而进行试验或改变实验时,你需要再次煞费苦心地搜集数据以评估结果和取得收益。

我提这个非数学的替代方法是为了告诉你统计分析不会产生不可解释的结果。使用统计分析简单快捷解决的问题,也可以用其他很复杂的方法解决。统计工序控制的作用与我们先前讨论过的精益方法的其他特性类似,它能使人常规、简捷地做一些之前被专家限制或者因为执行困难而不可能完成的任务。

通常,使用统计抽样的方法,一个可行的工序模型能在相对较短的时间内创建出来。一旦模型存在,为了能反映工序改善和其他改变,我们要对模型进行维护,使用统计模型也会使例行维护的方法很简单。收集数据并进行分析的统计方法已有详尽的记录,因此,在这里就不再进行讨论。

在多数工厂,统计模型是通过专业的统计学家或者受过特训的六西格玛黑带或绿带人员构建的。对于大多数人来说,统计工序控制最大的乐趣在于你对工序能力有了数学描述时你会做什么。大多数工程师和一线团队都能有效地利用这些模型。

使用统计分析:工序能力指数

通过比较工序的自然表现,就像统计模型所描述那样,对于产品规格来说,决定一个生产工序的精确生产力就成为可能。比较的结果被称为"工序能力指数",它永远是一个具体的相对值,是自然产出与产品规格的比较。

工序能力指数为 1.0,表明这个应用六西格玛管理的工序的自然波动与产品规格的范围完全一样。工序能力指数为 1.0 的工序仅在变得不集中或者有特殊原因干扰工序的固有能力时,才会生产缺陷产品。工序能力指数的更高价值是指更健全有力的工序,这些工序拥有多余的能力。拥有多余能力的工序可以允许一些特殊原因波动,并仍旧生产出好的产品,因为由特殊原因引起的多余变化,依然在产品规格的允许范围之内。工序能力指数小于 1.0 表明工序本身能力不足,并且除了因为特殊原因波动产生的缺陷产品,其本身也会生产出一些缺陷产品。让我们检测一下这种信息在一些情况下是怎样应用的。

工序能力充足

当自然生产如统计模型预测的一样全部符合产品规格要求时,这个工序就具备生产这种产品的能力。除去特殊原因,预计该工序的所有产出都可以满足产品规格要求。当你的工厂满意这样的情况时,你就可以预见缺陷产品的唯一原因是特殊原因的出现。在这种情况下,你有四种方法改善:

1. 你可以选择进一步改善工序的固有表现以做新的产品。正如前面塑料膜的案例那样，用这种方式，你可以改变产品的规格。或者，正如我们在埃克森贝城所做的一样，这种改善的生产力使你能够生产出要求更严格的新产品。你的工序模型能使你进行设计性实验以识别工序的固有波动的来源。波动的解决使工序得到改善，所以你的工厂就可以用新的方法工作了。

2. 你可以选择改善工序的固有性能使其更加健全。有一定能力但能力不是特别强的工序经常生产出由于特殊原因而产生的缺陷产品。通过提升工序能力，工序的性能与产品标准之间就会允许更多的偏差。那样，你的操作团队就可以在特殊原因事件对产品或顾客产生不良影响前将其解决。

3. 你可以通过消除周期性特殊原因改善工序运作表现。许多能力充足的工序一般都会生产出缺陷产品，这是经常出现的非系统原因造成的。当你知道你的工序是固有能力充足的时候，你可以把你的改善集中在识别和去除特殊原因上。

4. 你可以将改善措施应用到其他工序。许多工厂既有有能力的工序，又有能力不足的工序。一个能力充足的工序可以让你将工程或其他特殊资源集中在拥有更大需求的操作上，因此你的改善措施能够产生更大的回报。与此同时，持续的操作和例行的改善可以作为一线团队的活动而持续下去。

除了使用一个分析结构化的方法来改善，使用统计分析提供的信息，也能使你对改善举措做出一个明智的选择，这非常有利于你的公司。此外，依赖于你所选择的改善方法，你还可以智能地决定紧急情况以及分配到这种方法的资源。

工序能力不足

有一个或多个产品的自然范围超出规格范围是很常见的事。在这种情况下,工序是固有能力不足的,它不可能不产生缺陷产品。因为特殊原因波动也会随着生产而产生,你会预见当你拥有一个固有能力不足的工序时,你会生产出由特殊原因波动和系统变化导致的缺陷产品。

面对一个固有能力不足且无法满足常规客户的期望的工序,工序模型会再次根据你的业务需要为你提供改善方案相关的信息。这种情况下的清单通常和有能力工序的清单相同。你可以选择改善工序以使其能够做新的事或使它更强健。你可以选择通过部署你的工程师队伍或者依赖你的一线团队去除特殊原因。你可以为你的改善工作中最有价值的焦点做一个明智的选择。

为一个有能力工序和能力不足工序选择改善路径的关键区别是,当遇到一个能力不足的工序,在改善生产系统之前,按照常规生产的产品可能全部合格。简单的让你的一线团队集中精力在细心操作以及找出和解决那些特殊原因,并不能持续生产出满足顾客期望的产品。

除非工序能力不足成为一个普遍的问题,或者你想让你的顾客失望,你的工程师和管理人员就必须立刻集中力量改善它。当专业人员做出系统改善时,过程模型就会引导、评估和验证这些改善。即便对于能力不足的工序,无论你是否调动工程师去做工序改善,你的操作团队都能运用过程模型去识别和解决这些特殊的原因。

然而,工序能力不足的改善依然是需要工程人员和管理人员参与的。一线团队可以解决偶然的或周期性的特殊原因波动,但是在化工工业中,解决工序能力不足的问题,只靠一线团队是几乎不可能的。幸运的是,如果你有一些工序能力充足的加工过程,你可以调动你的技术精英到那些工序能力不足的过程中,同时不会损害到已经存在的能力充足的工序加工过程。了解所有过程的工序能力,使你能够在整个操作中明智的平衡你的资源,这样就可以利用有限的资源得到最好的生产结果。

关键点: 许多工厂没有足够能力去评估工序的固有生产力,从而平等地对待工厂的所有部分,好像它们拥有相同或者差不多相同的价值和重要性。这就意味着工厂的所有部分,都平等地享有可用的技术支持。这种方案的问题在于,如果可以确定最重要的部分,将技术支持集中到这些部分,大多数企业通常可以得到更好的结果。统计过程控制模型给你提供了这样做的能力,同时也给了你能够在复杂情况下做出正确选择的信心。

案例分析:可靠性工程

2008 年初,在森科尔能源公司,针对可靠性工程,我们使用了一个非常传统的方法。我们整个工厂的目标是使材料经过几个加工区域产出单一的成品。因此,每个主要操作过程都有非常相似的生产目的和资产价值。因此,我们在工厂的每一个区域分配相似的工程团队。

一旦我们开始统计评估会发现,我们最有价值的改善机遇主要集中在把沥青转变成合成油的质量改善装置中。有了这些信息,我们迅速地对质量改善装置进行工程师的再分配。因为资源的变动,我们在前六个月实现了全厂范围的生产改善。资源重新部署后的后六个月,我们实现了生产的新纪录。统计分析使我们能够以一种集中的方式,部署全公司的资产,从而得到最好的输出。

许多统计方法对统计过程控制的实施都是有意义的,包括一些设计性实验,这些实验使我们从众多可能的波动来源中,识别出几个最重要的系统波动来源。此外,围绕六西格玛主题的技术和项目,大量整合以实现发展。然而,这个工序能力模型是引导我们了解统计过程控制价值定位的最基本概念。和精益生产思维一致,当你和你的团队开始进行统计思考时,你一定会体验到很多不需要统计分析就可以进行的改进。

案例分析:统计思维

在埃克森贝城的一项举措中,我们试图改善关键过程控制仪器。我们所定义的关键仪器是影响到安全和质量的仪器。作为这个改善活动的一部分,我们重新审查了关键仪器常规维护的历史记录。在这次审查中,我们的技术人员意识到一个不需要统计分析的模式的存在,它只需要统计思维或统计理解。

这个记录显示,实际上所有案例中,技术人员例行维护时会对仪器灵敏度进行0.5%的调整,在接下来的两次例行维护中的一次中,技术人员一定会在相反的方向上调整0.5%。就像我们的技术人员所意识到的,那是一个经典的调整稳定系统的表现;系统中的主要波动来源于操作员不必要的调整。

本质上,我们通过进一步调查了解到,对于高质量电子仪器来

说,固有能力在于不断地调整范围没有意义。当一个高质量电子
仪器失败了,它并不是因为从设定点移动了半个百分点而失败,而
是因为完全停止或提供不合适的值。对数据的理解,使我们能从
本质上改变对关键仪器的常规维护:从一个经常调整的计划到一
个花费更多时间在仪器维护上的计划。当我们停止调整那些高质
量的仪器并开始考虑环境、安装以及仪器的生命周期时,我们用更
少的努力实现更好的表现。用这种方法。我们就有了一个成功的
改善计划,并且我们能够把这个计划应用于更多的仪器上。

统计过程控制(SPC)在流程型企业一线的应用

统计过程控制与精益生产的概念都认为,改善工具应使每个人都
参与其中。工程师和管理者能够改善固有能力,而一线团队能够识别
和消除操作中发生的特殊原因引发的波动。在流程型企业中,由管理
者和工程师的努力而取得的改善是一种基本能力。因此,精益生产和
SPC最重要的贡献是促使一线团队对过程改善作出贡献。这是你相对
于你的竞争对手的优势。

假设某人,可能是一个统计专家或者六西格玛专家,提供给操作团
队加工过程的数学模型,那么一线团队就可以做很多之前无法做的事。
通常,数学模型以一种叫"运行图"的工具形式被部署到一线。在很多
化工厂和制炼厂,这种统计模型是作为控制算法配置在单元控制台的。
无论过程技术人员是否进行分析,还是只将它作为控制台程序的一部
分,它都有助于你和团队理解这种练习的本质。

> **关键点：** 运行图能不断更新操作团队的统计思维和统计理解，即过程应该怎样操作，以及与预期相比，它实际的操作方式是怎样的。

运行图的应用

运行图是一个统计模型预测的操作预期表现与操作的实际表现的对比，这个对比是连续的、实时的。这个对比，是通过对各种对比统计意义的理解而形成的。应用在一线的统计过程控制的基本元素，是一系列的"运行规则"，这些"运行规则"描述了对运行图表达的信息应采取怎样的行动。这个分析提供给了一线团队对实时表现的新理解，以及进行改善的新反映。让我们看看它在实践中是怎样起作用的。

运行图显示流程运行正常

当实际表现与统计模型描述的预期正常表现一致时，流程就在正常运转。无论生产过程的工序能力充足还是不足，在正常运行时，它都应得到过程模型预测值范围内的生产结果，并且在这个范围内随机分布。过程模型就是这样构建的。结果，当操作团队收集的现有表现数据，显示出期待的范围以及分布时，其成员就知道过程运转良好。正如运行规则规定的那样，这个知识对于决定操作团队的行动非常有用。

> **运行规则：** 当实时数据证明过程运转正常时，操作员不用做，也不应做任何事改变过程的表现。操作员应该把他们的精力集中在设备维护（详见第 9 章）或者其他常规活动上。

对于工序能力充足的加工过程的操作员来说，这个运行规则有很大意义。一切都很好，那就不要管它。对于那些按预期运转的工序能力充足的加工过程，任何调整都可能造成坏影响，操作员很容易就能理解这一点。

这个运行规则对于工序能力不足的加工过程的操作员来说，较难理解和接受，但它对他们同样适用。如果一个工序能力不足的加工过程产生的结果，全部随机分布在预期的范围内，那么偶尔有结果落在订货规格外，也是在预料之中的。当这个发生时，大多数操作员都会想调整过程；然而，在这种情况下，统计理解是，通过改变分布中心进行调整可能会变得更糟糕，而不是更好。

比方说，如果实时的产品样本显示了一个高于规格上限的结果，操作者往往想把中心点调低。不幸的是，如果过程正在正常运行，那么它依然会集中在原来的产品规格中心。调整中心点到一个更低的位置，确实能够减少落于产品规格上限的结果数量。然而，这会大量增加落于产品规格下限的产品数量，因为当重新定位中心时，产生了偏向产品规格下限的特殊原因。

当工序能力不足的加工过程表现正常时，你的一线团队可以做些别的事来改善性能。意识到他们有这个机会，并进一步理解不该企图得到超出生产能力的结果，这会使他们能够抓住其他有价值的方法。调整一个正常运转的工序能力不足的加工过程是没有价值的，还有可能使结果变得更糟。

> **关键点：**无论加工过程的工序能力是否充足，在过程正常运转时进行调整，通常会使情况更糟，而不是更好。你和操作员需要理解这个，否则你就是在追求一个无法达到的结果，这也许会使情况更糟，并且浪费本可以用在改善其他事情上的精力。

运行图显示流程正产生非预期结果

对统计模型第二次使用实时的统计对比的机会，是在流程产生非预期结果的时候,也就是,对当前流程性能的常规监测产生了一个无法由过程模型预知的结果时。此外,无论工序能力是否充足,引起一线团队行动的运行规则都是相同的。无论何时,只要流程产生了一个不包含在预期范围的结果或者不能适当的分布在范围内时,操作员就可以确定过程外的特殊原因正在输出那种结果。

> **运行规则**:每当实时的流程结果是流程模型所未预期的,操作团队就会知道有特殊原因正在影响工序性能,因此团队成员必须尽快识别并消除它,以使过程尽快恢复正常。

当过程正常运转时,一线团队的干预会使情况更糟;然而,当发生特殊事件时,就必须进行干预了。受特殊原因影响的过程,通常需要一线团队立即行动,以使其尽快恢复正常。即便特殊原因是短暂的,并且过程在事件影响结束后可自行恢复正常,团队也必须快速采取行动排查出特殊原因并将其纠正,这样团队就能阻止类似事件再次发生。一些过程会遇到频繁复发的事件。解决复发事件,或阻止偶发事件变成复发事件,对操作的影响与对过程固有能力改善相似。

无论引起异常表现的原因是什么,这些原因在生产过程中都是不正常的,因此,运行图可以帮助团队寻找特殊原因波动的可改善之处。也就是说,他们在寻找发生改变的地方。进一步讲,如果团队持续并仔细地监控进程,他们可以知道在哪个时刻出现了引发异常表现的原因,无论这个原因是什么。原因和结果的紧密相关性对问题的识别和解决是有很大益处的。许多团队都能迅速发现进程中的变化,以致一个异常事件在被发现和解决前的生命周期非常短。通过降低异常事件的频率、程度和持续时间,团队能够再度拥有与改善固有过程相似的效果。

一线团队是唯一能够创造出改善机会的团队。只有一线团队能一直在现场，也只有他们能够准确回答"有什么刚发生了改变"或者"有什么新的情况正在发生"这样的问题。通过给予你的一线团队一个预期进展的模型，使反常变化发生时他们能够通过常规观察值实时寻找到反常的变化，你将创造一个真正高效的改进功能，这是你采用其他方式是无法获得的。

当运行图显示流程"几近正常"，但结果却摇摆不定

第三个帮助你的一线团队从统计模型和统计思维获益的机会，是在当实时工序结果在预期进展范围内，但却不再是随机分布的时候。再次强调，这种情况及其恰当的反应对于工序能力充足或工序能力不足的加工过程来说都是常见的。有两个经典案例通常被用来解读这个情况：

1. 所有的实时的结果都在预测范围内，但是大部分的近期结果都在该范围中心值的相同一边。这个结果通常显示工艺需要重新定位中点。虽然对于操作团队来说对一个正常表现的单元重置中心并不合适，但是当团队成员发现进程不正常时——特别是当他们发现范围中心值慢慢偏移出预期目标值时——调整不仅仅是完全合理的，而且是强制性的。

2. 所有的实时结果均在预测范围内——它们甚至均衡地分布在预期分布中心值的两边——可是最新的结果却清晰地呈现了一个非随机的模式。这个非随机的模式可能是结果的一种趋势；例如，虽然数个近期的点可能相当均衡地分布在平均数的两边，但是整体考虑，它们呈现出一个持续上升的趋势。由于预期性能统计学模式预测它的结果会随机地分布在范围内，如

果结果显示的是在范围内的一个明显的趋势，那么就是反常了。不像所有的结果都呈现在中间值的同一边的那种情况，发生的事件的性质是直观的，但是，很明显发生了一些情况，需要操作人员进行干预来查出造成偏差的缘故，并且将其纠正。

这两种情景仅能在比较细微的分析中被发现，因而在一线运作环境中，如果没有统计方面的工具协助，团队就不可能做到。经过此分析，即便是在没有任何测量结果显示程序不正常的情况下，团队成员也能够进行干预以恢复工序的正常运作。通过授权这种前瞻性的反应，在严重不利结果出现前纠正运作中的问题，SPC 为你的运作人员提供了一个新的职能。在这种情况下，若没有独立切实的事件发生来指出需要反应，便无须进行其他优化措施。

> **行动规则：** 当产品范围的中间值发生变化或当在该范围内的最新结果变得非随机性或呈现清晰的趋势时，异常发生了，且需要团队回应。这个回应可能是简单的重新定位中心或是一些更复杂的事情。运作团队需要排查出反常的原因并将其纠正。

通过细心地分析与监控，团队有机会在任何生产后果发生前进行反应和调整。统计学监控程序让你的一线人员拥有能力去认出并且辨别生产流程中的正常或异常情景，同时能够在必要进行干预时候，纠正造成异常的原因。再次强调，这是一种前瞻性的能力，它是不可能在传统的流程管理体制中创立的。

避免质量过剩的浪费

精益理念常被描述为从生产运作中驱除浪费与过剩。令人惊异的是质量过剩的浪费已日益普遍。统计学方法是令工程师和操作者乐于运用且强大的方法。在有些情况下,这些工具太强大且吸引人了,以至于一些热心的实践者将产品和工艺的提高当作一个独立的目标从企业的总目标中划分出来。需要注意的是提高工序能力的目的是为了让企业变得更好。一旦生产运作工序的能力已经足够高且生产出来的产品的高性能已经达到顾客的期望水平,你和你的团队应该考虑把你的资源转向于提高其他工序的能力,而不是在已有足够能力的工序上进一步改进。

另一方面,也许你想要发现另外一种优化方式,例如优化产能或引入一种新产品。你的一线人员依然会例行进行流程监控与日常操作来寻找及消除异常。同时你也能重新部署你的工程师,或是转移你的优化焦点到你的一线队伍上。

案例分析:一个警世故事——完美的代价

这个经典的警世故事是关于摩托罗拉(Motorola)Bandit寻呼机的,在那段时期里摩托罗拉几乎像信徒一样将六西格玛方法运用于生产过程,Bandit的产品和生产流程被提升到它的极致程度,从而使摩托罗拉能够保证市场上的产品的平均故障间隔时间达到了150年以上。不幸的是Bandit只是一个传统的无线电型寻呼机,在摩托罗拉工程师们把它做到接近完美之时,它的竞争对手诺基亚推出数字型寻呼机。事实证明,没有任何人真正需要一个可以耐用150年的呼叫机,同时由于投入过多精力于推进产品的完美化，摩托罗拉的研发人员忽视了后来霸占市场的数字技术。

这个统计学方法的描述比较简短，你也许注意到了我并没有包含任何数学知识，甚至图表或图形。这是经过仔细考虑的，我的目标是引导你学习统计学思维。统计学的流程监控是强有力的工具，而统计学思维对你的工程师和一线工人而言却是在精益优化中的一个非常有用的同伴。

注释

如果你想要了解统计学实践的详情，可以阅读许多相关的书籍。

有一本我非常喜欢的书是迈克尔·哈里（Mikel Harry）和理查德·施罗德（Richard Schroeder）合著的《六西格玛：突破性策略》（*Six Sigma: The Breakthrough Strategy*，New York：Broadway Business，2006）

第 8 章

防错措施

引言

防错措施在日本称作 Poka-Yoke。防错措施能够使一线生产人员通过简单且有效的方法对生产流程及生产结果进行优化,因而与精益化生产紧密联系。一线生产线的改进对于精益生产的价值是很大的。

防错措施在新乡重夫的著作《零质量管理:源头检查与防错措施系统》(*Zero Quality Control: Source Inspection and the Poka-Yoke System*)中有详细的记录。与他介绍快速换模的书籍相同,新乡重夫对防错措施进行了理论与实践的介绍,他提供了许多不同种类的详细的例子。在很多情况下,读者可以在书中找到与自己所需解决的问题相似的案例,从而在书中选取相应的技术以解决自己的问题,而不需要重新创造方法。实际上,防错措施技术十分易于理解,只需要通过简单的理论与几个详细的嵌入方法的案例便可解释清楚。

与快速换模技术相同,防错措施涉及的很多概念在日常生产中已经广为人知并被广泛使用,而防错措施之所以被人们视为一种强大的优化工具是因为它将日常生产的各种情况以易于理解的方式进行记录与总结,并以各种实际案例进行解释,从而使得很多人在日常工作中能够最大限度地使用。防错措施让人熟练而有规律的运用到之前很少人偶然使用到的概念。

由于防错措施技术的概念易于理解,在早期的自动化改进中便被生产小组广泛使用。防错措施技术可以确保使用人员以正确的流程进行正确的工作,因为防错措施并不改变工作的价值流或最终产品,它仅仅最大限度地降低了工作中发生错误的可能性。

　　和其他的精益实践技术一样,防错措施对于流程型企业来说是极其有价值的。在大部分的机械制造企业中,许多工人被绑定在一个具有固定生产率的和已经预先规定作业的装配或其他作业线上。在流程型企业中,许多人的任务并不是那么具体,这些任务提供了允许工人创造和运用新方法的自由。另外,流程型企业中常规工作元素数量要比机械制造企业中的元素数量少,所以让其能够保证在不规律的工作中尽可能找到规律并且认真地完成,对于我们来说是相当重要的。

错误的两个部分

　　防错措施理论中的一个重要概念是错误由两部分构成,第一部分是指工厂或工作流程偏离了正常的状态,第二部分是指由于错误导致的不正常状态恶化并产生了严重的后果。正是由于错误由两部分构成,我们在预防错误时也相应地有两种方法:第一种方法是在最初便防止错误的发生;第二种方法是在错误已经发生的情况下对其进行及时补救,以免产生严重后果。

　　错误由两部分构成,因而应对不同错误的方法也有着显著的区别。充分理解错误的两个部分有助于我们在错误发生前或发生后选取正确的防错措施,从而将错误的影响降到最低。

　　说明:上面讲到的防错措施技术主要用于避免错误的发生,但当工厂中任何流程出现有异于常态的状况时都可以应用防错措施技术来解决。不管这种状况是否由错误所导致,防错措施技术都可以让技术人员充分了解情况并有效防止有害结果的发生。(这在第 9 章将有详细阐述)

错误后果

一些错误的发生无关紧要，因而不需要任何解决方案，当我们结婚的时候，我的妻子仍然用着自己的姓 Wolowic，而且当她向她的同事介绍我的时候，也用了我的全名：Ray Floyd。而当地的习惯称呼人时只说名字。所以这让他们的许多同事认为我的姓也是 Wolowic 而不是 Floyd。这样的错误一直持续了好几年。但是这些错误的出现给大家带来的更多的是欢笑。

而另外一些错误则会导致严重的后果。在流程型企业中，一些错误可能会导致效率或产品质量低下，有的会导致火灾甚至爆炸，从而危及工作人员的生命安全。那些会导致严重后果的错误需要有效的防范措施以防止其破坏性后果的发生。因此让工作人员拥有有效预防错误或错误后果的技术对于工作与生产有着十分重要的价值。

> **关键点：**在工业中，错误通常并不以其发生的概率进行衡量，而是以其可能造成的后果来衡量的。因而当我们管理错误时，我们主要关心的是如何管理错误所造成的后果而不是错误本身。

在应用防错措施技术时需要明确我们的目标并不是预防每一个错误的发生，我们主要对具有严重经济后果的错误进行研究和预防。

防错措施：防止错误后果的发生

防错措施技术可以帮助我们有效预防错误的发生与已发生错误的严重后果，这样错误不仅不会造成严重后果，还会为我们学习提供机会。随着防错措施技术应用的不断普及，人们在日常生活中不断地在错误发生后对其进行更正，并在下次发生前对其进行防止。在我用电脑进行书写时，电脑在我拼错单词后立即进行提醒，并且提供重复干预，当我经历了这种实时的防错技术后，我学会了单词的正确拼写，并预防了以后拼写错误的发生。同样的防错措施机制也会在你的工厂内发生。

防错措施已经被广泛使用

把错误分为两部分并通过这种分类方法对后果进行预防的技术已经被人们所熟知，因而可以更为轻松地成功将其引入工厂生产中。当你对防错措施技术进行介绍时，你会发现所有的人员已经充分理解防错措施的原理与使用方法，你所要做的仅仅是让员工发现防错措施技术适用的场合，并将防错措施技术应用到未被发现的领域，因为尽管所有人都知道如何使用防错措施，绝大多数人员在工作中仍然不会有意去使用。

防错措施的概念十分简单。我和妻子从母亲那里学到把鸡蛋放入搅蛋器前，需要将其打入另外一个碗中，并在将鸡蛋加入搅蛋器前对其进行检查，以防止蛋壳或坏鸡蛋进入搅蛋器。这种防错措施概念已经广为人知，因为所有人都遇到过坏鸡蛋，并且知道将坏鸡蛋放入搅蛋器的后果，同样知道防止坏鸡蛋进入搅蛋器的方法。在防错措施的术语中，这种使用另外一个碗以防止坏鸡蛋进入搅蛋器的方法称为"实体分离法"。实体分离法是有效预防错误后果的标准技术之一。在打鸡蛋的例子中，我们使用实体分离法有效预防了错误（坏鸡蛋）衍变成为不良后果（进入搅蛋器）。可见，我母亲以及很多人在新乡重夫出生前已经在使用防错措施了！

有关防错措施应用的商业案例同样广为人知。很多人都记得 1982
年造成多人死亡的泰勒诺药物中毒事件，正是这起事件促成了防破坏
（tamper-evident）包装的使用。[1] 至今，人们仍然使用这种包装袋包装
食物和药品。和前面提到的鸡蛋案例相似，防破坏包装的原理是将整
个事件分为两部分。在此案例中，防破坏包装并没有将实体分离，而是
采用"视觉信号"的方法告诉人们包装的状态与正常状态有所不同。防破
坏包装的案例很好地说明了这种技术不仅可以用于防治错误的发生，还
可以让操作人员及时发现工厂中任何与正常运作状态不同的情形。这
种及时发现不正常状态的能力在流程型企业中有着巨大的应用价值。

防破坏包装也是一个对于已经发生的错误如何来防治其后果的最
佳例子。因为当防破坏包装被破坏了之后，要重新修复它基本上是不
可能的。我的一个朋友——宝洁公司的前生产负责人说过，他们研究
过如何将已被破坏的防破坏包装修复，经过历时几年的研究，他们终于
认为这个想法是不切实际的。

从另一方面来说，防破坏包装往往只需要在包装上添加一个透明
的塑料封条，以确保包装从未开封，既简单又便宜，并且有效地防止了
他人接触包装内的产品。由于包装一旦被提前打开过，防破坏包装便
会与以前有明显不同，消费者便不会购买该产品，从而防止了危害的发
生。这种简单、经济的防止危害发生的包装方法已经被成功地广泛应
用于食品及药品行业。

---

[1] 泰勒诺是以醋氨酚为主要成分的止疼药物，1982 年，美国芝加哥多名患者由于服用泰勒诺
而死亡，后查明为泰勒诺药物遭人用氰化物恶意污染所致，泰勒诺事件发生后，强生公司推出了一
款防破坏包装用以防止发生在芝加哥的悲剧重演，该包装药瓶盖和瓶颈塑封，印有公司名称，瓶口
里层由金属薄片密封，药盒和药瓶均标有"若安全密封破损，切莫使用的字样"。——译者注

报警系统

　　新乡重夫的著作记录了两种类型的防错措施——预防系统和报警系统。这里我们只介绍报警系统的使用。报警系统用于当有错误发生或即将发生时向操作者发出提醒，以便操作者在错误发生后仍然有机会对其进行补救。预防系统的概念与报警系统有着很大的相似之处，只不过预防系统很大程度上是自动化的，当生产中的异常情况被发现后，系统便会自动停止生产，直到异常状态被消除。在第 1 章中已经介绍过，连续性与稳定性在液态工业中的重要性远高于制造业，因此使生产完全停止的报警系统完全不适用于液态工业。

　　报警系统的价值在于其简单、有效，任何人都可以采用。并且这种方式的防错措施并不改变工作的性质或产品，唯一的改变是引入一个报警系统以警示操作者当下状态出现了问题。由于报警系统不改变工作性质，并且对工作结果没有影响或是使结果变得更好，因而在自主改进中有着广泛的应用。报警系统可以让生产小组在自己的能力及权限范围内充分发挥创造力，当他们运用了这个新方法后，在没有管理人员的干预和监督的情况下，你和生产小组成员对于这个新方法能够生产出好产品来也是有信心的。

四类报警系统

　　四类报警系统分别指实体分离、视觉信号、图案识别与简易装置。每种类型的报警装置都将以理论和案例相结合的方式进行阐述。本章所使用的案例都来自流程型企业，因此读者可以将该技术应用到自己的工厂中。然而,新乡重夫书中所设计的绝大多数关于机械制造的案例同样适用于流程型企业工厂。

防错措施应用 1：实体分离

与前面提到的用碗分离鸡蛋的方法一样,有很多简单的方法可以将错误从结果中分离出来。在液态工业中,一个广为人知的例子便是流程安全管理(PSM)。流程安全管理主要对工厂设备区正在使用的设备进行识别,并根据使用的设备计算需要操作设备的人数。根据流程安全管理,不需要在危险区域工作的人应该被重新分配到其他区域。

在流程安全管理的案例中,可能的错误或事件包括气体泄漏、爆炸、火灾以及其他在工厂中可能发生的灾难。尽管所有负责的操作人员都需采取有效措施防止该类事件的发生,但流程安全管理却更为有效。流程安全管理认识到即使防范得当,所有的事故并不能完全被避免。由于流程安全管理要求工厂管理人员将不需要进行设备操作的人员转移至远离设备的地方,从而用实体分离的方法将操作人员与可能引起的事故伤害分离开来,因为如果发生事故,那些不在场的人员便可避免受伤。

> **关键点**：流程安全管理的思想与流程型企业中"所有事故都可避免"的思想并不矛盾。将工作人员转移至安全地带是有效避免事故的方法。

应用案例：实体分离在大事件中的应用

在 2005 年 3 月得克萨斯州 BP 炼油工厂爆炸事故中,绝大多数遇难人员当时正在设备区参加一项与工厂运行无关的会议。尽管关于爆炸事故仍有诸多问题尚未解决，但是如果这些无关人员在爆炸发生时不在现场，事故便不会波及他们。用实体分离的方法将可能发生的不良结果（人员伤亡）与可能的事故（内容物泄漏）分离开来是避免灾难性后果的有效方法。

幸运的是，并非所有关于实体分离法的案例都会涉及重大的事故。实体分离法更多地用于小的流程，然而正是这些一线操作上小的改进促成了整体操作流程的完善。更重要的是，防错措施技术使得一线工作人员能够从细节中对工作做出改善，这一点是工程师和经理无法做到的，这也正是精益化生产的价值所在。

应用案例：实体分离在小事件中的应用

在埃克森美孚公司的聚丙烯生产流程中，在最后一步需要加入多种添加剂。由于不同的添加剂功能及用途各异，工作人员通常自行合成自己所需的添加剂。当工作人员将注意力转移到产品质量上来时，他们发现尽管聚丙烯的生产流程技术含量及复杂程度都很高，但很多质量问题往往出现在合成添加剂这种相对不是很复杂的流程上面。

在一个有趣的案例中，工作人员发现添加剂的合成配方中需要量取某种原料各 7 磅加入每种添加剂中。操作人员按照配方的要求用一把每铲 2 磅的铲子进行添加。我们立即意识到由于操作人员无法准确量取最后的 1 磅(1/2 铲)而造成的精度问题。于是我们采用 1 磅的铲子进行添加,然而意想不到的是更小的铲子不但没有解决精度问题,反而使其更为严重。

我们随后发现操作人员在量取半铲的量时足够细心,然而却不擅长计数。虽然在量取半铲时会造成误差,但在使用了小铲后操作人员却由于计数错误时而多加一铲或少加一铲。由于使用 1 磅的铲子增加了计数的次数,因而也使数错的频率大大提升。

由于聚乙烯的合成流程是事先设计好的,操作人员直接从指定的桶中将原材料铲入合成器中,因而当操作人员数错铲数后,将无法补救错误。

解决的办法便是用实体分离的方法将错误(数错铲数)与结果(多加或少加配料)分离开来。在此案例中,我们在原料桶与合成器之间添加一个称量装置,在将原料加入合成器之前对原料总量进行称量。然而这样做会大大增加造作人员的操作距离(来回称量装置的距离),而使用称量装置所增加的重量精度对整个流程并没有显著的价值,因为我们发现我们并不需要如此高的精度,我们只需控制数错铲数的总次数即可。因而操作人员采取了一种更为简单、更为灵活的方法——他制作了一个标有刻度的小桶,并将小桶随身携带,用以量取不同原料桶里不同剂量的原料。从此,操作人员在将原料混合前都会先将原料加入自己的刻度桶中去。

正是因为刻度桶上的刻度,操作人员可以清楚地知道自己每次要加入到混合物中的原料剂量,从而使得他在将原料混合前仍然有机会对剂量进行更改。然而在使用刻度桶之前,如果操作人员数错了铲数,就只能将原料倒回原料桶并重新铲取。通过剂量桶这种简单、经济的工具,操作人员采用实体分离的方法使得自己能够在将原料混合前对其剂量进行调整,从而保证每次都能够加入正确剂量的原料。这种方法与前面所提到的往碗里面打鸡蛋的例子是十分相似的。你觉得是不是呢?

> **关键点**: 在此案例中,操作人员在一般的条件下可以准确地进行计数。可见这个问题是无法运用日常的训练所解决的。但正如我们日常生活中所经历的,如果操作人员受到其他人或其他事情的干扰,他便很可能计错数。通过使用刻度桶,操作人员用实体分离的方法将错误与结果分离了开来,从而即使自己无法持续集中注意力也能够很精确地完成工作。

在一些业务中,管理者经常让员工持续进行高强度的工作,从而导致了工作质量低下的后果。如果一项任务有多个相互关联的关键步骤,那么这项任务便具有较高的失败风险。然而如果使用防错措施的方法,员工在进行多项高强度工作时便可以在工作失误后仍有机会做出补救,从而完美地完成工作。通过使用前面所提到的实体分离的方法,工作人员便可降低工作的强度,从而改进工作效果。与按部就班的流水线机械组装相比,流程型企业这种由工作人员自主改善工作方式以改善工作流程的工作方法具有明显的优势。

防错措施应用 2: 视觉信号

防错措施另外一个有用的技术便是视觉信号。视觉信号用以向工作人员提供有关工厂状态的信息。这些信号不需要高度复杂或者晦涩难懂。视觉信号只需要能够为工作人员提供有效信息,从而使他们能够预防错误的发生或在错误升级前及时发现并采取措施。工厂中有些异常状况并非由错误引起,但仍然需要对其进行识别并采取措施,这时

候就需要使用视觉信号技术,因而视觉信号技术比解决问题本身更有
应用价值。

应用案例: 使用视觉信号确保维修工作的适当进行

在森科尔能源公司,我们采用视觉信号技术以确保在烃类服
务线运行过程中,总是开启正确的服务线、进行正确的服务以及对
服务线进行有效的维护。我们将各种颜色的标签贴在需要打开的
法兰盘上(见图 8.1)。以下是使用该服务线更换法兰盘中阀门的
详细流程:

1. 计划人员首先确定需要打开的法兰盘,并将一式四份的标
签交与工作执行者。每一份标签上面都有一个控制数字,用以指

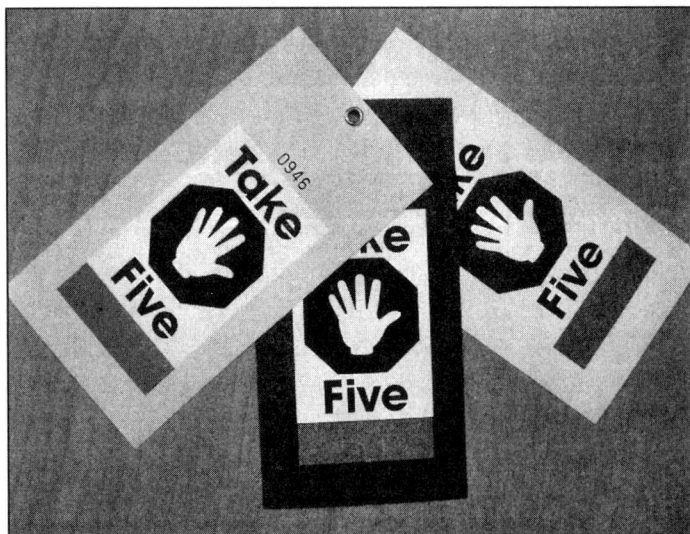

图 8.1　用五彩的标签确保实地考察的准确性

导技术人员执行工作。

2．维护工作人员与流程技术人员通过讨论确定需要维护的法兰盘，然后工作执行人员与流程技术人员将一份标签贴于该法兰盘上。每一份标签都有各自的颜色。在本案例中，黄色的标签表示法兰盘可以打开。

3．机械维修技术人员通过确定法兰盘上标签的颜色，并且将标签上的数字与工作指导中的数字进行比对以确定需要打开的法兰盘。如果数字相符，技术人员便打开该法兰盘，并更换里面的阀门。更换工作完成后，技术人员移法兰盘上的黄色标签，然后黄色标签下的红色标签便可被看见。

4．当法兰盘被关闭后，流程技术人员与机械质量检查人员对法兰盘进行检查，以确保其能够再次工作。当法兰盘检查完毕后，红色标签便被撕去，露出白色标签。

5．当整个设备检查完毕后，服务线开始传输烃类物质，流程技术人员再次检查贴有白色标签的法兰盘以确保所有的法兰盘都处于正常运行状态，然后流程技术人员便撕去所有的标签，表示该设备上的所有维护工作已经完成。

利用视觉信号的方法，我们确保了所有的法兰盘都处于良好的维护状态下，并且整个单元都处于良好的运行状态下。撕下的标签最终被交还到计划人员手中，计划人员通过将标签上的数字与最初设计的工作流程中的数字进行比对，可以追踪整个工作流程并且确保每一步的工作都有效地完成。

通过视觉信号的方法，我们确保了所有的法兰盘与阀门都被给予了有效的维护。更好的是，通过视觉信号处理，我们会发现没有完成全套维修的法兰盘,这样我们便会有第二次机会来维修,尽管该系统并不能确保零错误的发生,但贴多色标签的方式让我们在错误发生后能够有第二次甚至第三次机会对其进行改正。因而打开错误阀门或者由于维护未完成而导致泄漏事件发生的概率微乎其微。采用多色标签方法后,我们完成了 400 万小时的维修工作(包括多次大型的运行中断),但却从未有过任何打开错误阀门或泄漏事件的发生。

视觉信号:颜色与形状

颜色和形状的变化有助于操作人员追踪工作进度或及时发现工作状态的变化。在混合添加剂时,埃克森美孚公司使用不同大小的药丸、颗粒、晶体或粉末区分不同原料,从而使操作人员在混合前确保添加剂种类和剂量的准确性,让他们在混合之前有第二次改正错误结果的机会。

在应用此视觉信号区分不同原料前,工作人员在混合添加剂的工作中需要将多种白色粉末状原料混合在一起。若想检测混合物成分与剂量的准确性,除了化学分析之外别无他法。通过使用具有显著质感与形状区别的材料,任何人都可以快速确认混合物中各种原料的种类与剂量。尽管有些时候将原料做成不同质感或形状需要进行额外的工作,但很多原料本身就有自己显著的特征,因而我们只需要利用原料某一方面的显著特征进行区分即可。并且准确区分各种原料对于工作的价值也远可以弥补将原料做成不同质感或形状所花费的努力。

使用不同颜色可以对不同原料或装置进行有效区分,从而增加工作流程的确定性。使用颜色对原料进行区分或配对通常可以取得和形状区分或大小区分同样的效果。在有些原料不能用形状或大小进行区分时，我们可以使用不同颜色对储存原料的容器进行标记，从而达到区分的作用。通过使用颜色、形状或尺寸标记的方法，混合技术人员对于各种原料的种类及计量将更有把握。如果原料的颜色、形状或材质在混合物中仍然能够保持的话，技术人员还可以通过检验合成物的颜色以确保所加原料的正确性。操作技术人员常常使用这种方法验证他们从混合技术人员处获得的添加剂的正确性，从而进一步避免了错误的发生。

案例分析：利用颜色标记实现润滑油运输自动化

在埃克森美孚公司，我们对一项润滑油运输过程进行了追踪。颜色标记在该流程中扮演着重要的角色。在大的工厂里，我们通常需要很多种不同的润滑油用于不同的场合，通过对整个润滑油运输系统中的每一个容器以及转运装置进行颜色标记，便可确保我们在每一步都在使用正确的润滑剂。例如，用于水泵驱动装置变速箱的润滑油在商店用蓝色容器盛装，装入蓝色的配送装置中，并最终添加在变速箱的蓝色开口处。

在任何情况下，如果润滑油运输系统的配送装置与接收装置颜色不匹配，操作人员便知道润滑油运输过程出现了问题。通过颜色标记，我们确保了操作人员对整个流程的高准确度维护，较之以前只由专业润滑油检测人员在不同工厂之间进行检测的方法，颜色标记更能确保整个流程的准确性。

只要一线员工熟悉视觉信号技术的应用，他们便可将其运用到工作的各个方面。结果是他们能够在任何情况下及时发现工作中的错误，并且采取补救措施以确保工作结果完美无缺。视觉标记可以使工作人员立即发现并改正工作中的错误，从而更大程度地保证工作结果的完美性。

案例分析：处方药

我们对于应用大小、形状以及颜色对物品进行区分的防错措施方法并不陌生。我们所购买的处方药通常都有区别于其他药物的外形特征。独特的外形特征确保了药物使用者能够基本的大致识别药物类别，从而使药剂师甚至是病人在拿错药物时仍能够有机会对错误进行补救。

防错措施的应用3：图案识别

绝大多数工作人员可以对复杂的图案进行识别并区别不同图案所传递的不同信息。我们可以通过教授工作人员对现有图案进行识别或让他们利用现有图案创造新的、便于识别的图案以传递不同信息。为了应用图案识别技术，管理层通常需要首先规定一些常见的并具有代表意义的图案，这些图案将在操作中广泛用到。

前面提到过使用具有不同颜色与形状的原料以确保添加剂合成技术人员能够选取正确的原料的案例，该案例其实也是通过不同的图案（颜色和形状的图案）确保技术人员能够选取正确的原料。当合成的添加剂被提交到操作小组时，负责接收的小组成员可以对合成物进行快速的视觉检查。如果合成物的某一图案特征（例如，颜色、形状或其他视觉特征）符合样本图案时，操作人员便可确定合成物成分以及配比的正确性。很多操作人员都通过使用各种可以明显辨认的图案去识别混合物中的各种成分，以确保其成分及含量的准确性。

案例分析：使用图案识别技术确保操作的正常运行

在埃克森美孚公司的贝城工厂，我们可以找到有关图案识别很好的应用案例。在用于包装合成橡胶的打包机的控制面板上有很多旋转开关，开关可以置于两个位置（左和右）。在初始工厂设置中，开关的方向设定是标准化的——左边表示"关闭"，右边表示"打开"。而打包机特有的开关却无此工业标准。对于选择主要或辅助液压装置的开关，开关左边表示"主要液压装置"，开关右边表示"辅助液压装置"。由于不同开关方向设置不同，在正常运行过程中，有些开关指向左边而有些开关指向右边。

工厂的一位电气工程师重新设置了开关，使得正常运行过程中的所有开关都指向右边，从而确保了运行过程中的错误能够被及时发现。通过创建一个以前并不存在的图案，这位工程师使正常运行的状态变得更容易识别。即使站在离装置 20 英尺以外的地方，也可通过辨别开关的朝向确定装置是否正常运行。

案例分析：为复杂管道运输作业设定识别图案

在埃克森美孚公司复杂的管道系统中，很多管道以不同的组合方式同时进行工作，而备用管道可能工作也可能不工作。在工厂作业中，通常使用一个直角回旋球形阀门的把手来显示阀门的状态——当阀门开启时，把手指向管道的方向；当阀门关闭时，把手方向与管道方向交叉。尽管这种方法可以很好地显示每一个阀门的状态，但它却无法提供关于整个管道系统运行状况的任何信息。因此我们让操作人员对系统进行了优化。

优化后的系统对阀门把手方向重新进行了设定，在正常运行状态下，无论阀门是否关闭，其把手方向均与管道方向相同。

说明：当公司采用了此惯例，我们会对阀门做标记使每个阀门的状态都明显地显示出来。

以这种方式，操作员可以创造一个视觉信号，所有的阀的取向是"正常"，这是在正常操作过程中，使所有的开关点右侧的液压等效。

在所有的案例中，我们通过创建容易识别的图案并用图案表示工作或流程状态，使不同状态容易识别，从而使操作人员能够容易识别工作中的错误并有机会补救。工作人员，还有任何对作业感兴趣的观察人员可以通过预设的图案轻易地确保工作流程的正确性。图案识别技术的魅力在于一线小组可以根据工作特点自行设计图案以确保工作流程中的错误能够被及时发现，从而改进工作流程。这样小组可以有效且快速地防止不良后果的发生。

防错措施应用 4：简单物理装置及其他微小改动

第四种防错措施的应用是制造简单物理装置或对工作进行微小改动，以使操作者的工作更为成功。这种防错措施的应用在我们的生活中同样随处可见。关键点是如何教会操作者将已有的经验运用到工作中去。

案例分析：将日常经验运用到工作场地

在森科尔公司，我们将银行或饭店中常见的装有板状顶梁的汽车直通服务窗口的原理运用到了工厂中。森科尔公司的主工厂已经有 40 多年的历史了，一些横贯工厂内部道路的管道及电缆支架相对现在的工厂高度较低。为了防止这些易碎系统与每天往来工厂的大型车辆发生碰撞，我们在低于电缆 6 英尺的地方用链条悬挂了一条横贯公路的水平管子。若车辆高度超过限制，便会与管子发生碰撞，从而提醒司机另择道路驾驶。在使用此方法之前，我们采用的张贴标识的方法屡次失败，而悬挂管子的方法却屡试不爽。悬挂的管子使得误驶入公路的司机获得重新补救错误的机会，从而避免了车辆与管道之间碰撞的后果发生。

案例分析：为工作流程增加额外的小步骤

最初在森科尔公司工作时，我独自居住在一间出租公寓里。

由于在南得克萨斯州生活多年的缘故,我对亚伯达北部寒冷的气候(冬季时可达零下 55 摄氏度)非常不适应,因而我时常穿法兰绒衬衫。在烘干衬衫时,我经常由于忘记调整温度而致使衬衫缩水。在误使几件衬衫缩水后,我为自己发明了一种防错措施装置。我将一块硬纸板贴在烘干机表面,当烘干机的门打开时,硬纸板便会转离原来的位置,当烘干机的门关闭时,偏离位置的硬纸板便会挡住门使其无法关闭,从而提醒我调整烘干机的温度设置。

通过添加这个额外的小步骤,我改变了整个工作的流程,用防错措施的术语讲,我将错误(忘记调整温度设置)从不良后果(衬衫缩水)中分离了出来。这种分离不是前面所讲实体分离,而是通过添加新的步骤从而将那个错误从结果中分离。作为工作元素,所添加的步骤无足轻重,但它足以将整个工作有效分割并防止工作中错误的发生。当你脑中有了防错措施的概念,你会发现工作中还有很多这样的通过添加零成本、零影响的步骤或工作元素以有效防止错误发生的例子。

案例分析:重新安排工作顺序以确保安全

在埃克森美孚公司,我们要求司机在停车时全部采用倒车的方式将车移入车位。我们曾经发现很多交通事故的发生都是由于司机在将车开出车位时采用倒车方式,以至将车倒入车流或人行道上,因而我们让改变司机改变了将车移出车位的方法——由于在倒车时最易发生事故,因而我们要求司机采用倒车的方式将车停在车位,这样在司机将车开出车位时便不需要再进行倒车,从而极大地减少了发生事故的危险。虽然停车、倒车的方法都没有改变,但通过改变停、倒车的顺序,我们几乎杜绝了停车现场的交通事故。

完善生产工艺

从统计过程控制的讨论过程中,可以回想起错误是一种常见因偏差引起的特殊情况。将防错措施的方法应用到统计过程控制中可以使生产结果趋近完美,因为整个流程得以优化,并且操作人员在错误出现时能够有第二次甚至第三次机会对错误进行补救。当精益化生产与统计过程控制、持续过程改善与防错措施的方法相结合时,便可最大化地优化生产过程与生产结果。

随着我们将生产流程中的错误逐一解决,对于生产系统流程能力的优化就更为便捷,当生产系统的流程能力得以提升后,对错误的预防也就更为容易,从而使得生产最大限度地优化,实现无缺陷生产。

以上介绍的四种防错措施的方法将使你的员工更好地工作:防止误差,他们可以使用颜色、形状、材质、大小以及其他可以想象得到的视觉特征的变化对工作状态进行识别。技术人员可以利用现有的图形或现有图形的组合图形对工作或设备的工作状态进行识别,并在工作设备出现问题时及时采取措施。最后,你和你的团队还可以通过改变工作流程或使用简易设备的方法优化工作。很多防错措施的方法或设备均可优化工作流程或预防错误,并且不会对工作产生任何负面影响。

> **关键点:**防错措施在应用时可以使应用者极大限度地发挥自主性。在运用防错措施的概念时,工作人员并没有对工作设备、工作产品或工作流程做大的改变,他们只是确保了所进行工作的准确无误。

第 9 章

设备的可靠性和操作人员维护

引言

为了朝着操作的精益价值的方向努力,以保证你可以在任何时候、以任何数量并确保产品质量的情况下进行生产,你的设备必须足够的灵活、适合,并且对你的努力有所帮助。我们已经介绍了提高工厂的灵活性和能力的相关技术,现在是专注于设备的可靠性和可用性的时候了。

寻找原因: 分离设备程序

可靠性是另一领域,在这里,与机械制造业的同行们相比,流程型企业常常面临着更大的问题,同时享有更多的机会去受益于精益工具及思维。再提一次,这是液体工业和机械制造行业在资本密集度的差异造成的结果。

很大程度上,受到过程复杂性的影响,我们更加依赖能够实现这种复杂过程的技术和设备。在制造工艺过程中,我们的设备比机械商店中的同档次的机械设备更大而且更集中,这是因为后者更加依赖手工劳动。我一直认为,机械制造企业通常通过相对简单的流程生产复杂的产品,但化工制造企业通常则通过复杂的过程生产相对简单的产品。我们的设备往往是这些复杂过程的物理表现形式。

> **关键点:** 因为液体制造设备经常在加工过程中扮演着重要的角色,所以许多操作者和工程师认为加工设备的复杂度是和流程复杂度相对应的。但是,这往往并不是事实。比如在化工制造中,其化学反应的复杂性并不会导致机械设备的复杂性。就算是对于最复杂的化学反应,其机械设备也只是一个简单化的工程设备的集合。

案例分析：通过纠正设备问题解决操作问题

　　森科尔公司的"泡沫密度团队"提出了一个关于这个概念的案例，这也是迄今为止我个人最喜欢的案例之一。从油砂中分离沥青时，第一个中间产物是沥青泡沫与沸水。如果我们想要加速产物的产出，最为关键的限制因素是我们并不能通过操作来直接控制这些沥青泡沫的密度，因为我们所挖出的矿石中油砂比会在自然情况下不断发生变化。因此，我们对泡沫的密度进行了改进。经过了为期两个月的严密分析实践，我们通过纠正设备上的不足之处，彻底地解决了操作上的问题。通过仔细分析复杂的化学加工过程，我们发现所有的操作问题都是常见的机械设备问题，和加工过程中的化学复杂性没有任何关系。

设备可靠性在精益实践中扮演的角色

　　可靠的设备是精益生产的一个必要特征，但大多数液体工业工厂（和大多数机械工厂）的设备最初相当不可靠，所以如果没有明显改善设备的可靠性，就不可能对其成功地进行精益操作。液体加工设备的基本可靠性可以通过严格的工艺得到改善，化工厂一般运用技术能力来实现这种可靠性。当然，可靠性工艺是成功所必需的，但它并不会成为将你和竞争对手区分出来的关键因素。因此，同我们处理其他工艺的方法一样，本章将集中讨论一线团队参与和自主活动来提高设备可靠性的方法。

　　实施多人从事设备保养工作活动可以描述为所有者—操作员保

养、操作员保养或自动保养。每种描述都有不同的含义。我们希望设备操作者就像对待他们的个人设备一样实施设备维护,仿佛他们就是设备的主人;也希望那些设备操作人员在他们的能力范围之内提供基本的维护和服务,以便能够让技术人员转移至更复杂的活动中去;还希望一线操作员能够自主操作、维护并改善设备,以此将个人贡献最大化。

操作员维护

同许多其他精益实践一样,成功的精益维护的基础是启用广泛参与。在这种情况下,广泛参与意味着设备操作人员将对设备的保养和改善有所帮助。所有者—操作员维护模式增加了可靠性,这是操作员新贡献的直接结果。此外,操作员维护是能让工程师和其他技术专家提高他们最佳贡献的一个促进因素。

> **关键点:**如果操作员一直能提供基本维护,工程师就能够更加关注只有他们可以处理的一些大型活动与关键设备项目。

和所有的精益实践一样,利用这种方式,可以很快发展起来一种协同关系。因为操作人员作出了新的贡献,所以工程师们的现有贡献可以有所改善。当你创建和使用这项新方法后,可以明显使得运营胜于你的竞争对手。

设备维护不论是从理论上或是实践上都没有特别复杂的内容。除了少数十分富有的人以外,我们都或多或少地对自己拥有的物品采取维护措施。受到时间和能力的限制,我们所提供的都是一些基本的保养和维护,当然有时还有一些改善。我们时时监控我们所拥有的物品,当物品所需的维护工作超出了我们自身能力或时间所允许的范围,我们则"代表"我们的所有物向专业维护人员描述问题。采用上述方式来维护我们的物品,所需的专业维护和花费都相对较少。我们延长了所有物的使用寿命,它们也能够发挥更大的使用价值,为我们提供更多的享用乐趣。

在我们的工厂中,每个人都遇到过这样一些人,他们在工作时,持有上文提到的拥有者对待所有品的态度。在我们提供的有限时间和资源的限制下,他们努力提供基础维护,包括保养、监控并"代表"他们所操作的设备。当在工作中进行如同在家中一样的常规基础保养时,对专业人员干预工作的需求就会减少;当确实需要这种干预工作时,也不至于太强烈,而且会更高效,设备的寿命和价值也会提升。

> **关键点:** 正如精益生产的许多其他方面一样,操作员维护的目标是提供一种正规的机制。在这种正规的机制中,每个人都可以完成在传统情况下少数专家以非正式的方式所完成的工作。

联系实际情况,在工厂中,如果我们有足够的技能、资源和时间,严格的操作员维护能为所属物品提供的保养工作并不逊色于专业维护。基于这层原因,我们已经知道我们想要的是什么。成功的秘诀在于建立正规、持续性的操作维护方式,这种方式能够在任何时候、对任何对象实施操作并产生可靠的结果。创造一种持续性的操作员维护程序需要开发明确的期望值,这个期望值通过将操作维护作为每个操作者日常工作中的常规部分来实现的。这样的开发需要管理者和工程师使设备更有利于操作者的维护。这也需要管理部门向操作员提供技术、时间和资源，以此来满足上述的期望值。

尽管这被称作自主维护（意味着操作者在极少的或没有监督的情况下施行），操作员维护不可能是非正式的或者自发的，因为这仅仅是设备维护这个整体系统中的一部分。和其他形式的自主活动一样，自主维护工作不需要严密的监督，但需要谨慎管理和可靠实施。我们必须预先得到一个一线设备维护活动的预期结果，以此找到这个系统功能的运行方式，使近乎完美的设备能够实现精益生产的要求。

综上所述，这些要求意味着施行操作员维护必须以深思熟虑的步伐前进，所以所有相关人员需要具备学习的时间与能力以及能力所需的经验，来支持他/她出色地完成本职工作。为了能够成功，设备的自动维护需要建立在一个规划良好的实践体系的基础之上。

操作员维护的基础

当被不经意地问起如何去描述操作员维护，我通常回答说，操作员维护的精髓是在常规的经营过程中，和设备时时刻刻接触的个人或者团队有责任保持设备的清洁、冷却与润滑，更换润滑油、过滤器，并关注设备。显然，这些细节工作并不是对每项操作都十分精准，但却让人们很容易理解操作员维护任务的根本要素。在这一章中，我们将通过列举具体的维护活动来描述工作步骤，以帮助你开展操作员维护项目。

阶段一：基础保养

在对操作员维护（清洁、冷却与润滑）的基础描述中，第一个要素描述的是服务与监控的初始水平。它们是基础实践中的一类范例，你可以用以作为初始的操作员维护。

你要对将操作员维护项目介绍给相关人员有所计划,即保证他们即使几乎没有任何训练或者只有少许空闲时间和资源的情况下也能完成这些基础实践工作。如果你所开展的工作对相关人员或者对你自身有太多要求,这样的努力往往难以持久。从这类基础工作开始是一个良好的开端,因为它们能以较小的代价取得立竿见影的效果。在开始对维护工作做详细的描述之前,让我们先来浏览一下保持设备清洁、冷却和润滑的基本内涵。

据此分析,"保持设备清洁"是人们除了操作设备以外最基本的元素。当一线团队承担设备清洁的责任后,他们开始思考这些机械设备并学习相关知识,他们往往是第一次开始关注这些事情。当人们开始关注自己的设备时,他们对设备的态度不再是对一辆租赁汽车的单纯的工业价值态度。这些被他们操作和保养的机器才终于成了真正属于"他们的"机器。这种在思维上的转变往往会对机械保养的结果产生本质上的差异。

从保持设备清洁开始是一个很常见的机会,因为事实上所有工业设备在某种程度上都存在会影响到机器实际工作效率的"污垢",而且事实上所有设备为操作者提供的不仅仅利用机器的机会,还有对机器进行保养从而提高机器某方面绩效的机会。如果你想要从操作员保养中获得立竿见影的效果,这两件事情往往是合适的初期努力方向。

> **关键点:** 确保你的初始努力有意义,在操作绩效中产生明显的价值。只是随意去清洁不明确或者不重要的物品,很难持续也很难产生任何价值。

"保持设备冷却"是设备保养中第二重要方法,这要求人们监控设备的工作条件,并对此做出响应。通过给一线操作团队分派常规的监控、管理设备某些工作条件的职责——无论是保持机械冷、热或干燥——你便已经开始让团队着手考虑和管理设备的工作条件。

在操作作业时,关注机械的工作条件不同于单纯对机械的操作,也不同于保持其清洁,因为清洁是一个或多或少独立于操作的静态条件。在一个流程型企业中,你很容易发现监控机械设备与监控反应状态也有很大差别。卓越的加工过程监控操作员在工作过程中,可能会把黏性的阀门、漏水的法兰、失效的润滑油泵或者类似的设备条件看作是维护,而不属于操作工作的一部分。当加工设备不可靠时,空闲的操作员更多地会把这当作是一种妨碍,而不是一个要解决的问题。

> **关键点:**设备监控是一项具体的任务,它不像操作员维护的最后一步"关注设备"那样要求人们要与设备十分密切地接触。当人们监控设备时,他们会估计一个具体的、指定的条件。通常,监控特定的条件是一个可以迅速开展的前期步骤,因为它在你的工作团队现有的能力范围之内。当操作者到达最后一步关注设备时,我们希望他们能独立且乐意机智地以一种对设备及其绩效熟知的方式去注意到任何异常的操作。

第三个基础元素是"保持设备润滑"。这里所提到的概念是,当你开展操作员维护时,操作者可以开始提供基础的服务。因此,从寻找一些设备所需要的常规的、重复性的保养工作开始,分派给操作团队。润滑工作就代表着这样性质的工作。

阶段一为操作团队介绍了开展维护工作的三种基础元素:保持设备清洁、监控设备、服务设备。我们现在将要深入观察这些元素的细枝末节以便你能够开展工作。起步工作总是最艰难的,所以阶段一为大家进行了详细讲解。接下来的阶段将不会像阶段一那样详细讲解,因为很显然,高级阶段就是初级阶段的同理类推。

保持设备清洁

设备保养最基础的要素是保持设备清洁。大多数人都知道或者相信清洁的设备比脏的设备运行得更好。这里有很好的理由支持这种看法。我们用"污垢"的概念去涵盖多种残留在设备中并会产生有害影响的异物材料。让我们来考虑一下脏的设备会产生的和设备绩效有关的影响。

- 表面污垢会渗入工作部件，破坏或降低正常性能。

- 脏的设备会污染产品。

- 脏的设备可能很难操作或者服务，因此，使用设备的操作者和手工艺者仅会以一种粗糙的方式去做，但这不能完美地达到设备或者操作的规范需求。

- 脏的设备会掩盖设备中本应该被注意到的严重瑕疵致使瑕疵被忽略。

- 最后一点，也是很重要的一点，设备中掩盖的瑕疵可能是引起极度肮脏工作条件的根源。

> **关键点**：对于任何规范操作，车间的日常管理是一个必不可少的要素。在任何工作场所，清洁与有序将直接决定着车间的安全与否以及工作人员的总体心态。作为领导者，你可能需要，也可能不需要忙于基本的设备维护，但这有别于工作人员维护自己操作的机械。然而，你的领导团队必须谨记，在设备维护当中，"保持设备清洁"是第一步——而不是设备维护中的其他步骤，这一点很重要。

保持设备清洁的一个很重要的方面是脏的设备往往是由于某种原因导致其变脏。而这种原因又往往与环境或者设备中的某种未知或未解决的缺陷有关。设备操作的环境可能会允许超出正常范围的污垢进入设备中或覆盖其上。设备也有可能自身存在缺陷，使得积累的机油、润滑油、产品或者其他材料由于漏洞、裂缝或运转不良而从设备中渗漏。环境中的材料或不稳定的材料通过设备或操作过程黏附在机械外表面上,并通常会吸引其他的有害物质。受单种或多种因素影响,这些材料干扰了设备的正常工作。

如图9.1所示是制造聚合物过程中所使用的螺带式混合机内的污物。当塑料颗粒流经混合器时,其中一些破裂变成晶体"粉末",而这些粉末由于静电的作用,自然而然地附着在混合器上。这并非材料本身的问题,而且如果保持持续运转的话,它并不会产生任何问题。只有在停止运转的时候这些粉末才会累积在混合器的表面并导致问题的产生。附着的污物可能会在更换成品时产生污染,也可能会在取出成品时产生操作问题,或者仅仅是积累到某种程度时,干扰混合器的正常操作。

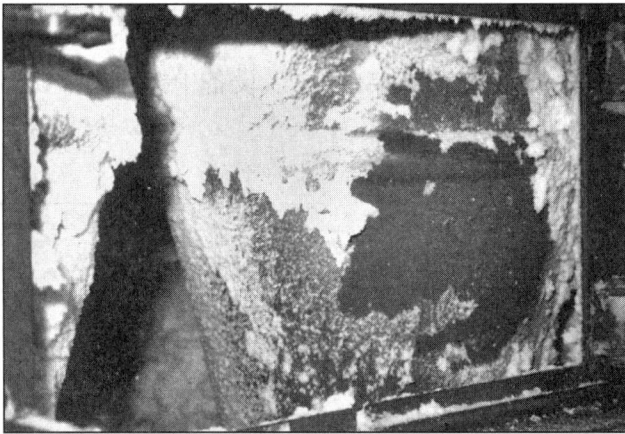

图9.1　附着在螺带式混合机上的聚丙烯粉末(白)

当积累的有害材料从作业绩效中移除,操作者可通过保持设备清洁来更好地完成工作,这与机器中的污垢是什么和设备是如何变脏的无关。这个过程很好地区分了作为操作员维护要素的保持设备清洁和常规的日常管理。在这种情形下,清洁方面所做的改变将直接提高机器的绩效表现。

当你着手操作员维护保养时,你需要在你的专业维护工作中的某些方面做些改变以完成操作员保养。正如之前提到过的,操作员保养仅仅是新兴的、整合的维护实践工作中的一个部分。在这里将和大家分享维护实践工作中的三个关键要素：清洁设备、消除导致设备变脏的起源,以及建立保持设备清洁的常规操作。

步骤 1：初步清洁

操作员维护的第一要素是保持设备清洁。在大多数车间中,甚至那些拥有良好维护保养标准的车间,设备洁净程度都达不到完美操作的要求。在你的操作者能够保持设备清洁之前,设备通常已经需要清洁了。虽然你可以期待操作团队未来将把保持设备清洁作为他们操作工作中的常规部分,但是要求他们去从事最初的清洁工作是不合理的,除非你为他们提供了专门从事这项工作的时间。这对你的一线队伍来说可能是新的工作,所以为确保正常工作,管理者可能需要安排他们参加安全训练并提供专门的材料。

最初的清洁工作往往相当困难。在大多数化工工厂中,若设备没有按照你现在所希望的常规方式维护清洁,这意味着需要数年操作才能够恢复。传统作业中,并没有人要求操作者去以这种方式保持设备清洁,维修人员也没有途径或者资源去提供此类服务。这并不是一种糟糕的状态,事实上,这是最为普遍的状态。

> **关键点**：尝试采用新方法去做清洁工作的原因是,你不满足于现有的操作绩效。十分重要的一点是,你需要认识并传达出清洁的新标准就是绩效的新标准。当领导者和其他人意识到你付出的努力是建立绩效新标准的一部分时,他们将会以合适的方式对待这项任务。

初期清洁工作的难度,很好地说明了为什么管理者简单地通知所有工作人员即日起需要清理工作区域并保持设备清洁的行为欠妥当。除非工厂流程简单且工厂本身就很干净,不然初期清洁工作会远比你想象得困难和昂贵。

当你的员工在做初始清洁工作时,你需要给他们提供大量的支持。为了达到目的,对于起动设备清洁新标准的区域要慎重选择,该区域要对绩效有明显的价值,绩效也要符合时间和成本要求。之后,你可以转而以深思熟虑的步伐在工厂中按照一定的增量扩大操作员维护,这会保证你前进的每一步都是有价值的、可持续的并且是成功的。

> **关键点:** 一线工作人员的自主行为并非管理者简单地要求就能实现。所谓的自主行为,是一种令人感兴趣的新鲜事物,人们乐于从常规中改变而享受这种行为。然而,操作者总是将它们看作新工作。在任何类似的新工作启动初期,管理者必须把新工作和传统的工作一视同仁。这就是说,员工为保持设备清洁作出贡献时,管理者也要贡献出该项工作所需要的时间和资源。无论是对一线作业人员或者管理层,这都不是常规的或者自愿的行为。自主维护只有在所有人都能够各司其职的时候才能够有成效,这里的所有人包括管理这项工作成功执行的管理层角色。

大多数操作者以前从未施行过保持设备清洁这项工作,而且在很多情况下,他们以前从未看到任何人定期执行这项工作。为了吸引操作者来协助你,当解释为何采用新标准如此重要时,你需要提供一个可靠的案例。此外,当你着手开始为这项工作能够实现你想要的结果而投入时间和其他所需资源的时候,你需要确定这是一个良好的、可持续的商业决策。因此,你需要选取一个有利于开展这项工作的区域,在那里专业的操作员维护能够取得明显成效,同时,你需要选取一种特定的推进方式,从而能够获取维持这项工作继续开展所需的支持。

关键点：当管理者开始实施设备清洁时，他们常犯的两个错误是：① 在工作方式简单但并不重要的区域实施；② 仅选择在设备最脏的区域实施，而未考虑到其是否最具商业重要性。

　　尽管细小、简单的工作似乎能够确保达到既快又稳定的效果，但你要谨记，你寻求的成功并不单单是清洁设备，而是通过清洁设备使设备的工作绩效明显提高。除非你的团队理解这项工作的意义所在，并维持操作上的改善，不然设备清洁工作上简单的改进没有任何价值。除非这种改善提高了工作绩效，否则即使在一个很脏的环境下完成了很明显的改善也没有任何持续性的价值。

　　在你最初的工作中，你需要做出十分谨慎且正确的选择，以显示你是以提高工作绩效为目标着手开展维护清洁工作的，而不只是为了清洁而清洁。最初的努力总是会被所有人密切关注，所以将你开展清洁维护工作的目的展现给公司相当重要。

　　自主设备维护通常从设备清洁入手，因为相较于之后的设备维护步骤，清洁工作所需的专业训练和其他资源较少。人们大都了解如何清洁物件，所以从清洁设备着手能够保证工作相对快速和顺利地展开。

　　说明：要确保由管理层直接负责实施新准则以达到足够显著的商业效果，而不是由操作层承担责任。

案例分析：清洁与操作绩效的相关性

　　在生产合成橡胶的时候，操作的最后一步是把从反应器中脱离的橡胶屑压缩成形状和大小类似于干草捆的捆状。在这个过程中，橡胶屑有黏性和弹性并且受静电影响。将其压成橡胶捆的设备是大型的液压机，它具备该类设备惯有的属性：润滑油和液压用油泄露并在设备及其周围累积。液压用油、机械润滑油和黏性橡胶屑结合后形成污垢。图9.2是橡胶压缩机上橡胶和累积污垢的特写。

图9.2　运作中的橡胶捆扎机的表面特写

这些污垢造成了两个主要问题：第一，润滑油、机油和脏橡胶附着在设备上，导致产品接触到污垢而被污染，或设备将污垢堆至产品上而将其污染；第二，机油、润滑油和橡胶不断累积在机器下面的检修坑中，使工作环境恶化，没有人愿意在此维修捆扎机。显然，在这种情况下，由于清洁问题所直接导致的捆扎机状况不良，导致橡胶车间生产率频繁受限，生产产品有缺陷。

一天，当我们开展设备维护时，我在车间经理的陪同下到位于英格兰福利市的艾克森化工车间参观。大约正午时分我们抵达了

图 9.3　当前捆扎机细节图

橡胶加工楼。车间经理将我带到一个捆扎机下的渣洞中,他的几个高级主管在此等候。我们坐在一台捆扎机下,并且享用了由两位着装正式的宴会负责人服务的英式午餐。

该车间再未因捆扎机停止工作而造成生产率的损失,其产品也再未被不干净的捆扎机污染。更重要的是,在车间的长期运作中,车间经理以一种令人信服的方式向他的整个团队证明了设备的新维护标准直接与操作绩效相关。图 9.3 是该车间当前捆扎机的细节图,它和图 9.2 所示的状态有很大差别。

步骤 2:清除导致设备变脏的根源

尽管管理层需要在初期为一线队伍提供清洁设备所需的能力,但对管理层的真正考验是设备已经被洁净后开始的。在仓库中,工业设备极少会落灰尘,好的车间也极少会乱堆放垃圾。工业设备,尤其是在化工车间和其他制炼厂中的设备,通常有工业级污染,包括润滑油、机油和化学品。化工生产设备通常"很脏"——不是落灰尘,而是黏附着的一些需要花很大力气才能去除的污物。更重要的是,工业设备通常是因为不当操作而变脏,除非找到问题源头并将其清除,否则设备将会立刻再被污染。

在初期的清洁工作中,我们发现污染源往往是泄露的阀门、被腐蚀的垫片、损坏的泵密封垫或者在加工过程中溅出附着在设备上的产品。操作团队了解这些潜在问题并且确知如果管理层不立即介入并加以修正,新清洁标准将不会持久。在这个工作阶段下,修理阀门、垫片、泵密封垫、产品泄出和其他类似造成工业污染的根源往往超出了操作团队的能力。

上述修复工作需要熟练的维护工人,而安排熟练的维护工人则是管理层的责任。操作员完全明白这是对管理层责任的考验。毫不夸张地说,如果你不照此方法跟进的话,你的初期工作会很快缺乏动力,你又会回到原本的维护状态。在操作者参与的所有方面,每个人都有义务各司其职。

也就是说,你只是期望甚至希望可以找出隐藏的工业污染源。根据精益价值观,任由设备变脏就会逐渐形成对潜在问题的适应性。你的精益目的就是移除原本的问题,从而移除任由问题存在的适应性观念。正如橡胶捆扎机一例中所提到的,能够使工作人员保持设备清洁的修理工作同样能够提高设备绩效或减少产品污染。

> **关键点**:一般来讲,将精益原则应用于问题与所适应资源之间的关系的顺序为,首先消除问题,其次移除适应的资源。在某些情况下,例如初期清洁时,你或许知道导致污垢的潜在问题,但这可能需要首先将污垢清除,才能够知道需要被修正的问题的细节。交替顺序是可以的。你成功的关键是管理问题与资源的关系,寻求一种能够适合每一种情形的方式。

寻找并修复设备中之前未修理的漏洞和其他缺陷,这意味着你需要花费你此前不曾为解决这类特定问题所花费的维修费用或者其他资源。如果你发现了类似的情况(当然你一定会发现的),你需要确保你准备修复隐藏在清洁工作下的设备问题。在做设备清洁维护工作的时候,你如果只一味苛求别人,却对自己要求不严,那么始于维持设备清洁工作的自主维护将不会成功、持久。

> **关键点**:初期清洁完成后,你需要有足够的维护资源去解决新发现的问题。如果设备因为你拒绝或未能修复马上又变脏,不要相信你的员工会自愿去继续清洁。你或许可以在短期内强迫他们服从,但是自主维护中的服从模式永远不会持久。这就是以小心谨慎的步伐前进的另一层原因。

案例分析:当解决方案没有即效性时怎么办

在埃克森的胶化学品业务中,初期清洁时我们发现了一个问题,黏性聚合物在生产过程中泄漏并且附着在设备的表面,吸着各种各样的污垢。设备外表面的污垢材料频繁影响生产过程,污染产品。当累积很多污垢后,污垢会频繁干扰设备的正常作业。可惜在初期清洁时,我们缺乏对这类问题的技术性解决方法。

在其中的一个车间中,车间经理和他的技术人员开展了一系列高度可见且持续的实验,以寻找修复问题的方法,这个过程大约持续了 6 个月,而在这过程中他们从一线队伍中得到了很多宝贵的建议。显而易见,管理者确实在履行自己的责任,与操作团队在一起。通过坚持在这期间实行高度的清洁标准,污染产品返工和设备故障得到了有效避免。而在另一个相同的车间中,车间经理试图仅通过管理指导去实施新的清洁标准。这里的作业绩效和产品污染在相当短的时间内便恢复到了原来的水平,基本上没有太大的优化。但当我们将第一个车间的先进技术引进后,情况便有所改善。

无论是不是常规修理工作,比如紧固泵密封垫或其他更特殊的修理工作,比如为多聚体黏合剂创建一个新的密封技术,当清洁工作发现问题时,管理者都会力图做出适当且快速的回应。因此,请记住,要缓慢有序地开展这项工作,逐步跟进,并且要选择在设备改善会产生明显效用的地方执行工作。

> **关键点**:和初期清洁工作难以开展的方式及原因完全相同,初期修复工作似乎比你想象中更加繁杂、困难。比起在整个车间急于部署任务,给自己足够的时间来安排如何正确实施任务要更有价值。只有实施方式正确,工作成效才会持久。

案例分析:附加利益

在埃克森的几个车间普遍施行橡胶捆扎机的新清洁标准之后,我们意识到收益已经不单单来自可靠性改善和产品污染的降低。我们的车间变得相当整洁,原先被用作轮胎组成部分的材料现已被批准作为食品药品包装材料。这类材料中的另一个产品,起先作为窗密封胶,现已被允许作为口香糖的基础材料。我们的车间通过了洁食认证,这样我们的材料就可以用于食品包装。图9.4 所示是一个曾经无人愿意在此操作或者维护的车间的现行状态。

图 9.4　捆扎机车间当前状态

步骤 3:常规清洁

一旦你完成了最初的清洁及修复工作,为了防止你之前的努力成果付诸东流,未来的清洁与修复工作必须成为常规生产工作中的一部分。为了努力取得持久的成效,为能常规实现的标准开发并部署明确的清洁标准和具体的工作安排是很重要的一环。这包括采取有意义的措施以展示清洁状态。更为重要的是,这包括了展示与清洁相关的绩效提高措施。测量评估由清洁带来的绩效提高强有力地指出了,为确保努力能够持久,不论是对管理者或者操作者,他们的工作都是关键且有力的动力。

在合成橡胶的实践工作中,我们显然证明了由于可靠性的改善,生产效率有所提高,被润滑油和机油污染而丢弃的产品数量也有所减少。

之后,很明显我们的新标准使将生产线延伸到食品药品包装领域成为可能,每个相关人员都很享受这种由共享成功而带来的满足感。

关键点:上述内容讨论了设备积垢和设备存在问题之间的相互关系。这种精益思想提供了一种不同的排查污垢的方式,这有可能会驱动一种不同的方法来处理这种情况。显然,当你可以将产值归于结果时,该任务就不是内务管理。它实际上是维护任务,并不是传统的经营模式,而是一线队伍为实现精益绩效而作出的贡献。

步骤 4:工作分享

在全天候生产的工艺操作中,一般会有四到五个团队操作同样的设备。在此类情况下,每次换班时都应保证车间和设备运作于通用标准下。这样便能够保证所有团队都能做好本职工作,同时各个团队之间能够用一个客观的方式去讨论车间的状态。同时还应保证特定的设备有其独立的标准,这样每支团队会在高于通用标准的专用标准下维护设备。对于自主维护项目的推进,团队中每个成员的具体职责还包括对分配给自己队伍的设备进行其他形式更加高级的操作维护。

一种合理的维护方式是将上述细节工作安排在未来的工作中。此外,当多个团队轮番使用设备时,建立一种严格共享细节工作的制度也是一个不错的想法。同时设立通用和专用两套标准,并正式实施责任共担,这可以使所有团队有共同的工作目标,每个团队也有更详细的工作重点。同时,如果所有团队在每个项目实施之前敲定了工作细节,还能够减少延迟和混乱的发生。通过这种手段,每个团队承担整个工作任务中的一部分。由于各个团队拥有各自的改善方法并希望其他团队予以采纳,他们会更倾向于接受其他团队提出的改善方法。

> **关键点**：无论是为了维护或者改善设备，当几个不同的作业团队同时参与同一个项目或使用同样的设备时，以一种正规的形式为各个团队分配详细的任务是意义重大的。这样做的目的是让各个团队都能够采取其他人提出的改进方案。这很大程度上加速了变革的步伐。

有了明确的标准、目标和既定的可行措施后，保持设备清洁的保养维护工作就不再复杂了。一旦设备清洁，且造成污垢的根源已经被移除，保持设备清洁这项工作便成了另一个常规任务。管理层扮演的是如下角色：

- 为各个团队划分通用和专用的职责领域；
- 定义设备所必需的维护标准；
- 提供执行工作所需的安全标准、工具和其他所需权限；
- 保持设备处于合适的维修状态下，允许一线队伍做好清洁工作。
  这项工作是绝对必要的，至少在最初阶段只有管理者才可以执行！

在这种环境下，一线队伍可以为基础设备维护提供一种有价值的新形式。当你开始实践时，你将会体会到自主工作的固有特质：管理层构建一系列结构良好、管理有序的框架，在这个框架内，生产团队可以独立作业。

当新的设备问题或者新的清洁计划暴露出设备脏乱的原因后，管理者和领导者需要不间断地为此做出恰当的回应。初期有必要对一线工作人员实施相对密切的管理参与。你会希望工作缓慢地开展，这样当项目扩大时你可以保持关注工作重点。

> **关键点**：由更清洁、维护得更好的设备带来的结果正是你所期待的，因此，你应该像支付销售佣金一样乐于去为维护费用买单。在这两种情况下，清洁人员执行你发起的任务，而你只需为这项能够带来极大收益的任务支付一小笔费用。

这时,一线的清洁工作不再十分的自主。一开始,最重要的结果是令操作团队以能产生持久性收益的方式操作设备。当方法日渐成熟后,工作就会更具有自主性。

备选步骤 1:5S 法

一些管理报告表明,可以从之前描述的优化清洁状态里面得到利润的部分设备并不能被他们所确认。那些扰乱性的操作问题大多缺乏"秩序性"而不是"清洁性"。也就是说,工作区的工作情况不佳是由无序与混乱造成的,并非因为环境不清洁。遇到这种情况时,就应该采用众所周知的 5S 操作法作为车间中的首步操作。

5S 方法技术得名于该方法中 5 个操作步骤,这五个步骤在英语中都是以"S"开头的单词。这些操作翻译成中文之后,就是排序(sort)、设置(set up)、擦亮(shine)、标准化(standardize)以及维持(sustain)。下面对于 5S 法做简单的介绍:

1. 排序:通过回顾工作区,我们可以确认杂乱的资源,比较典型的有材料、器材以及其他在工作区域内堆积的物品。但是,目前的任务并不需要这些资源。改进步骤是通过将工作区域内的物品进行排序,同时将当前不需要使用的所有资源挪到其他位置来降低工作区的混乱程度。这个方法一般包括:

● 将多余的材料放回仓库;

● 将当前不用但短时间内可能需要的材料存放在备用区;

● 将长时间不会用到的材料或者资源集中存放;

● 将完全不需要的材料或者资源通过拆解或兜售等方法做永久性的处理。

移走那些暂时不需要的材料、工具与器材会让工作区的状态活动显得更加易见且可管理。加工车间一般会堆积多余的管线轴、齿轮轮坯以及脚手架的材料,而商店会为日后某天的重建准备零件与工具。

如果对森科尔的中心维修车间运用 5S 方法,我们发现技术人员一直在跨过或绕过已经多年没移动过的材料。同样地,我们在操作区也发现技术人员一直在多年前用过的脚手架周围工作。简单的"清理障碍准备行动"促进了设备改进和人员参与,并且让人们确信我们很重视改进活动。

2. 设置:设置工作在工业上等价于"物有其位,各在其所"。通过排序工作,我们移走了不需要的材料、工具和器材。当工作区剩余的材料被整理之后,工作区得到了更好的改善。因此,车间状况又一次变得更加可观,而且人员可以在工作区内更加便捷地工作或者移动。这个经常需要阴影板来存放工具和常规工作说明,还有一些大器材的具体位置。这样一来,即使某个设备暂时不可用或者不需要,其必需的器材仍然可以轻易地被找到。在我们某个商店最初的设置中,每一个工艺技术人员都有一个私人的工具盒。每次轮班的时候,他们都花半个小时左右移动这个工具盒。但在 5S 方法实施过程中,我们提供了一些当天工作区所必需的标准工具。同过明确每个位置的工作与工具,维护工作的设计与实施得到了极大的改善。

3. 擦除/擦亮:擦洗工作区域是保持工作和工作区域清晰可辨的另一因素。工具应该按归属分别标记并存放在其应有的区域,这样就可以应对不时之需。同样,障碍物和安全品也应该分开标记。这项工作有点类似家政工作,但是其重点并非在于让工作区域更加干净,而是使其更具备条理性和可观性。往往5S方法会使得工作区域更加干净,但这并不是核心所在。我们的核心任务是保证工作区域要擦除掉所有不正确摆放的工具和物品以及工业灰尘(和工作相关的灰尘叫作工业灰尘)。最终目标是让工作区域在具备条理性和可观性的同时,提高工作的热情和效率。

4. 标准化:每个车间都会在有重要宾客参观之前重复进行5S方法的前三个步骤,在每个重量级嘉宾参观工厂时至少要进行一次。标准化的操作就是移除过去偶然随机的清理或者组织活动,由此来按照一组已知且固定的期望,达到一个标准化、操作规范化的组织状态。往往这组标准期望有多个层次:每个团队都有各自的标准期望,但是对于特定的工作区内所有的团队必须要至少有一个期望。建立一个工作区可以让工作更为可观,而且更有利于管理。而通过标准化5S方法,我们可以更好地保持这一点。

5. 维持:众所周知,最后的问题就是如何维持。这个步骤至少包括两种含义:第一,这些可视操作、清洁、组织以及标准期望需要通过管理者或者其他非操作团队内部人员的常规指挥,才能够客观公正地保证现存的标准是可以长久地持续下去的;第二,这个步骤需要我们去保证:当人员、设备甚至是工作区的产品或其他基础组成部分发生变动的时候,工作标准和绩效会始终如一。标准化操作并非仅仅针对当前的工作绩效,更应该作为一种能够改善未来工作状态的稳定基准。

5S方法在管理工作车间和增强工作状况的可观性方面有很大的价值。因为这个方法在很多地方都被提及,而且5S方法在流程型和离散型制造中并没有产生很明显的差别,所以我们并不打算在这方面介绍太多细节。关键问题在于,5S 方法可以在工作一线作为施行操作员维护程序的第一要素来进行自主维护。

保持设备冷却

自主维护第一阶段的下一步就是"保持设备冷却",主要用于在设备不正常运行时监控其操作和响应。你可以把这个概念应用于你认为将会使工作一线产生大量贡献的任何区域。这个步骤中关键的部分是,通过命令一线团队更清楚地意识到他们的设备状况并让他们及时响应,使得一线团队更好地投入设备的维护之中。

自主维护中最具有价值的贡献之一就是每一个成员能够在家庭和工作中都表现得很好:注意到性能、声音或外观的机械变化(当我们讲到"警觉"的标准时会有更多关于这个概念的介绍)。如果机械发生了变化,自然情况下人们实践中的留心与注意行为会符合当今许多最先进的维修技术。在其核心之处,状态监测维护中技术上最复杂的可靠性实践通常只是检测和评估设备变化的敏感形式。人们不断地对一些能够检测这些变化的设备进行操作。

我们在森科尔发现了这些变化和安全之间的一种明显的关联。据调查显示,在所有人员受伤情况中,超过 80% 的受伤人员以及所有重伤人员都是在操作员没有意识到工作状况变化且未对其做出相应反应的情况下产生的。如果建立一套明确的操作来指导人们学会注意并应对设备工作情况变化,就可以同时改善工作绩效以及操作员的安全问题。

能够通过自主维护活动进行监测的通用设备将会变得更加丰富多样,但是这个过程始于监测以及应对一些简单的、特征良好的、贵重的设备。直到在一线接触设备之后,人们才惊讶地发现他们在其他环境下忽略了很多厂内产生的显而易见的变化。那些技术人员在家里可能会注意到他们泳池中气泡的轻微响声,或者知道撇油器的水位有点偏低,却极可能没有意识到或成功处理一个工作中非常响亮的声音。然而,有时这个声音可能会意味着一个汽轮机产生了异常的速度变化。

长此以往,随着操作员致力于设备操作的程度日益增加,你就会发现人们不自觉地开始注意并调查研究几乎每一个异常状况(在最终以及最高的评价中我们将这个称为"警觉")。不过在最初阶段,你会希望那些关于设备的监测以及应对措施就可以通过现存的能力让一线队员以能够立刻接受的方式开始。此外,这个操作应该在一个相当正式、完备周密的程序之中实施,这样你就可以确定一线团队以及你自身是否可以完成任务。在自主维护中,自主环节处于约束环节之后,但是你还没有走到这一步。

除了合适的团队领导者和一定的技术支持以外,管理者也应正式指派监测人员研究设备性能中有价值的属性。此外,管理者还应当给予队员一些相关的监测义务。

说明:与此同时,你还应该运用技巧和权威来指导部分人员,让他们在检测出有变化或者需要维护的设备时有效解决问题。我认为如今的人们会更多地关注变化,而不是去思考如何应对。原因很简单,他们并不清楚正确的应对途径。

你的一线人员已经在监测并应对相应变化。对设备的监控只是一个适当的延伸。

设计可视化工厂

随着精益技术的成熟发展,可视化工厂的理念逐渐被广泛接受。与参与设备监控人员直接相关的可视化工厂的一个部分是以标记设备的方式标明设备的正常操作状态或者配置。操作技术人员可以通过视觉观察出设备是否处于正常的操作区间,这样就可以给设备所配备的仪表进行标记。举一个模拟压力计的例子,简单来说,可以在压力计表面上用绿色弧线表示正常区间,而用其他颜色的弧线来表示不正常的状况。同样,有时候电工会给控制面板重装电线。这样一来,在正常操作状况下,所有的选择器的转换点都升高并转向右侧(参见第 8 章)。又如,操作员可能会在玻璃器皿内的液体表面安装一个箭头来指示是否处于正常工作状态。

操作员可以通过这些操作中的任意一个来快速监测设备或设备的操作状况。这种可视性本身对于操作员运行与监测这些设备具有很大的价值。一旦标记了仪表盘的刻度或者安装了控制面板,无论遇到多么复杂的工序,即使是临时观察员也能够轻松地看出某一个工作参数的非正常状况或某个操作并没有正常配置。但是,操作员在进行此项工作时,需要专心地投入与学习。

当他们开始着手工厂的可视化操作时,大多数人会突然明白自己对这些设备知之甚少。即使是经验丰富的人员,也会常意识到自己并不能一次性地在仪表盘或者仪器上面正确地标上有效的细节与信息。每一次经过更加精确处理的可视化操作的成功尝试,都有助于形成最终合适的区间,而且每次尝试都会给予操作员对设备和工序的更多认识。

当你以同样的方式与目的展开设备的初次清洗工作时,你会希望逐步以巧妙设计的惯例来进行设备监测。如果你开始询问别人如何应对设备的变化,你就需要明确你是否正确地描述了设备本身应该监测什么,如何响应。在大多数情况下,你必须给员工提供他们所缺乏的技术、工具或者其他帮助。

这暗示了一些来自团队领导或技术人员选择监测状况时所额外需要关注的方面,比如属性监测以及合理的响应。在部署或展开设备监测计划的每个步骤中,一线团队都需要管理者通过恰当的途径来提供这些功能。与此同时,这也能够让一线团队明白这些新工作对于管理者或是他们自身来说都是同等重要的。你应该在一个具有明显商业价值的地方开始清理工作。如果你逐渐开始掌握这些工作途径中所含的价值,你就会明白如何去进行更深层次的部署。

在下一次操作中,你就会想通过建立明确的监测与响应工作标准来稳固并保持这些操作步骤。同时,你也想要用客观又可观的方法来诠释这项工作的成就与意义。大多数情况下,如果你成功建立了监测与响应的计划,设备的可靠性就会增加,这也是可以预见的。经过更长的时间之后,你可以明显地发现可靠性提高所带来的效果,比如设备故障减少或者需要维修的频率或强度降低。在化工生产过程中,往往在更为稳定并连续的生产过程里,才会体现出产品质量或性能的真正价值。这里任何一个适合你工作的潜在措施都会体现出监测与相应工作的价值。

保持设备润滑

阶段一的第三个要素是让设备的操作者为他们所操作的设备提供基础服务。在大多数工业生产过程中,"保持设备润滑"是设备操作人员能力范围内的一项简单操作。此外,因为润滑是一个可以在一线快速操作的高价值维护工作,而且仅需要极少的操作训练与辅助资源,所以润滑是为设备提供直接维护服务的一项重要因素。

说明:润滑本身并不存在问题,你可以以任何最适合自身特定需求的方式开启基础服务的第一步。

你的目标是让工作团队以看护人的身份与设备交流，而并非只是作为操作员、清洁工或者观察者。基于这个目的，你就会希望找到一项有价值的活动来为设备提供直接服务，并且这得是一项操作人员能力范围内或者凭其能力可以轻松执行的活动。

像往常一样，你希望给那些有价值并且值得维护的设备提供直接服务。而且，你需要通过精心设计的方案逐步进行操作。基于以上原因，在为操作员维护工作创造新的价值的同时，你也有能力且愿意为工作人员提供他们成功所需要的资源与技术支持。最终，你同样需要维持这种训练有素的操作与具有意义的成功措施。

对于刚开始提供直接服务时的操作员来说，通常，成功而有意义的措施用以说明，提供服务可以在方便团队的同时方便操作员。然而，传统的维护方法在方便了维护工作的同时会影响正常的操作。在某些情况下你也会发现，由于安排工作的困难程度极大，润滑或者其他常规服务并不能按计划完成。作为操作员的好处就是必须立即提供服务，这样可以减少由于服务中断引起的时间损耗，并增强满足严格的常规服务要求的设备可靠性。

阶段二：先进技术

繁杂的自主维护工作的第一部分内容是：保证设备干净、干燥并润滑。这些就是从事设备维护、监测以及服务的工作人员最为基础的工作。第二部分内容是：换油、换过滤器并保持关注。

在你的操作过程中有意义的单元里，设备操作员会提出"干净、干燥并润滑"的基础。因此，你就必须向操作人员示范设备维护工作，并让他们逐渐开始练习维护工作，而不仅仅是让他们进行简单的操作。

随着操作员知识与兴趣的不断增加,他们会乐在其中,这在设备更新资源与常规维护方面体现出即时物理价值,也在很多其他方面体现出了其内在的价值。

当你在车间内细心进行着从设备维护到新兴业务的基础工作时,你可以在刚开始工作的地方着手部署自主维护工作中的一些超前部分。如果你是因为某处可靠性提升可使其价值最大化而在此着手开展设备维护工作,那么在那里优先进行的工作的拓展部分也需要具有最大价值。如果这些理论因为某些原因而不可行,你可以在别处进行更多复杂的维护。

确定目标

在你开始实行更多先进的设备维护工作时,你需要牢记三个重要的目标:

- 为设备提供能使其性能最优的先进服务;
- 让操作员深入了解他/她的设备;
- 给不参与设备性能维护的人们提供基础服务。

说明:我们的目标并不是让操作员每天都生活在设备维护的工作状态中,也不是对维护部门裁员,而是在车间内通过最有效的方式给参与设备工作的人员安排维护任务,以使设备性能最优化。关于那些维护工作中最重要的部分,只能由每天都和设备接触的工作人员来解决。

更换机油和过滤器

在设备维护中,更换机油和过滤器是包括提供直接服务在内的许多复杂工作的后续步骤,因此相对而言比较容易记住。但是,随后你又会寻找下一步适合你的需求以及团队能力的工作。当到达这个阶段时,化学车间操作员一般会开始给泵、阀门以及其他设备提供服务。往往这些服务都需要一些现成的调整程序或者容易学习的固定方式,比如磨损零件的更换、拆卸以及重装装置。

　　这类工作大多数都可以在短时间内对许多操作员引起的或受操作员影响的设备故障产生有利帮助,比如在阀门扳手上使用了劣质工具,不小心让泵处于无水状态,或者忽略了润滑系统或泵密封油系统。如果操作员发现并解决了阀门内部的问题,那么他们会对目前管理系统相比之前而言带来更大的好处。在这个阶段比较常见的现象是,操作员经常把维护工作看成生产系统中某一部分中的某个单位或元件的性能问题,而不是看成整体系统中很多个离散的部分。对于"生产系统",那些对于自己所接触的生产系统和性能表现没有任何观点的专业维护人员往往在接触你设备的时候会产生相反的理解。

案例分析：将维护工作作为生产系统的一部分

　　在森科尔有一个很有趣的现象,每当操作员开始更换泵密封器并维修密封冲洗系统时,他们发现密封器由于一些本应该能轻易修正的原因而过早地损坏。结果表明,维护员工用与原先完全一样的密封器来替换现在已经损坏的泵密封器,而没有提供一种有效的密封冲洗系统流径。经历了数年主泵的破坏性故障后,第一个密切关注泵密封器并将其视为生产系统一部分的操作员终于出现了,并且意识到"不应该是这样的"。

　　尽管对于任何工程师或技师,看似都会发现同样的问题只要他/她仔细观察整个系统并力求解决问题,但事实上这个问题并没有(而且可能也不会)引起工程师的注意。显然,这些被部署了任务的技师总是太过于注重替换密封器，以至于没能够考虑到为何密封器会失效。

另一个关于由参与设备维护的操作员产生效益的例子发生在森科尔的升级车间。将沥青升级以制造合成原油的第一个步骤是，将沥青裂解为分子量更低的碳氢分子。该步骤完成后，具有高度黏滞性和黏连性生沥青从管道流出。为适应沥青材料的这种属性，我们的应对方针是，管道中的大多数阀门需要在开启前用蒸汽蒸 15 分钟。如果不这么做，阀门驱动装置在原有工作机制下往往没有足够的动力去处理累积的黏滞沥青，从而导致其停止工作。

在我们实施操作维护之前，当阀门驱动装置无法工作时，操作团队仅仅会报修。在实施操作维护后，我们会要求操作团队在向维修人员报修之前隔离、拆除并在线下蒸汽清洁损坏的阀门，而维修人员仅负责修理装置。当操作者开始亲自查看阀门的黏性内部构件和蒸汽对阀门动力的影响时，这种阀门故障就在车间中消失了。

更为复杂的维修工作部署将遵循于初期建立的工作模式：

- 挑选一个易见成效的工作和区域；
- 为了确保作业团队能够顺利完成工作，你需要为他们提供作业所需的技能、工具和其他资源；
- 确认任务的预期结果并衡量其实际绩效和结果；
- 因为自主维护的工作价值超出了工作本身的成本与付出，你需要以谨慎的、可持续的步伐推进工作，工作过程中要确保管理层投入了足够的注意力。

注意

与提供更为复杂的维护工作相呼应,第二阶段的目的在于让操作者关注设备使其正常运行。设备若需要专业维护,往往要求自主维护操作员能够描绘其操作的设备。这意味着,设备操作员要能够表述设备的现行状态、正常绩效以及其绩效或性能发生改变的方面。优秀的操作员通常会借助设备有效运作时的操作和维护来描述其现行状态。这也是我们在把自己的汽车送去保养时均会采取的一项行为。

密切关注生产设备可能出现的各种变化并在变化出现之时做出恰当的回应,这是自主维护早期工作要素中的重要任务。当工作人员完成了之前的步骤,开始将设备视为自身财产,并且熟悉其工作状态、气味和质感后,自主维护才真正能够起作用。这些工作人员和设备密切接触,并且在对设备具备足够了解的情况下,能够恰当地对设备做出应有的回应。

人们本非天生就掌握了超声探测法检测隐藏在机器铸件中的裂缝,或天生就会直观地对某段时间内设备绩效趋势实行等效的统计分析。但他们确实拥有探测许多引起环境变化源头的强大天性,包括他们所操作设备在内。对于每天工作在车间的设备操作人员来说,车间和设备的景象、声音、气息、味道、质感已经相当熟悉。人类的感官是十分敏锐且可靠的变化探测器,而且人类的意识是一种很了不起的工具,它能够将车间现行状态与之前的经验进行比较。通过学习如何有效关注所操作的设备,你的操作员也可以充当这样的角色。

这时,自主维护就真正变得自主了。操作员谨记所布置的常规任务的工作准则,保持设备清洁,并实施基础的监控和维护工作。他们还有更高级任务的工作准则去实施更高阶层的维护工作。对于设备维护工作,可靠地完成常规维护工作是整个系统中十分必要的一个环节,而且是必须可靠地持续进行下去的一个环节。

然而,仅关注设备本身就有很大的差异。车间里没有新型的特定属性需要监控。取而代之地,操作员负责关注设备的所有属性,以及在设备发生异常时探测其异常状况。他们或许知道如何对其观测结果做出响应,或许会学习如何响应,或许仅仅认为他们需要让其他人为此做出响应。一个关键问题是如果设备的问题未引起操作员的注意或者操作者未能及时做出某种形式的响应,设备便不会有明显改善。这是因为我们在某种程度上都确信,立即做出回应能够很大程度上削弱设备问题的严重性。密切关注设备的操作者具有快速响应的能力,且这种能力无法以其他任何方式复制。

案例分析:质疑传统观点

当我们让新人参与设备关注时,他们往往以质疑那些从未引起过争论的传统观点着手这项工作。自20世纪60年代中期油砂操作兴起后,提取装置的喷嘴经常被"纤维"堵塞。因为原油的组成成分(包括沥青在内)与恐龙有关,所以商业传统观点认为这些纤维物质是恐龙的毛发,并假定这是沥青的天然附属物。当我们开始进行设备维护实践后,其中一位工艺技术员在疏通一个装置时保存了一些恐龙毛发并交给在实验室工作的妻子。经过简单的分析后,他们发现我们所谓的"恐龙毛发"是人造的,并非是什么奇异的物质,仅仅是一些垃圾被吹进矿井然后掺杂到了我们的流程中。他汇报这个消息之后,我们启动了一项清理并使垃圾远离矿井的计划,此后我们就很少再遇上提取装置堵塞的情况。

在人为检测意外变化的实践过程里,一些元素结合下的操作维护尤为重要。实践过程也出奇的成功和有力。当其顺利开展时,对设备绩效的影响会远远超出你的预期。创造可靠设备的工程方案与消除生产过程中引起波动因素的统计工作相结合,操作员和工艺技术人员对具体设备绩效的注意力便可确保设备持续运作于最佳状态。这样的结合会唤起你生产零缺陷产品的愿望。

元素改善后的自主维护

我们通常认为流程操作人员是最熟悉作业的。一般说来,这意味着这些进行该项作业的工作人员正是最有能力管理和提高该项作业的人。在机械制造业,人们参与低复杂度的体力劳动和部件处理,材料的流水线是可见的,为提供改进机会而造成的生产过程中断的源头也是可见的。在这样一个可见的体力劳动环境下,有良好的工作观察能力和批判性思维的员工就能够立即改善生产过程。

在化学和流程制造中,通常没有可见信号的启动或者物理接触。在高度复杂的车间中,产品的生产线向来是在设备里进行,员工几乎看不到加工过程中的产品。因此,经常在车间中作业的员工并没有足够的知识或对设备的了解,无法成功地管理或改善设备。参与设备维护工作无法获取新的知识或技能,导致很多操作者遭遇由疏于维护引起的加工问题,却无法将其修复。他们可以给所遇问题命名并意识到此类问题曾发生过,但处理这些问题应是他们分内的工作。

当你的车间执行自主维护时,一线员工将会获得操作机械确实所需的知识。他们将会认识到,复杂的化学加工过程是在机器内完成的,仅仅是机器而已。他们会学习到设备出故障的地方及其原因,会知道当转动阀杆时机器内部会如何运作,也会十分清楚地了解每种计量器所代表的操作条件。非可视化过程会变得更加可视,工作人员也会获得更多与常规维护相关的必须知识及其益处。完成上述工作能够让员工充分熟悉设备,就如同我们熟悉个人生活周围的那些设备一样。

通过自主维护工作的实践,你会建立一种员工与设备之间的关系。员工会自然而然地想要维护他们的操作设备,想去知道设备的功能,想要参与所有与操作、维护、改善车间相关的工作。尽管几乎所有的管理者和操作者都希望可以做到,但如果不授权他们以一种新型的方式去学习和体验车间操作的能力,他们就不可能做到。

对设备和操作有了更深的了解以后,一线员工的工作就不会局限于基础的保养和维修。他们将会做三件事情。第一,他们显然会成为更优秀的操作者。作为一个团队,他们会更加了解设备并开始基于了解来实施生产加工活动。操作保养维护工作的可视化程度增加以及操作过程更加熟悉之后,操作者会拥有同机械生产加工工人一样的制造生产能力,这是因为自然的可视化和身体接触已成为他们具体操作过程中固有的一部分。

第二,操作者可以直接通过加强对设备的保养来优化操作。操作者比维护人员对设备保养的精细度和频率要高很多。而当需要专业的或者技术性更高的检修时,他们同样能够密切关注并具体了解到设备的状态。

当我们把车送到维修店时,我们不会简单地说"哪儿需要修就修哪儿吧",而是会试图提供我们知道的所有信息。故障发生后我们会描述具体发生的情况。如果任何计量器指示不正常或者任何指示灯亮起,我们会提出；如果相同的情况之前发生过，我们会说明那次具体的发生情况和维修处理方式；当然，如果注意到机械师未能立即发现其原因，我们也会提出。当身为操作者的我们配合维修团队的工作时，我们希望双方在沟通交流过程中有同样的感知与理解。

这些全身心投入设备操作维护的员工的第三个特点是：他们更有能力去推动设备改进。生产过程操作的操作者肯定对过程了解得很透彻，但这是因为我们教他们车间操作，他们才去了解生产过程。当他们经验丰富之后，原先的绩效就会有所提高。如果我们还希望他能够改善车间设备或者包括生产过程和设备在内的整个生产系统，我们必须给他们提供关于设备的新信息。当他们有了对设备的经验之后，他们就可以像早期获取生产过程知识一样，把所获取的知识作为一种改善设备的能力。我们必须教导员工，要像我们最初教他们提高车间操作能力的那种方式一样去提高车间设备维护。

案例分析：参与和改善

在森科尔，我们开着 400 吨重的拖运卡车把油砂从矿井冲击面运输到第一处理车间，在那里完成从油砂中分离沥青的工作。当我们着手让我们的卡车操作员接手他们车间的维护工作后，他们开始做三件事情：

1. 负载时他们开长途卡车的速度更慢，以避免轮胎过热磨损。不负载时他们会重新开快。这样一来，森科尔目前拥有几项重载卡车寿命的世界纪录。

2. 他们开始理解矿区道路质量与卡车的框架、悬架寿命之间的关系。因此,不论何时卡车在矿区路上遇到了坑洼,他们都会及时报告,这样坑洼就能在设备受损前修理好。正是因为这些简单的注意和保养,卡车悬架的寿命才能够远比工业要求的平均水平长。

3. 当操作者意识到热度和速度影响轮胎磨损,卡车的框架和悬架损坏受矿区道路的控制,他们就会发现新的机会。这时,我们的400吨重的卡车不再在每条路上都运输400吨重物了。我们减轻了负荷以避免轮胎磨损和机械损坏。当团队的机械性能提高后,我们增加了卡车的负荷量。除了由于可靠性提升而常规地增加矿井中的卡车数量外,现在每辆卡车每趟可运输更多的材料。

我喜欢那些矿井作业队的例子,因为他们的绩效远远超出了我们的竞争对手。然而,我发现这些不算流程工业的案例,所以接下来举两个关于液体工业方面的例子。

案例一:在处理油砂时,从矿井把沥青抬升后,第一步是要从砂砾中把油分离出来。根据该生产过程的性质,我们通过很长的管道抽出许多砂子和水混合的泥浆。泥浆的流速十分重要。如果泵速太慢,就会落在悬架之外堵塞管道;如果泵速太快,砂子会腐蚀管道,我们就会被迫停工去替换磨损的管道线轴。当我们让操作者参与生产过程可视化后,操作团队就会同时标记管道和分离室的计量器刻度。在此阶段,作业团队发现分离室中的生产流量是以美制加仑/分钟(USGPM)为单位的,而管道流量是以桶/小时(BPH)为单位的。

测量单位虽然不同(1BPH = 0.7USGPM),但看上去差不多,因此新的操作员试图通过使流速数值上相等的办法来"平衡"两个系统中的流速。这种办法为了能使系统回到液体平衡状态,导致流量出现了周期性的围绕临界率的大幅波动。如果知道测量单位的差异,大多数人都知道如何解决这个问题,然而,密切参与生产过程可视化的操作员是第一个理解该集成系统的人,他应该采取正式的步骤来确保这种设备滥用的情况不再发生,生产过程不再被打断。

案例二:在我们换料大修时,一个承包商误将一个碳钢管线轴安装在一个用于输送碳酸的不锈钢丝上,这些碳酸是由清除氢气产品中的二氧化碳而形成的。由于加拿大北方的冬天料峭严寒,安装好替换线轴之后,下一步是立即安装伴热和绝缘系统。实际上,在绝缘条件下安装错误线轴的失误如果未被立即消除,随后大量高压氢的释放就会酿成悲剧。

幸运的是,设备操作员注意到在另外一个银色的管道中有一个黑色的管道线轴。尽管他并不是十分明白问题的原理或者可能造成的后果,但因为从事设备操作的关系,他注意到管道线在视觉上与原来的差异。他立即寻求帮助并成功地查清了问题并在其引发不良后果之前将其修正。

自主行为

在创建和领导自主改善工作中,管理层所扮演的角色会在第 10 章中陈述。不过,如果你在部署维护实践工作的同时部署改进权限,你会发现你的团队在实践改善工作时,把他们对设备的新认知当作他们工具箱中的一部分去运用。

自主维护和自主改善有相同的属性。员工有明确的绩效目标,也拥有所需的时间、技能和资源去实现这些目标。他们有统一的行为规约来确保他们的工作安全且能够被认可。第10章将提到的行为规约也使得自主维护和自主改善的实践工作视觉可见,所以管理者和工程师大可不必介入整个过程去确保员工在正确的限制下以正确的方式完成正确的任务。在流程工业中,操作维护保修是自主维护最佳实践工作的重要组成部分。

案例分析:自主维护改善

图9.1说明了聚丙烯(PP)粉末附着在螺带式混合机上导致操作和产品转换的问题。我们的工程师引进了一个和喷砂装置的概念类似的清洗系统,只是它用干冰而不是砂子作为冲击介质。干冰的优势在于它在温度上升后升华不会有任何残留物污染生产过程。在该清洁任务中,干冰冲击被证明是有效的,但它很昂贵,并且相对较难得到和使用。因此,尽管干冰很有效,但并没有被采用。

然而,将干冰作为可替换的冲击介质给我们的操作员带来了灵感。他在目前的生产运行中,往传统的喷砂机中填入了聚丙烯颗粒,利用聚丙烯颗粒作为研磨材料来冲击螺带式混合机。这种方法同样运行良好,是一种有效、快速、廉价的混合机清洁方法(如图9.5所示)。聚丙烯颗粒并不能像干冰一样消失,但它们也不需要消失。因为该操作员是在现行生产运行中使用聚丙烯颗粒,他仅仅是再次引入了本身就存在的材料而已。

图 9.5 用聚丙烯颗粒进行清洁

该操作员的设备维护操作建立在其对整个生产系统的充分了解之上。所以能够创建独特有效的新型解决方案。在该操作员实践的改进中,他和他的团队被允许进行自主实践维护与改善工作;因此,他自己从事这项改进并通过教授给他的同事来使这项工作延续。

一旦自主改善工作开展起来,其进展会相当迅速,这通常实现起来很简单,即在每个有类似机会存在的地方将改善措施复制。在森科尔,我们在两个截然不同的操作情况下遇到了相同的实际问题。在这两种情况下,工程师或者管理者看待操作者所面临问题的方式可能并不会使其认识到问题的实质。即使工程师或管理者参与到这两种情况的改善工作中去,他们也可能只能够完成改善任务中的某一项,因为同一个工程师无法从事到两种工作中去,也不可能参与所有的工作。

　　另一方面,操作者被授权在特定情况下施行自主维护工作,不但能第一时间认识到问题并将其修复,并且能认识到在同一车间的其他部分中,同种情况正以不同的方式存在着。更大的受益是,无论何时在整个车间中发生了相同情况,他们都能够完成同样的改善工作。

案例分析:管道设计——不同的视角

　　为了维护大型热交换机,我们需要在它们被打开前将其清空。操作员发现,设计排水管线的工程师在管线中用的是 2 英寸的管道,却在连接排水管线和废物车时使用仅半英寸的管道。因此,排放热交换机中的大量污水清理往往需要数小时。然而,在粗管道后连接细管道是不合理的安排。这可能仅仅代表了工程师对于合理连接废物车的观点。或许这种方式曾经有其合理之处。

　　庆幸的是,操作团队就发现的问题向工程技术支持部门请教,在技术批准后,操作团队自己承担责任将细管道装配制换成 2 英寸装配制。在该模式下,交换机可以快速排清污水,大大缩短了实施维护工作所需的操作中断时间。

　　请注意,如果没有技术咨询,作业团队无法获得自主更换管道设计的授权。其获得许可的方式符合我们的管理变更过程。得到技术许可后,团队成员便可自主开展工作。更为重要的是,他们不但更换了最初引起他们注意的那台交换机,也更换了有同样状况的所有交换机。操作者独有的具体细节知识与接触,为他们提供了这样一种独一无二的能力,可将针对复杂设备的某一解决办法延伸到所有相同情况中去。这是另一种一线队伍可以为维护工作贡献巨大价值的方法。

在大修之后,我们再次返回到压力容器上面。我们对设备进行水压测试,以确保我们在操作压力下维修的完整性。这项测试是通过从装置中泵出乙二醇并用真空压力(P&V)卡车对整个系统加压完成的。执行这项维护工作的真空压力卡车操作者通常有离心式高容泵和容积式高压泵。

在这里我们遇到了同热交换机一样的问题,但该问题是把液体注入系统而非排出。系统设计师再次在 2 英寸管道装配制中使用了半英寸装配制为装置加压。在这样的限制下,真空压力操作者需要花20 多个小时用容积泵来填充装置,但如果使用 2 英寸装配制和离心泵,只需要不到 1 小时的时间。

参与改善热交换机的操作队伍立即认识到,这个问题和他们先前遇到的问题相同,并立即介入(再次在技术支持下)安装新的 2 英寸管道。按照团队成员之前对热交换机的处理,他们修正了所有装置中的压力测试连接部件。以此类推,很多问题可在其发生前被解决,我们也能够从单一想法中获取很多独立的改善方法。

我们的操作团队有足够的能力和资源去更换管道配制。在这种情况下,与工程师共同快速完成专业检查不涉及任何授权问题。他们没有更改工作方式及其结果。他们仅仅实施了一些适度的改变以使工作进展更快。第 10 章对操作团队如何获取自主行为的授权有详细的讨论。

　　这些事例让我感触颇深,操作者并不再像以前一样被设计有问题的设备所困扰。因为他们充分参与设备操作,能够认识到问题的本质并将其修复。一旦团队首次对设备维护产生灵感,这个灵感就可以很快被多次运用,而且每一次都会卓有成效。采用专门的技术咨询后,团队也不再需要其他人帮忙,因为队员会知道该如何解决,并会将问题解决。

　　当员工真正参与设备维护工作时所实现的改善效果是十分喜人的。你也一定会在你的车间采用了自主维护后感到非常惊喜,这确实是十分有效的精益工具之一。

第 10 章

精益领导力和领导规范：创造员工参与文化

引言

领导力和伦理构成了被称作精益文化推动者的两个首要元素。第二个文化推动者是将会在下一章讲到的人类发展。从概念上讲，领导力和伦理是两个很大的话题。然而，正是出于这些目的，把这个宏大的话题缩小至保证精益生产所需的有效领导力是切实可行的。更具体而言，这些讨论是为了保证领导力能够创造在第 1 章中讨论过的新的工业文化。为了能够成功实践精益生产，你需要在管理范围内设计并创造一种工业文化，在这种文化之中，每个人不仅能尽最大的能力作出贡献，而且在生产一线的工人能够自主地对一些小项目做出改进。

出于这种目的，员工参与与领导力密切相关。你所期望的工业文化包括社交互动、团队合作、个体差异的重要新元素，还包括生产一线的小团体与涉及整个企业的大团体之间的合作。在大多数商业事件中，当你进行这方面的努力的同时，你会意识到这些社会问题已经成为管理中所正式考虑的一部分。与所有的社会问题一样，这些问题对于涉及的人来说都是敏感的、私人的、重要的。管理这方面的改革要具有创新精神和应对挑战的决心。

此外，这种新的工作方式一定要做到公平并且一定要让人感觉出这种公平。这不是剥削利用员工的良好初衷，而是跟员工们一起工作以共同分享今后的成功。大多数人会在这种新文化中愈发具有活力，但是少数人会接受不了这种转变。然而，这些不接受的员工也必须得到明显的公正待遇。文化转变中的领导力与职业道德是一项严肃的承诺。

也就是说，精益实践最振奋人心的是精益价值与技术推动都是有目的地直接针对一线员工和企业的其他员工的，通过每个员工做完只有他们可以完成的事情来提升企业水平。领导力与领导规范需要实现这一将会带来巨大收益的目标。我们的工厂中有很多这样的机会，那些改进机会永远不会通过其他方式被实现，就像一些问题永远不会通过别的方式来解决一样。抓住这些不断涌现的机会，并且欣赏改进的技术所带来的成果，这将是令你和员工们最兴奋的体会。

这种新激励从一线员工延伸到先前在全权负责改进工作中已经感到厌烦的管理层与专业技术人员中。由于一线员工创建了稳定的操作流程和一系列有意义的改进，所以组织内部的工程师可以致力于实现只有他们才能够做到的改进。一些工程师先前的职责范围仅仅局限在工业消防，现在已经有了真正的工程师的工作，例如，从"呼吸新鲜空气"到"未来的希望"等一系列课题。你的员工将努力从事他们有潜力且一直希望从事的工作，这是多么振奋人心。

> **关键点：** 亨利·福特将自己的职业生涯分为三个阶段：起初，他认为工程师就是那种可以用 1 天的时间完成一般人用 10 天才可以完成的工作的人；在拥有自己的企业之后，他认为工程师可以花费 1 美元来完成一般人花费 10 美元才能完成的事情；当他事业获得真正的成功之后，他明白了工程师其实是能做其他人做不到的事情的人。

福特对于工程师理解无疑是正确的：你的工程师能够并且应该做那些只有他们才能做到的事情。然而，在工程师能够做这些特殊的贡献之前，企业运作必须要稳定并且那些会打断生产的不确定因素必须要在生产一线的管理中得到解决。制造过程，简而言之，就应该是在生产过程中必须创造并维持稳定,一些突发情况必须得到解决。如果这些问题在生产一线不能得到解决,必要的时候工程师就会被叫来解决这些问题,其代价就是工程师们必须放下手头正在做的事情。一线员工的参与提高了企业所有业务的业绩,值得一提的是,这加强了团队已有的改进。

生产一线的改善经历

只有相信一线人员比工程师和管理人员对工厂日常的运作更加熟悉并且有能力采取相应的行动,才会开始允许一线团队参与改善。生产一线的技术人员确实有相应的知识、动力和能力来保障工厂的正常运行并且提高效率,然而,现今在大多数情况下他们已经无法利用自己的知识有效地采取相应行动。以上断言的最好佐证就是,工厂中聪明、用功的员工现在没有做出我们需要的那种改善。他们都是很负责的员工,为了企业更加成功,他们都很积极热情地投入其中。如果他们能够用一种新的方式为企业作贡献,至少他们当中的一部分人能够这样,那么他们早就成功了。

来自位于休斯敦的美国生产和质量中心的数据显示,北美工厂中平均每年有7名员工提出1条改善建议,而这些建议中只有20%被采纳。也就是说在这些北美工厂中平均每名员工每年只有0.028条建议会被采纳。西欧的这些数据基本和北美一样。在一些像埃克森贝城这样的世界级公司组织中,1997年,平均每个人所被采纳的建议就已超过了40条。对比之下,我们不难发现企业结构差异对这一结果的影响。

员工参与的组织结构

对于任何组织而言，管理层都是与组织结构的效益息息相关的。创造一个员工积极参与的环境确实是一个管理者非常严肃且不可推卸的重大责任。尽管很多管理人员认为只要自己不干预日常生产过程，员工就会自觉地做出所需要的改善，这种认识显然是不对的。事实上，允许自由、随意的行为与得到改善相比更容易引起混乱。所以，对于一个不会严格控制管理中变化的化工厂，我是不会在那里工作的。

> **关键点**：为了营造一个员工积极参与的氛围，管理人员必须要创造这样一个组织。在这个组织中，大多数员工可以自主的对自己的工作提出改善，并且保证这些改善都是正确的，都通过恰当的方式实现，都在技术允许的范围之内。

员工参与的要素

只有管理人员在组织内部传递给员工以下五个"参与的客观要素"，整个组织快速并且有纪律地做出改善的能力便形成了：

1. 要实现的目标。
2. 实现这些目标需要的技能。
3. 实施改善所需要的时间。
4. 实施改善所需要的资源。
5. 保证对自主工作的细致管理所需要的行动框架。

这些都被称作员工参与的客观要素，因为它们是否存在可能是显而易见的。在大多数情况下,一线员工在这些客观要素的促使下会自觉地为改善而做出成功的尝试。

员工参与的两个主观要素不是很明显。当团队已经具备了五个客观要素但依然没有形成很好的参与氛围时,你就会对主观要素很感兴趣了。在这种情况下,肯定是主观要素中的一个或者两个要素阻碍了员工参与改善。这些主观要素是:

1. 管理缺乏信任。

2. 团队内部缺乏人际互动。

在这一章,我们会对这些进行研究。主观与客观要素总共 7 个。要想让企业一线的员工自觉参与到改善中去,就必须做到这 7 个要素。管理人员不能仅仅放任自流让员工可以自行改善,而是需要创造一个积极主动的工作环境以使这种新型的工作方式能够有效实践。

> **关键点**:要想企业达到世界级的水平,培养员工自主改善的能力是必要的。如果企业的员工没有主动独立做出改善的能力,那么这个企业要想达到平均每人每年提出 40 条被采纳的改善建议的水平是不可能的。同样,一个只有员工一般参与度的企业是无法和员工积极参与的企业相抗衡的。

明确的目标

之前我们已经讨论过在整个组织内传递、解释目标的"三层视角"的过程(详见第 3 章)。只是这里需要强调的是,如果企业的一线员工不知道要做什么的话,企业就不会成功。这也是我们回顾第 3 章内容的原因。在一个有员工积极参与的企业是不允许有随意的改善与无计划的改善。企业中每一个团队所做的每一项改善都必须互相配合。实现组织必要的改善的主要机制就是目标或策略部署。

员工们要明白自己的能力对于企业的独特贡献。同样，员工要清楚自己不能擅自去做的事情。恰当的目标要既具有参与性又有一定的限制性。员工同样需要对其他团队的事情以及企业的方方面面有足够的认识，这样才能确保自始至终保持团队之间原有的战略定位和战术配合。随着员工参与机制的成熟与企业的不断发展，各个团队的作法也会不断改变，但是各个团队所遵循的战略方向需要保持稳定与明确。

实现目标的必要技能

促使一线员工积极参与的做法一般都建立在充分信任一线团队的知识与能力的基础之上。对团队内在能力的认可是正确并且有很大价值的。从一线员工的操作知识到成功落实的改进经营建议，这一转变过程难在单纯具有改进知识不等同于具有改善能力。这一限制就算是在一些看起来对一线员工轻车熟路的操作细节上也会显现。

对于这一困境有两种经典的情境。第一个就是问题的外在表现并不是引发问题的根本原因。在这种情况下，员工虽然知道有问题存在，但并不知道问题出在哪里。而对问题的表面原因进行再多的改善也是无用的。

案例分析：引导团队寻找潜在原因

森科尔每天用一队专车将大部分员工送至工作地。员工下车后的第一件事就是在读卡机上刷卡以记录到达时间。这个自动计时系统启用后，很多人变得很沮丧甚至很生气，因为此时登记工资工作的 60% 还是手工完成的。负责登记工资的团队花费数月的时间来反复训练员工使用这一系统,并不断向一线负责人强调使用这一系统的重要性。然而这所有的工作都是画蛇添足。一线的所有员工都已经知道怎样使用这个系统并且领头人都很愿意改变手工录入数据的现状。

然而,由于班车由管理层管控,当班车迟到的时候,我们还是会按记录员工是准时到达进行工资发放的。因此,当班车迟到的时候,车上的员工就需要手工记录到达时间了。所以读卡机上显示的"刷卡失败"只是问题的表象,而根本问题是我们的班车经常迟到。

对于那些精于发现和解决问题的员工来说,找到问题的根源是很简单的。然而,对于没有这种能力的员工,他们很可能会针对问题的表象做出改进而触及不到问题的根源。这样的话,员工在解决表象问题上做出了很多工作,但这些工作均不会带来实质性的改进。问题根源的分析能力不是天生的,也不是在工厂外的日常生活中就能够学习到的。因此,如果我们想让员工做出重大的、有益生产的工业改善,这种分析问题根源的能力是管理者要让员工培养起来的几种新式解决问题的能力之一。

在交流问题与解决问题的不同之处方面第二个典型表现是员工们不具备解决该问题的技能。我们已经讨论过当多种产品使用同一设备和存货清单时操作灵活性不够的问题。多年来,经济订货批量(EOQ)模型的使用经历告诉我们,管理人员认识到了但是没能成功的解决灵活性不佳的问题。但是他们除了容忍问题一直存在之外也无能为力。直到快速换模与固定序列可变容积生产出现之后,这一问题才得以有效解决。

正如第 3 章与第 4 章所讨论的那样，生产一线采用精益生产技术是很好的。然而，如果想让员工运用这些技术来做改善，我们就需要给员工提供能够成功运用这种技术的相关信息。如果管理人员与工程师们不能在解决方案被很好地设计之前认识到设备缺乏灵活性的问题，那么其他员工们很可能也是如此。

当然，很多生产一线的问题仅凭现有的技能就可以被迅速发现并解决，这些往往是自主改善措施的基础。然而，我们不会因此就做随意、散乱的改善措施。我们想让员工做出一些与制定的企业规划相吻合的改善。这就需要我们给员工培训针对某项任务与改善的特定的新技能，以为整个企业创造集体价值。

流程操作员很擅长做培训，因此，我们面临的主要问题是决定培训什么内容以及给谁培训这些内容。技能与目标完全一致，既要有参与性又要有一定限制。因此，在各个团队开始使用这些新技能来自主做出与目标相吻合的改善之前，给每个团队详细说明需要用到的技能与能力是很重要的。

对于一些团队来说，适合培训的技能可能就是分析根本原因或者一些数据分析，以便用来分析和改进基本的操作。对于一些其他的团队来说，新技能可能就是快速换模或者自主维护，以适应要求不断提高的灵活性或可靠性。别的团队可能会从规避错误开始，以提高他们日常工作的成功率。所有的团队都需要一些新的技能，但是很可能没有一个团队会需要所有的新技能。管理人员要认识到各个团队所需要的不同技能，以避免员工在不需要的或无法在日常工作中使用的技能培训上浪费时间，这是成功培训新技能的关键要素。

成功进行新技能培训有几个重要的方面。首先，如果你要求你的团队做出某个非常具体的改善,就一定要给他们培训能够做出这项改善的技能。永远不要想当然地以为你的团队已经具备了这种技能。事实上,事先在团队中进行技能评估以避免培训已经掌握的技能是一个很好的方法。不要给员工分配新的任务,除非你能确保员工们有足够的能力成功完成这份工作。

其次,不要教给员工们不会立即用到的技能。能力的提高要与任务所需要的新技能符合。在组织培训时,管理人员最常犯的错误就是,以方便培训师的方式来培训所有的员工。这就导致了员工有时候被培训了不需要的技能或者培训的技能依然不能够被运用。当员工们学到的技能是他们暂时用不到的,或者在理论上能够使用该技能的时候,员工们不能迅速地想起这种技能,这样的话,所有的培训与其花费的时间就浪费了。一般来说,当管理人员觉得一项新技术非常好,然后命令所有的员工都参加这项技术的培训的时候就会出现以上的情况。这样做的结果,就是培训作为强制参与的课程安排好了,员工培训完了,但是一点价值都没有。

第三点就是新的技能要明确行动的自主范围。当自主行动开始时,团队会被授权运用已经掌握的与培训的新技能来做出相应的改善。同样重要的是,对于那些员工没有能力或者需要新的技能才能做出的改善,员工们是不准擅自做这些改善的。

这并不意味着团队在没有被训练一个特定的需要技巧的技能时不能进行改善。它意味着他们不能独自进行改善。当他们使用这个技能,或者他们需要有人为他们做新的任务时,他们会需要他人的帮助。

关键点：目标明确了团队人员的职权范围。技能也是如此。当一个团队有了与目标相吻合的技能，成员就会运用技能来实现目标。当他们不具备那种特定技能的时候，在没有帮助的情况下，他们就不能使用这项技术。目标和技能这两个要素是保证员工用恰当的方式做恰当的事的基础。

改善时机

在工作中，管理对时间有绝对的掌控权。时不时地，人们会发现有一些空闲时间，这些时间可以用来学习一些新的东西或者做一些有关工作的适当改善。但是要以世界级的速度做改善，不是仅仅依靠这些非正式的改善就能完成的。如果想保证各个团队例行一些改善工作，那就要让他们在规定的时间里去做这些工作。在流程工厂实施这些要比在技术工厂容易一些。通常，工厂可以在没有操作员的情况下正常运行半小时左右。这半小时对于开一个一线员工关于改善的会议应该是足够了。

在大多数情况下，最好采用以下三种方式来给各个团队安排时间以利于他们改善工作、实现目标。

1. 操作员自己安排的任意时间：团队成员可以利用这些时间进行非正式的质量检查，也可以相互讨论有关改善进展的话题，尤其是可以讨论那些已经被提出但还没有被实践的新改善。

2. 由管理者安排的团队内部会议：质量站的团队可以用这些时间来审查进展，分配资源和任务，实践新的想法。在大多数工厂，这种会议大约每周需要 30 分钟，这些时间对于打造擅于改善的团队已经足够了。他们也可以为了一些其他的目的来分组讨论会面，比如说检查工具箱是否安全。

3. 正常的时间管理控制：管理人员可以给一线团队安排特定的用来做改善工作的时间。可以把技术人员的改善工作纳入到每个技术工人分配到的任务中去，就像分配技术工人的其他任务一样。当团队的任务被分配至个人，管理人员就要给他们提供完成这些工作的时间。

问题是，为了能在日常工作中成功实践改善措施，各团队需要足够且集中的时间，而这些时间只有管理人员能够提供。所有的团队都需要有适当的将所有成员都聚在一起的时间。要跟改善工作保持相同的进度，团队中的每个人也都需要时间来完成分配给他们的改善任务。用来执行改善计划的时间，也是只有管理人员才可以提供的资源。如果没有这些时间的话，就不会有显著的改善。

获取改善资源

在工业生产中，可以不用额外的花费或者只在一般工作时间内用团队已有的资源就可以完成一些事情。如果团队中有自由支配的维修与运作费用的话，这就更容易办到了。小细节改善的一个经典定义就是团队能够用已有的资源做改善的能力。然而，很多改善的机会发生在团队无法轻易得到所需资源的情况下。

案例分析：分配技术和原材料资源

在森科尔的提取装置中，管道将泥水从不同的装置中运送出来，净化后再送回矿内。因为沙子会侵蚀管道，所以我们花了很多时间去保养这些管道。为了保养管道,我们将管道沿轴线旋转三周,来改变管道内由于泥水流动形成的侵蚀最严重的位置。这样就大大延长了管道的使用寿命。因为相对而言,这些管道是低压管道,我们的一个团队提出了以下建议:可以把管道之间的焊接方式从传统的焊接改为维克托利克型管接头(见图 10.1)。这样当旋转管道的时候,就不需要将管道切断再重新焊接了,只需要将位于每段套圈的末端的夹头打开,旋转后再拧紧就好了。

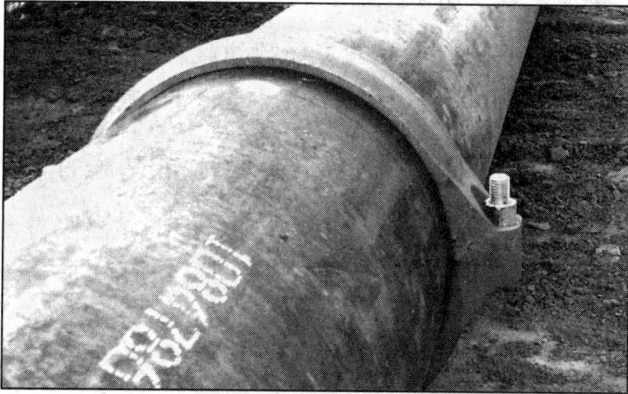

图 10.1 夹紧连接的管道与夹紧接头

这样一个管道连接方式的转变可以说是这个团队所做出的一个重大改善。但是这个改善需要额外的资源。在其他的事情中,像这样的自主改善团队在没有专业工程师认同的情况下是没有权力改动管道的设计与结构的。此外,团队里拥有旋转焊接管道的部件、材料和装备,但是没有可用于旋转新型连接管道的设备。这项改变是这个团队提出并执行的重大改善。然而,在概念与具体执行之间,他们需要增添一些团队中原来没有的技术与材料资源。

可能的话，为了方便团队，最好能够分配一小笔预算资金来处理这类事情。当他们面临超出之前工作范围并且现有资源不能满足的任务时，这笔资金就会给团队带来很大的自主性。如果他们能得到一定的专家支持或者允许做一些需要资金支持的决策，那么团队就可以用很少的预算来做出一些不可思议的事情。

相反，如果团队中没有这样一笔处理这种事情的资金，而是每个非常规的工程都要等待上级允许，他们会经常陷入停滞状态，无法做任何有兴趣做的事情。有些团队无法获得可以促成改进的资源，他们可以向上反映问题并将不采取行动的责任归到监管上。这样的话，其实自主改善工作就已经可以被视作停止了。实际上，在解决这个问题的起初，授权员工与打击员工自信心之间就有一个很清晰的界限。给各个团队适当的、可自由支配的资源，这对于促进他们做出改善会有很大的帮助。

行动框架

我们已经将行动框架、质量监测站当作我们策略部署的一部分进行过讨论。这里又提到它是因为它不但是策略部署过程不可分割的一部分，也是促进员工自主参与改善工作的必不可少的要素。

质量站使自主改善工作的进程和结果都清晰可见。这里，有团队证明随着目标执行计划的一步一步推进，起初的战略联盟依然存在。此团队还证明了它也不断进行显著的改善。最重要的是，通过让目标、战略、完成的工作、正在进行的工作、计划中的工作清晰可见的方式，质量监测站允许管理人员与工程师能够发觉改善工作中的不显眼的改变。

在一个结构化的系统中，规定了员工哪些事情可以做，哪些事情不可以做，什么样的方式他们可以采取，什么样的方式他们不能采取。在这样的系统中，员工可以自主地做很多事情。然而，你不能保证员工不会由于疏忽而做了不该做的事情或者用不恰当的方式完成工作。质量监测站就可以用其他系统无法完成的方式来预防此类事件的发生。它让管理人员和工程师们不用介入团队工作就可以总揽全局。除非工作所需，他们才会介入。他们介入的时间一般在工作的初期，以免之后的团队工作由于工程师的介入而被打断。

调动一线团队参与

企业中的一线团队通常都做好准备，愿意和你一起对企业提出改善意见。他们通常会对于企业改变的内容和类型有自己的一些看法。但当你加入他们之后，队伍中成员的自发的想法很多都与现行的企业改善重点没关系。当你加入这些团队的时候，你会向队员们解释那些你想要的改变，因为世界级水平的改善工作是通过集中改进每一个重要的微小细节来实现的。即便是最好的企业也无法一次性成功地进行所有事情的改善工作。管理人员分配的改变工作，即使是改善的工作，只要不是计划中的改善工作重点，那对于实现更大的目标来说，就是弊大于利的。

在一些重要领域大幅度地改变一些重要的事情，并且以很快的速度实现这些改变就是造就世界级企业的动力源泉。可能企业的其他事情也可以被改善，但是团队被允许做的改善都必须与企业的目标相符合。跟之前一样，有时管理人员可能想做一些其他的事情并让一些团队参与进来，或者团队自己会寻找能够被允许做的事情。但是各个团队都不被允许擅自做其他的事情(不能达到共同目标的事情)。

激励一线人员进行改善工作最好的方法就是给出范例或者进行试点工作。当团队完成了目标解读工作,管理人员就应该和团队成员一起选择一个与目标相符的策略。这个策略要对企业很重要并且能符合团队的兴趣。为了确保团队能够成功地执行,在项目伊始,就要为他们提供足够的帮助。与自主维护一样,谨慎地开始项目,一小步一小步地进行,逐渐提升团队活动的范围和发展速度。试点项目不需要是自发的,只需要能够代表团队在自主工作的过程中遇到的各种各样的事情就好了。刚开始,唯一关键的问题就是这些试点项目要很成功并具有代表性。

1997 年,埃克森美孚贝城平均每人每年提出 40 个被采纳的建议,那是一线员工积极参与企业改善理念提出后的第六个年头。第一年末每人每年平均被采纳的建议数目为 8 个。与之前的数据相比,这个数字相当可观。因为之前的数据基本与北美的平均数字 0.028 持平,可是 6 年后情况就截然不同了。从一个你能够维持下去的速度开始,谨慎地实行改善计划,这会让你的企业越来越好。

当团队参与度不高的时候该怎样做

一线团队通常都会愿意加入你的改善工作。五个参与改善的客观要素与一些试点项目以及初期的强力支持,这些足够使他们收获累累硕果了。有了良好的开端,管理人员与各团队之间的互动就变成了例行的检查与一般的监督了。

有时候,一些团队没能顺利开始这种改善工作,所以它们需要更多的帮助。如果一个团队拥有了展开这种改善工作的所有客观要素之后依然没有积极参与改善工作,你就需要弄清楚其中的原因了。第一步就是要检查你理解中的五个客观要素是否都已满足。也许，团队并没有完全拥有能够进行改善工作的所有五个客观要素：

1. 目标：各团队都以为已经清晰地传达了各自的目标，但实际上他们都还没有理解透彻，以至于不能够恰当地描述自己的策略方案以达成目标。这就是各团队常犯的一个错误，因而难有良好的开端。

2. 技能：一些团队没能很好地开始，是因为他们没有分析诊断和解决此种问题的技能，并且找不到能够在技术上给予他们指导、帮助他们解决问题的人。

3. 时间：一些监督者只喜欢监督，他们不会组织或者提供给团队自主解决问题与做改善的时间，也不分配给团队实践改善工作所需要的时间。

4. 资源：一些管理人员与监管人员喜欢单独掌管企业资源。所以你会发现，实际上各个团队根本没有被分配到任何资源，以至于他们根本不能自主地做任何事情。

5. 行动的框架：很多团队的领导在开始的时候不会详细地准备质量监测站的建设，所以没能有效发挥质量站对自主工作的支持作用。质量站看似是一项多余的工作，但是它确实是组织与管理自主工作进程的必备要素。

> **关键点**：当你认为各个团队已经具备了能够积极参与改善工作的五个客观要素但却依然没能做到时，你需要做的第一步就是检查确认这五个要素是否的确已经有效的被各个团队接收。报告与实际不符的情况实在是太多了。一些监督人员不想放弃任何形式的控制权或者不知道怎样移交控制权，这就导致他们的团队从来没有得到过足够的自主权来参与改善。

重新理解小事件改善

以前,很多团队觉得自己得到的资源远远不够用,这种情况很常见。尽管有时候这是对的,因为团队开始改善工作前会需要一些新的资源,但是有时候不需要这些新的资源也能开始改善。一线团队能够充分利用所拥有的资源,所完成的任务让我十分吃惊。综合来看,一线改善工作最佳的做法是优化资源利用模式。"先有想法后有资金"这句话在一线团队的表现中体现得淋漓尽致。

当各个团队以缺乏资源为理由拖延改善工作时,他们很可能是效仿了错误的改善模式。我们想让一线团队以一种新的方式解决新的问题,但是他们开始改善时想到的第一个例子肯定是"工程师和经理"所谓的重大改善的例子。工程师和管理人员一般都通过做出重大调整与实施资金计划来解决问题。他们解决问题的方式大都是发现问题后,将解决它们的重任分配给其他人。这些对于一线的团队来说,显然不合适。

当你遇到这种情况时,要认真引导他们完成另一个试点项目或者通过两个项目对比来说明他们的能力与你对于他们的期望,来让他们用现有的资源开始做改善工作。一线的团队其实有很多做出改善的机会,可是有时候他们需要有人给他们指出这样的时机。因为这些机会往往看起来与工程师以及管理人员所描述的机会很不一样。

员工参与的主观要素

人们常说,一些团队确实已经具备了参与改善工作的所有客观要素,但是他们依然没有任何的改善行动。在这种情况下,可能是由一个或者两个主观要素在作祟。如果是这样话，可能是因为这些团队不信任管理人员或者团队中有成员关系不融洽。这两个主观要素都很重要，在工厂中也都很可能发生。在私人工厂中，则前者更为常见。

真正自主参与改善的工作是非常具有创造性的，因此，这一般是自愿的。因为创造力是无法逼迫出来的。即使这样，对于团队的退出或者拒绝参与之类的事情还是要十分严格对待的，但显然，自主改善工作是不可能通过强制措施成功延续的。当各个团队没有做出改善的时候，管理人员需要采取一些能够让他们自愿回归到改善工作中去的措施。一般来说，这些措施都是通过发现和解决他们缺乏参与积极性的原因来制定的。你作为管理人员不能以命令式的口吻要求他们积极参与改善工作，因为如果他们需要的一切条件都具备了，依然不参与改善工作，其中肯定是有具体的原因的。只要你没有发现原因并将其解决，他们就不会按预期自主地参与改善工作。

一般来说，这种现象的主观原因就是之前提到的那一种或者两种。团队不信任管理人员或者团队中有成员关系不融洽。在适当的时候，当你已经可以熟练地管理一线的小团队，你就可以积极主动地用有效的方法来培养团队对于你的信任与团队内部的凝聚力。尽管在初期，这种团队很有可能不认可你的这些努力，你也有可能丧失积极性变得消极。

对管理人员缺乏信任

如果一线的员工对你之前在改善中所做的事情不满意，那么无论之前的改善是不是他们做出的，他们都不会再做出改善了。如果管理人员因为有所改善裁员的话，那么想让员工进一步帮他们改善就很困难。事实上，管理人员在这些方面所做的任何不公平的事情，都会影响这种自主改善工作。对已经做出改善的团队进行裁员是十分不公平的。

幸好，制造工业中的资金效率和原材料效率或者是产品质量都比人力效率更有价值。另一个需要考虑的是，对很多一线员工来说，自主改善、自主维修和其他的新的行动都被当作新的工作加到他们当前的工作中去。即使这些工作很有趣并且他们愿意做这些工作，但是从公平的角度来说，给现有的员工增加新的工作无非是与裁员起到的作用是一样不公平的。

然而，有三种相对客观的方法可以解决有关主观信任的问题。第一，要根据设定的工作目标调整团队的工作重心。即使是控制成本成为企业为各个团队制定的改善目标的时候，也不会有团队把裁员当作实现这个目标的改进措施。各个团队首先会想到的控制成本的方法会是原材料、资金、质量方面的。提醒他们想到这些方面，然后放手让他们在这些方面做改善，而不要将人员效率考虑在内。一旦你让他们开始了这些工作，你和他们都将有机会向彼此证明自主改善的优越性。

你也可以向员工"保证"，他们不会因为在改善工作出现问题而失业。他们可能会由于表现不好或者其他的原因而被辞退，比如说有关市场或者企业的实质性失误。但是在自主改善中的表现不会成为他们被辞退的直接原因。通常要做这个保证是因为承包商的存在，因为承包商可以由企业内部的员工或者购买的服务来代替（这样你的员工就不愁没有活干了）。在埃克森与森科尔公司，这种保证都取得了良好的效果。

案例分析：信守承诺

最近，森科尔公司重新调整了维修、支持服务、工程、维持项目的组织管理。估计这项调整每年大约能节省超过一亿美元的成本。在做这项调整的时候，我明确承诺"没有任何一个森科尔的员工会由于这次调整而失业"。

1991 年，在埃克森美孚贝城做改善的时候，我做出了一个相同的承诺。在埃克森，这样的承诺意味着工艺技术人员可能要去干割草的工作或者从美国联合慈悲总会获得贷款而生活。在森科尔公司也一样，一些员工在做并不适合他们的工作。另外，在这两家公司，随着很多外部承包商的离开，原来被外包的工作再次成了公司内部的工作。然而，埃克森和森科尔的员工们都没有因为改善而失业。直到最后，两家公司的员工们都相信我对他们的承诺是真的，并且我们都努力地工作以证明事实确实如此。因此，我们将公司的业务做得比以前更加成功了。

还有另外一个增加彼此信任的方法，就是让做人力改善工作的团队将改善后节省出的时间保留下来，并将这些时间（整合）用于深入进行自主改善工作，也就是说用这些时间继续做自主维修或者其他的自主改善工作。这样做是因为要完成这些基本的工作所需要的员工是相同的，因此避免了成本的增加。直接裁员给公司带来了直观上的成本下降，然而采用这种方式来利用人力效率的提高比裁员会更有价值。事实上，已经做出一些生产改善工作的团队会有更多的时间进行新的改善工作。在埃克森,我们提高了生产率,减少了承包商。在没有裁员的情况下,我们一定程度上通过增加产量实现了生产率的提高。

以上的这些做法最初都是在团队在进行改善工作之后,为了应对多余的工作或者避免裁员而想出来的。实际上,这些想法的价值已经远远超出初衷了。对于很多一线员工来说,即使这些自主工作要严格地与目标相合,自主维修与自主改善还是一件有趣的事情,并且可以用它调整工作节奏。让一线的全体员工赢得更大的自主权,这已经成了提高改善速度的一大法宝。

> **关键点:** 当你发现客观的解决方案对于团队没有奏效时,就应该想到主观的信任问题了。你做的所有事情都要展现,在新的环境中员工依然会被公平地对待。即使当员工都很积极地参与改善工作的时候,他们依然会很在意在改善生效之后你的举措。

团队成员制造的混乱

团队成员如果从来都不真正合作,那么他们将不会做出任何成功的改善。一线的改善工作与团队合作之间关系密切,这就是我们为什么总是强调一线团队而不是一线员工个人。因此,当团队中有成员故意捣乱,这个团队很可能无法自主改善或者会中断已经开始的自主改善工作。管理人员要时刻注意各个团队内部的合作情况,因为团队中人为制造的破坏会随时出现。

幸运的是,监管质量站的管理人员一般会很快发现这种问题。因为改善工作停止或者未开始的团队会与其他已经开始并良好运行的团队有很大的区别。有单个团队成员导致的这种混乱可能是有意的也可能是无意的。关键问题是,如果团队的一个或者多个成员都制造这种混乱，那么该团队就不可能用心工作。因此，管理人员必须介入其中，协助解决问题，帮助团队回归正轨。

> **关键点：** 需要警惕的是，在团队中制造混乱的很可能就是团队的领导或者二线主管（一线主管的主管）。有时，领导的这种行为是无意的。另外的情况是，领导可能暗中或者公开表示阻挠这种新的权力自治，这就是有意的行为。

有意破坏

有意制造的破坏可能有以下两种来源：① 个人或者整个团队不想让自主工作进行下去；② 有些人天生就是破坏的制造者。出于第一种原因有意制造破坏的人包括团队领导者。他们会担心自己难以适应新的领导体制，个人权力会受到侵害或者多年的努力会付诸东流。制造破坏的人还包括一些团体，比如一些联盟和联盟领导人。他们担心在新的环境下无法像现在这样成功或者积累多年的组织、个人地位将受到威胁。

在一些事件中确实是这样的。的确有这样的人，他们可以很高效地管理工作，但是无法领导一个积极参与自主工作的团队。当组织采用了新型的工作方式后，这样的人就需要给自己重新定位了。类似地，当公司与员工之间的关系发生改变并成熟之后，各个组织角色也要相应转变。在你管理企业的这种改变时，要注意以上事情出现的可能性。你会发现需要重新分配那些不能适应此种改变的管理者的工作，并且需要认真留意某些工会，直到它们找到自己新的定位和角色。在自主改善的环境下，各工会依然有重要的作用。但这些作用会跟原来的有所不同。我经常会发现一些好的工会领导人很支持这些工作，但是也有很多例外。在一线参与这种工作之前，评价工会领导的积极性并鼓励他们也参入进来，这通常是很有用的。这样就可以让今后的工作集中在改善上，而不是集中在对这种工作的抵触中。

然而，尽管一些管理者需要重新定位，尽管在工会领导人适应这种工作之前你不得不与他们一起工作，但在各种改善工作中，大多数领导者与所有的工会都有很大可能成功。他们做这种转变需要一些时间和精力。出于这种原因，你需要确立一个合适的自主性水准，以保证这种自主工作可以维系下去并按预期的方向发展。一开始你就应该认识到会有这样的情况出现，并且预留一些管理能力与生产能力来解决这些问题。

第二种有意制造的破坏来自队伍内部的个人，每个工厂都会有这种情况。他们觉得自己在团队中的作用就是制造娱乐气氛或者破坏。所以为了丰富同事的工作生活或者仅仅是为了娱乐自己，他们就会做这些事情。我把这种人叫作工厂的"不良少年"或者"小丑"。

在传统工业，这种不良员工经常会在公司纪律的边缘徘徊。他们制造破坏，但是制造的破坏不至于为自己惹上麻烦。在工作转变的过程中，比如在自主工作开始的前几天，他们会尝试新的规章制度并且非常注意管理人员在解决问题中的瑕疵，以方便其进行的（破坏）活动。制造企业中，工作进行转变的这一段时间对于那些喜欢制造破坏的人来说，是最有吸引力与最活跃的时间。

在一个拥有传统管理体制的工厂，监督管理工作是非常严格的，唯一能够处理这种行为的就是管理人员。并且这种行为对工作的影响只在该个人与管理人员之间展开。除非这个人本身就很令人讨厌，不然他的这些滑稽的行为对于其他人的生活和表现是影响很小的。

当企业文化变得越来越利于积极参与自主工作，一线员工之间的关系就会相应地改变。当人们想以团队的方式工作时，如果有人从中制造破坏，这破坏一定会对团队工作产生不良影响。在这种环境之下，制造破坏的行为对其他人有很大的影响。所以，即使这种行为在之前并没有太引人注意，但在如今的积极参与自主改善的环境之下，管理人员不能再容忍这种制造破坏的行为。

现在人们很注重开展工作的标准，对标准要求很严格。大多数喜欢制造破坏的人在碰到一个很严肃的经理后就会立即明白自己应该怎样做。有些人无法改正他们的行为，那就必须被重新分配任务甚至要离开公司。但是大部分的人会根据要求将自己的行为调控在可接受的范围之内。若有些人先前的行为是由于无聊的工作任务引起的，那么在这种新的文化之下，这些人甚至还能成为贡献很大的人，因为这种文化下他们不会再感到无聊了。

奇怪的是，这种有意制造的破坏对于管理人员来说是最易处理的破坏形式。因为这种事情是管理人员已经知道怎样处理的事情。即使在一个新的工作环境中，他们也能够用很传统的方式来处理好这种事情。

无意制造的破坏

无意制造的破坏毫无疑问是团队在尝试进行自主工作的过程中所遇到的最难解决的破坏。在这种情况下，有能力的、诚实的、努力工作的人想要聚在一起进行团队合作，但是出于某些原因他们失败了。如果没有人帮助的话，无论他们遇到什么事情，都不能顺利的自己解决。对管理人员来说，解决这种问题是很困难的，因为这更像是家庭咨询而不是管理。

这种破坏的根本原因一般出自于人际关系与社交原因。有人做的事情比别人预期的少,有人有体臭,有人过于沉默,有人的行事方法无法被别人理解,有人总是迟到,有人对队友很挑剔,以上这些以及其他的不计其数的原因都会打乱一个团队。管理人员就需要介入其中协助解决。有严重内部人际关系问题的团队很少能够自己解决问题。

当管理人员介入调解时,他们就会发现自己已经被人们各种各样的问题所湮没了。有一个黑人女子从一个满是白人的团队中退出。有一个越南女人非常客气,以至于在别人讲话的时候她从来不讲话,于是她从来没有讲过话。团队中一个成员的另类生活方式会导致其他成员的公开或者私下的反对。总之,什么样的问题都会发生。这些事情对公司业务的影响都一样重大。如果管理人员不解决这些问题,当团队变得像一个问题很多的家庭的时候,这个团队就不会在改善工作上作出多大的贡献了。

不要想当然地以为这种现象不会发生在你的工厂,因为它确实会发生的。这是严重的人际关系问题,但是如果在团队成员习惯单打独斗之前,你能发现并解决此问题,绝大多数的团队还是能够回归正轨的。这就要求当你发现一个团队跟别的团队在改善工作的参与程度方面出现不同的时候,能够尽快地介入其中。

最大的问题是,尽管管理人员已经做好了应对有意制造的破坏问题的准备,但几乎没有人会准备好处理社交问题。因为这些社交问题经常是私人问题,所以在处理这些问题的时候要做到避免让情况更坏。因此,你要学习并开发一些备用的技能以应对团队中出现的社交问题。通常,你的企业是拥有这种才能的,但是它们从来没有以现在所需要的这种水平出现在各个团队中,因为对这种才能的需求是前所未有的。

> **关键点**：在儿童社会性发展过程中，早期阶段被心理学称为"平行游戏"阶段。在这个阶段，每个儿童的身体情况接近但行为却各有特点。例如，两个女孩子坐在一起，可是她们很可能都各玩各的布娃娃。这个描述对于大多数制造企业的社交状态来说是很贴切的。工人们客观条件相近，但是每个人都在做与其他人不相关的独立的事情。如果企业的社交关系是这样的话，那么团队的工作将很少会被有关人际关系的问题所打乱。当你鼓励一线员工自主构想、计划、执行他们的改善工作时，团队成员之间的互动程度就会有很大的提高，这种程度的互动在之前的工作中是从来没有的。当这些发生时，你就需要为管理这些人际关系的事情做好准备。

企业文化

员工积极参与的工作环境更像是一种文化氛围而不仅仅是传统的企业实践。你为企业所创立的文化氛围应该是独一无二的。这将会是一种能够反映企业需求和价值与员工在工作中体现的个人、社交文化的企业文化。尽管你需要开创和管理这种新的文化的诸多细节，但是你还需要有更高的眼界并且致力于完善这种文化。前面我们已经讲过，分配目标的目的不在于让员工拥有目标，而在于让员工实现这些目标。你所创造的这种新的文化也是这个道理。你的目标并不是拥有新的文化，而是想让员工在新的文化之下能够以团队的方式进行自主改善。

注释

1. 唯特利公司（Victaulic Company）的商标。

2. 整本书都在论述这一章所涉及的主题，包括我的书：《迅速改善的文化：创造和维持参与型员工文化》（*A Culture of Rapid Improvement: Creating and Sustaining an Engaged Workforce*）（纽约：CRC 出版社，2008）。

第 11 章

人才培养

引言

人才培养是拿到"新乡奖"的另外一个文化助推力。这个潜在的话题与领导力和领导规范都相互关联。人才培养十分重要,有很多方法去做到这一方面。但是这里我们主要关注的是,培养能够有效从事精益流程制造的人。

对于精益统计过程控制、快速换模和所有其他形式的自主改善,人在一线发挥了关键作用。要成功做到这一点,他们往往需要增强竞争力,因为他们将开展之前从未从事过的活动。到目前为止,我们都集中在一线创新的能力,并且我们断定工程师和管理者已经具备了工艺制造基本能力。但本章节将会有所不同。

人才培养领域中,物质利益是基于对包括管理者、工程师和其他专业人员的整个业务都更加关注的基础上的。至于精益生产,为了将利益最大化,采用一种新的思考个人能力和个人能力对业务的影响的方式是非常重要的。精益理念和价值创造了新的生产范式。与之相似,新的工业能力模式包括采用新的做法并摒弃一些错误观念。

在本章中,我们主要关注一个相对较新的实践,培养占据相对"关键职位"的人,提高其竞争力。在埃克森美孚贝城团队实施精益期间,这种做法日渐成熟,因此,在流程工业,它通常与精益实践相联系。事实上,增强关键职位人员的能力可能是另外一种普适的精益策略,对于流程工业生产更加有效。再次,由于我们更依赖技术和资本设备,而它们又都比从事领导和直接体力劳务活动有更大的能力要求。

说明:在本章中,我们一直讨论的需要进行一线改善的技能被包括

在一线操作人员的"基本能力"要素之中。这种变化并不是为了突然削弱
这些技能的重要性或断定它们已经存在。其目的是建立使我们能够区分
几个非常能干的人在几个关键位置的额外贡献的预期能力基线。

有能力者对管理绩效的影响

组织中人员的能力和他们所经营的业务的表现之间存在着明确而
直接的关系。当埃克森美孚贝城团队对这种关系进行正式评估时，我
们很幸运有机会获得埃克森美孚公司的全球资源。在世界各地同事们
的帮助下，我们能够在许多地方评估许多产品组合过程中的各种成熟
状态和不同的性能的操作系统。从埃克森退休以来，我继续通过具有
更加多样化数据的企业搜集资料。

能力与绩效关联性中，一个重要的新要素是分为两个不同的方面
的工业能力。它们必须独立管理，但合在一起，它们基本上决定了组织
绩效。在组织性能安全稳定并达到行业平均水平之前，几乎所有的人
都需要具备基本的能力（basic competence）。在一个组织能够证明改
善和经营成果的速度远远高于行业标准后，在关键位置的人员需要具
备高能力（high competence）。

我们的数据表明，高能力和基本能力混合存在于多种组合中。然
而，从数据中两个非常具体的阈值中，明确定义了个人能力与组织绩效
之间的关系：

1. 无论是在任何岗位都具有基本能力的人还是在关键岗位上游
   刃有余的能者，对于一个组织实现稳定、安全、平均的表现来
   说，都是不可或缺的。

2. 无论是在任何岗位都具有基本能力的人还是在关键岗位上游刃有余的能者，对于一个组织实现"最优等级"来说，都是不可或缺的。

我们将讨论能力的这两个方面，并着重强调培养能让组织业绩实现飞跃式发展的高能力人才。

能力界定

我们的目的是培养人才，使之具有足够的能力实践精益生产，所以恰当地界定能力标准是非常有必要的。能力用于评价一个人在他/她目前担任职位上的业绩表现。

尽管在其他角色上此前的优异表现和在未来潜在优异表现在很多方面都是十分重要的，但不能定义能力。如果一个人杰出的能力不能在其当前角色上转化为实时的出色表现，这些能力不会有助于提高目前的组织绩效，在此处分析中并不考虑。如果一个具有很强能力的人却没有在当前工作上达到一个平均水平的绩效，那么他也没有比其他任何平庸者具备更多的价值。

关键点：能力的评价应限制在特定的人在特定职位上所做出的业绩内。

基本能力

众所周知，就"责任关怀"（"责任关怀"是美国化学理事会的商标）或"工艺安全管理"而言，一个组织如果想获得成功，从根本上它的人员必须要有能力来稳定和安全地操控业务。根据表11.1中的描述，"责任关怀"指导原则基本上要求组织中所有的人都应该达到能力水平2级。

表 11.1 能力矩阵

能力水平 1 级	个人仅能完成任务的基本要素,并需要监督才能完成。这通常是一个拙劣的工作人员或者刚接手该项工作的人员的能力水平
能力水平 2 级	一个人能够在没有监督下完成任务内的所有基本要素,或者在适当少量监督下完成先进要素,并能创造和实现与基本要素相关的小型工作改善。这是绝大多数工作者的能力水平。
能力水平 3 级	一个人能够执行所有的任务元素,无论是基本的和先进的,且不需任何监督。这样的人应该经常性的进行任务基本要素的改善和先进要素定期改善。这些人也能提供任务帮助(通常为指导,而不是监督),使他人达到能力水平 2 级。
能力水平 4 级	一个人能够精通任务中的所有要素,同时能够经常性地对无论基本或是高级的要素的任务改善,并能够创造有价值的工作延伸。这些人能够提供任务帮助(通常为指导,而不是监督),使他人达到能力水平 2 级。

"责任关怀"的重点在能力水平 2 级,工业生产过程中,永远存在一些潜在的严重后果。在这样的环境中,为防止严重不良的事件发生或为能做出适当的反应,人们通常必须完全有能力在其工作中的基本要素上成功地独立行事。虽然该标准强调的是安全和不同环境下的绩效,个人能力的相同属性同样适用于所有其他方面的工艺操作。总的来说,所有基本能力的属性决定了业务的基本表现。当然,如果一线团队正努力成功地进行他们的日常工作,他们是无法实行精益生产的。

达到能力水平 2 级,工厂大多数人必须履行自己的能力范围内的基本工作任务。用"大多数"而不是"所有"描述这个要求的原因,是考虑到有些人在他们的职位上是值得信任的而有些人会经常达不到预期效果。在企业运行中雇佣一些低能力的员工的情形是正常的,企业必须强大到足以承受这种情况。

当工厂中的大多数员工在自己的能力范围内以令人满意的方式工

作时，领导者可以针对那些不能或者不努力达到作业标准的员工给以特殊关注。在这样的结构中，成功的执行力和对细节的稳定掌控可以稳妥地避免操作中的误差。大多数人都将具备基本的能力，那些当前并不具备的也将拥有自己的监督者或者导师来帮助其达到预期的能力水平。

案例分析：发现经验缺乏者

在森科尔，员工在工厂通常戴蓝色安全帽，但新员工必须戴绿色安全帽，直到他们已经证明自己能够掌握负责任务的基本要素。这样，尚未掌握基本能力的新员工在独立工作时就显而易见了。

能力水平 2 级可以认为是流程工业普通的工作表现的阈值。对新员工和表现不佳的员工有一些名义上的津贴。一些组织用一些很有能力的员工去协助维持基本的工作任务，这些就是待释放的工作改善空间。这样一来，很多组织错过了改善的机会。通过要求很有能力的员工经常低于其能力地进行工作，他们便在整个组织内适应了低于 2 级的能力水平。这有利于新工厂扩建或者同时聘用大量没有经过培训的人，但如果是为了适应那些能力不足的员工，这是对人才的极大浪费。

> 关键点：能力水平 2 级是确保长期安全稳定运营的最低标准。

基本能力培养

能力是评价特定的人在特定的职位上表现的指标。这意味着能力提高也是与他/她的角色要求相适应的。幸运的是组织中的大多数人的角色是可以互换的，令人满意的基本能力水平可以通过多人共享的模式获得。因此，尽管能力的评价是通过个人在特定角色上的表现来评定的，但事实是，很多角色并不是独一无二的，也同样不需要很强的个人能力。

最常见的造成能力不足的因素是对流程生产中的日常工作缺乏记录。这是一项莫大的疏忽。管钳工学徒接受四年的包括课堂学习和在职时间的记录良好的培训。运营商通常接受再多几个月的"观摩"培训（如"约翰是一个好运营商，去观摩学习一下"）。精益流程制造业人力发展的第一个任务是彻底地记录工作的基本要求并确保每个人至少达到这个能力。

> **关键点**：多数人的基本能力决定了组织能力改善的程度。具备基本能力的组织将允许非常能干的人作出特殊贡献。缺乏基本能力的组织将妨碍非常能干的人作出特殊贡献。

卓越的表现

在埃克森美孚贝城，我们进行了能力评估，试图找到一种管理工具以培养胜任的人，这将直接提高组织绩效。我们坚信个人能力与表现紧密相关，但我们也有长时间的培训对表现作用甚微的经历。我们正在寻找一种新的方法。关于个人能力与组织绩效之间的关系，我们的研究清楚地表明，2级的能力是日常操作所必须的和一线改善的基本前提。我们发现，根据行业标准决定要求的基本能力是可能的，同时决定这个能力是否存在也是很容易的。无法达到这一点的时候，工厂通常表现不佳或者工厂里充满了高能力员工不得不从事普通能力人员的

工作的现象,这种机构中,各方面的改善都停滞了。这些都是工厂绩效
上容易观察到的客观属性。这之间的关系,使人们有可能以可预见的
稳定的运行方式来管理组织的基本能力。

我们的研究还表明要达到最佳的改善,仅有 2 级能力水平是不够
的。正如能力水平 2 级是实现常规稳定和安全运行的阈值,"大多数人
处于能力水平 2 级——部分岗位上的部分人处于能力水平 3 级以上水
平"是世界级运营表现的阈值。

关键点:一个组织要生存,其内大多数人必须至少具备基本能力。一个组织若想成
为行业内的佼佼者,一部分人必须在其位置上作出突出的贡献,具有特殊的影响。
那些能力不凡的人有能力帮助别人并对别人不易注意到的工作瑕疵进行改进。

令我们惊讶的是,在埃克森美孚公司对能力和工作表现之间的关
系的全球评估中,我们发现高于平均表现水平的卓越能力是确实需要
的,但卓越的能力和优异的表现之间的精确对应关系是不一致的。一
些组织有很多具备卓越能力的人,但其表现却与那些卓越能力的人相
对不多的组织无甚差异。

另外一种情况是,具有很多卓越人才的组织的表现的往往不如那
些卓越人才并不多的组织。在我们的初始数据中,卓越能力与卓越表
现的对应关系是存在的,但对为创造业绩改善的管理工具而言就显得
十分无力了。

关键职位

使我们将管理卓越能力成为获得卓越表现的突破是关键职位的发
现。我们的评估发现,组织中有的职位对组织的整个表现起到杠杆作

用。当大多数人处于能力水平 2 级，一部分处于关键位置的部分人具备高能力水平（能力水平 3 级或 4 级）时，组织是稳定的并能够以一种可预期而且可重复的方式运营。

> **关键点**：关键职位的人员表现优异将对整个组织的业绩表现产生巨大的促进作用。

一旦我们了解了关键职位的性质，所有我们从很多不同组织获取的数据就变得有意义且符合我们的预期，即根据两条规则可以通过管理个人能力使其对组织的绩效产生积极影响：

1. 组织中 2 级能力水平员工的拥有率直接影响组织的绩效表现是否达到行业的平均状况。
2. 组织中高能力（能力水平 3 或 4 级）水平的员工对关键位置的填充率将直接影响组织的绩效表现是否超越平均行业表现变得更加优异。

寻找合适的管理工具

想创造一种新的管理工具，你需要在被管理商业属性（此处为能力）和被管理产生的商业产出（此处为绩效）之间建立可靠的和可预测的关系。通过对这种关系的深入认识，我们能够创建新的管理工具，能够在关键职位设置和培养高能力人员，从而提高组织绩效。

简要说明我们的分析

在评估了超过 200 个独立的组织后，我们创建了两个排列有序的结果列表。在一个列表中，我们将组织绩效从最好到最差进行排序。另一个列表中，我们将组织按照关键位置高能力者的覆盖程度进行排序。在允许一定测量误差的基础上，两个列表达到了 95% 的一致性。我们的分析明确地显示：组织的表现与重要职位的高能力员工的设置有明显的关联。

说明：这份报告的数据来源于流程工业。我不知道高度依赖非技术工人的行业是否也是如此。

关键职位人员对改善的影响

关键职位能够使能力突出的人通过三种方式来改善组织绩效：个人贡献、指导和领导。

说明：虽然领导力是特殊贡献三大方面之一，然而，人们对其有很大的误解：所有的领导角色都是至关重要的。这样的观点必须摒弃。我们的数据显示这种认识是不对的甚至连近乎正确却谈不上。在对大量的样本进行统计分析之后发现，大多数关键岗位的人员都不领导或者管理其他人。当然，关键领导岗位是存在的，但是大多数关键岗位员工带来的是直接商业利益而不是由领导者带来的间接收益。

现在让我们看看关键岗位的三种类型，了解它们是如何影响组织绩效的。

个人贡献

能促使人作出突出贡献的岗位是那些对某方面有价值的工作有明显专业需求的岗位。当这些有特别价值的工作被出色完成时，商业活动会表现得更好。例如，在森科尔，我们利用多个自己拥有的资源以两种方式（采矿和原位提取）来生产沥青。我们也可以从其他公司进口生产沥青。每种沥青的属性都受到矿的自然属性影响。通过这些多样化的原料,我们生产原料沥青、稀释沥青、甜合成原油、酸合成原油、定期柴油和低硫柴油。

我们有充分的分析能力和人员以保证可观的生产效益。一天傍晚,一个熟知我们整个生产运营流程的员工将对原材料、工艺方法和产品进行了优化,他并不是一个管理者,但是他的改进可以将我们每天的利润提升5%甚至更多。同样,在埃克森美孚的石油添加剂业务中,我必须设置一个职位来决定可用提供给客户的材料的混合以满足客户的需求,并使利润最大化。

在整个流程工业中有很多这样的职位。还有其他个人能力格外重要的工作,如分析化学家、控制台操作员、维护计划和可靠性工程师。尽管在影响程度上这些职位并不如前面提及的运营规划人员那么高,但是这些岗位和其他很多类似的岗位都具备同一特征:对整个业务具有不可替代的积极作用。

案例分析:个人对组织表现的影响

在埃克森与美孚合并后,我一直在帮工厂的一位管理者评估一家化学工厂业绩快速衰退的原因。在评估过程中,很明显该化学工厂曾经得到两名能力很突出的化学分析师的服务。合并后,他们都退休了。一个能力适中的员工很快代替了其中一个人,另一个还没有被代替。这些个人贡献类型的关键职位并没有得到新管理层的重视。工厂管理层对失去这两个人带来的积极影响没有充分的认识。根据评估的结果,我们重新聘用了其中一名已经退休的化学师作为合同工,并且着手解决其他位置的人员的严重欠培养问题。结果是工厂业绩得到了大幅度提升并重返曾经的业绩水平。

主题专家或导师

个人也可以通过指导一个领域的技术或业务以及所有学习这些技术和业务的个人作出特殊贡献。在埃克森美孚和森科尔,我们将这部分人叫作专家(SMEs)。他可以是一名首席冶金学家或高级仪器技术人员。与个人贡献者相似,导师充当了填补特殊技术能力的角色。

在大多数情况下,除了帮助别人,导师也利用自己的专业能力获得直接的收益。当需要某一方面特殊能力时,专家可以传授,但是不像直接能力贡献者,导师并不经常性地或者只对业绩提供直接贡献。相反,他们的作用往往是帮助别人使用技术,从而使整个团队的技术工人作出更大的贡献。

导师不仅提高了其他技术学员的工作质量,也提高了那些具备特殊商业价值的技术方式。例如,因特殊的行业性质,森科尔已经开发出适合我们行业和业务的侵蚀和腐蚀方面的独特冶金技术。当技术对商业结果很重要时,一个实践导师和技术的发展能够帮助每个人做得更好。

关键职位思考

我们前面讨论过的"统计思维"可以无须进行统计分析就能得到改

善。也有可能受益于"关键职位思考"。很显然,如果一项技术是足够重要的业务,你将需要一名专家来指导使用该技术的员工。"关键职位"概念可以用来在没有正式严谨分析的情况下识别主题专家。包括工程学科和工艺专业在内的大多数行业将从那些真正掌握性能技术和能够教授给他人的专家身上获益。如果某种技术是重要的,那么你应当拥有一定数量的具备该技术的员工。这样的人不是技术经理,而是具备很强专业技术的人,他们能提高业务所需的技术并能帮助其他人学习这门技术。

案例分析:超级技术人员带来的益处

在一个不断发生一系列小失误干扰设备运转的化学工厂内,我们决定在每个业务领域都安排"超级技术人员"。我们需要培养这些人,因为工厂内任何领域内或岗位上都没有人具备专业能力。尽管这样做需要花费一段时间,但是结果却是我们希望看到的:

1. 每个领域公认的专家的存在使我们能够准确地知道被分配确保最复杂任务的完全执行的具体人员。

2. 公认的专家能够使其他技术人员在他们需要超出自己能力范围的情形下获得建议和在职培养。

3. 在导师的指导下,每一位技术人员都以更高的水平进行工作,机械故障也迅速减少。

案例分析：超级能力工程师

这种做法的一个更高级的例子中，在森科尔，北极的寒冬使我们的大型移动设备定期出现结构性故障。我们聘请了一名具备移动设备技术、结构工程、冶金综合技术能力的人。他作出了巨大贡献，但更重要的是，他成了团队内所有维护人员的导师。因此，在森科尔 40 多年的历史中，2008 至 2009 年度第一次取得了重型设备零结构故障的成功。

领导者

第三种关键位置是领导者。这种领导角色是不可替代的（与许多其他人没有什么区别），但并不包括你的大多数经理和主管。领导者不是简单地管理工厂内的任意一组人。他们领导和指导一组人来承担关键位置的角色。例如，如果几个人共同做润滑油混合，那么领导该组就可能是一个关键的角色。如果领导者有技能提高该领域的实践和指导个人的团队成员的工作，情况将更是如此。

这个角色的显著因素不是管理，也不是领导本身，而是领导与专业技能的在一个关键技术方面的结合，从而提高了组织的绩效。

确定组织中的关键角色

我们只需要理解关键角色就是一个具备特殊能力的人可以作出独特商业价值贡献的职位。通常通过识别这些职位，抑或培养、安排有杰出能力的人来填充这些角色从而展开能力管理。在不同类型关键职位的说明和实例的支持下,即使以往并无经验,这个过程也能快速容易地完成。

常见的误解

这种管理实践最大的问题是三个关于能力和领导力的普遍的错误认识:第一,很多人认为所有管理角色对企业来说都是关键位置。第二个是无法分辨必要工作和关键工作。第三,人们经常受那些重要但是可替代的工作所困扰。所有的这些误解的关键在于他们认定了太多的位置是关键的。这次实践的目的是要集中找出一些位置,那里我们可以以组织绩效的方式有效地管理几人的能力。让我们花一分钟来消除那些错误认识。

重要但可替代的角色

管理关键岗位时,一个最常见的困惑来源是一个很重要却可替代的角色。人们通常想,一个工作是重要的,那么它应当是关键的,但这种想法是错误的。互换性的特点是,这里有很多的个人角色,但是每一个同别人的没有什么区别。能说明这个特点的一个典型的例子就是米粒。把米粒相互区分开几乎是不可能的,当然这样做也没有什么价值。在工业领域,很多人占据着可替代的角色,他们共同的工作成果对商业来说是十分重要的。然而这些工作不是关键的,因为一个具备特殊能力的人在这些位置上是无法产生个人的积极影响的。关键性的测试是一个单一的个体是否有能力通过高超的技巧的应用,做的工作好到足以提高商业产出。在很多人都做相同工作的情形中,这是十分罕见的。

当人们试着描述重要但可替代的角色的关键影响时,通常会给出一个消极的而不是积极的描述。事实上,所有的管钳工在工厂停止工作会有不好的后果,一个管钳工可以独自一人工作但会产生不良后果。

管钳工在工厂中显然是重要角色,无论关键与否,上述提及的结果无疑是不好的。区别是,在评估岗位的关键性时,你在寻找这样的角色,该职位的人是否可以通过非凡的能力带来改进。避免由技术不过关或执行不力带来的不利表现通常是能力水平 2 级或常规管理问题,而不是角色关键性的问题。

> **关键点:** 关键位置是为实现某种特殊目的以某种特殊方式定义的。其他关于"关键"的定义,包括相关的词汇如"重要"、"基本"或者"必要"是无关的,也是经常混淆的。

在埃克森美孚和森科尔,管钳工都是很重要的,但是这些位置不是关键的,因为我们有几百个管钳工。可能会有一位高级技工指导这项技术并协助管钳工进行团队工作,任何单个的管钳工都不可能以自己的方式提高业务性能的。

必要但不关键的角色

第二种错误认识是将不可或缺的职位与关键的职位混淆。例如,支付账单是必要的。支付账单这样的事务虽然通常是没有互换性特点的,但因为通常只有少数人参与这样的活动,这个位置并不关键,因为没有人会把付账号这件工作做得更高级,并通过这项工作为公司带来更大利益。

人们在尝试将必要的工作描述到关键工作当中去时,往往关注的是这些工作在表现糟糕时的不良结果而不是这些工作能否通过非凡的能力提高组织绩效。如果活动停止或进展糟糕,很多商业活动会产生不良后果。付账单、清扫垃圾或者分发邮件都属于这类角色。这些角色中的一部分对运营来说是很独特的。例如,在阿尔伯塔省北部,除雪工作在工厂中是十分必要的。尽管这些必要的角色表现不好会对企业产生消极的作用,但是也没有能够做到很好以至于产生积极的作用。

重要但可替代的领导职位

一般来讲,人们通常将大多数管理角色都视为关键角色。管理工作通常是重要且必需的,但它们往往不是关键的。对许多组织的细致调查结果显示,在高层领导者中,只有五分之三的角色是关键角色。当评估到战略性内容较少的管理层和监管层时,关键岗位的比例则迅速下降。关键岗位的一个定义属性是个人在所在角色上的贡献可以对商业表现产生独特的价值作用,然而大多数管理角色并不符合这一属性。

> **关键点:** 所有的管理角色都是关键岗位并不是一件好事。如果所有的管理角色都要求有很高能力的个人,那么我们将无法轻松地安排人员到他从未从事过的岗位。这将削弱我们培养能够广泛接触整个企业环节的领导者的能力。

培养具备高能力的员工

产业竞争力有两大方面。首先,要保证所有的人都具备基本能力。第二,要确保在关键岗位的人具有较高的竞争力。这两方面都很重要,同时,它们对组织的非凡表现来说都是必不可少的。然而,他们都以不同的方式成功地进行管理。

当你努力在整个组织内培养能力水平2级时,可替代职位的存在是很有益处的。所有岗位人员的能力培养都是要让个人把任务完成得更出色。装配工和管钳工得到的是不同的培养。然而两者之间都获得了彼此相同的基本能力。一些基本能力的培养,如工厂的一般安全标准和做法,对所有岗位上的人都是相同的。在这种方式中,能力2级的发展通常是标准化的。同样的培养程序可以在几年内对很多人适用,这样,一个数量较大的群体可以成功地培养起来。

一个组织尝试培养能够在关键位置作出特殊贡献的高能力人员同样是不对的。高能力是很难获得的。它通常需要仔细评估个人现有的能力和这个特殊角色对成功的需求特点。因此,大多数情况下,关键位置上高能力人的培养是每个个人的特殊任务。

培养关键位置人员的管理能力过程中最常见的问题是许多企业在从大规模基础能力培养向特殊技能培养上转变时遇到麻烦,因为他们试图使用大规模培养常规能力时的常规方法去培养高能力。应用该方法培养先进的技能是很慢、很困难的,往往也是需要昂贵花费来维持的。此外,这种方法往往不能创造出具有高能力的个人。

解决问题的办法是只集中培养占据或将要占据关键的位置的少数人。根据我们的研究,试图尝试在所有人当中发展高能力是不实际的。但是在占据或将要占据关键位置的少数人身上进行培养却是可行且有价值的。通过在关键位置上的少数人身上集中开发初期的强大竞争力,企业可以部署需要的资源以获得成功。发展能力水平3级和能力水平4级与发展能力水平2级是不同的,通过关键位置人员能力的改善,大多数组织得到快速进步是十分可能的。

开始进程

将关键职位作为中心,培养特殊能力的第一步是识别关键职位。从对关键职位的理解来看,一个企业正式进行关键职位可持续管理很有可能获取较大收益。如例子中分析化学家所演示的,短暂地在一点上拥有高能力员工并不能保证始终如一地拥有这样的员工，除非你采取措施管理这种成果。

我们已经论述过，组织可能仅仅因为很多职位是重要的或者是领导角色就将这些岗位定义为关键位置。在极端的情况下，组织会犯这样的错误，当他们发现了很多的关键位置后，组织很快地对这些人以不同的名义进行广泛的培养。仔细限制关键位置的数量是因为我们不想简单地拥有一个关键位置的列表。我们希望管理那些占据关键位置的员工的能力。我们希望从这部分人的高能力中获得收益。这通常需要集体合作，如果没有严格的管理，识别关键角色是不可能的。

> **关键点**：根据我的经验，大多数组织中的关键角色占总角色数的 8% 至 12%。如 24 小时连续工作的工厂是常见的，不止一个人占据了这些角色。然而人员的总数不会超过 15%。因为关键位置是由能力突出的个人或者是贡献个人能力的专家（SMEs）占据的。

将关键职位的定义限制为少部分角色可以使组织在能力水平 3 和能力水平 4 的人群中启动"人才培养"，并能够对你的商业表现产生立竿见影的有利影响。

当你评估角色以找出关键位置时，记录其作为关键位置的特点，因为这可以确立胜任关键位置的高能力发展需求。正如亨利·福特所说："如果你把任务分解成小片，没有任务是特别困难的。"培养人填补关键角色也是同样的道理。一旦你知道一个关键角色的特点，培养已经具备这些特点的人就是一条比想象中更加容易的途径。以一个仔细结构化的方式培养非常能干的人来满足一个关键角色关键需求的关键技能是十分困难的。然而，通过集中的努力，你可以成功地针对少部分人提供非常具体的培训。主要需要避免的错误是定义太多关键位置、将培训都集中在领导者身上以及产生浪费的零散培训。

迅速改善

大多数工厂中的关键职位已经聘请了高能力者。就精益实践中的其他方面而言,关键位置的评估中,已经有少部分人被正式或非正式地任命作出有价值的贡献。有些人已经自发地变得非常有能力,这也并不新奇。

真正重要的是,在大多数工厂中,一些人一旦被置于关键位置就会立即表现出杰出的能力。因此,在大多数工厂中,快速重新安排小部分人以利用他们的现有能力是可行的。作为处于关键位置的已经很有能力的人和那些重新安排后很快表现出高能力的人,在集中对劳动力的5%进行培训后,你可以很快达到至少每一个关键位置都拥有一个杰出能力的人的水平。

> **关键点:** 一名关键岗位的监管者通常都曾是关键岗位的杰出表现者。这不意味着监管是重要的并且不应当对其降级。然而,这向我们清晰地呈现了一个高能力者应当是怎样的,以及作为一个指导者应当怎样进行在职培训。

持续改善

很少有企业组织能持续有效的管理这些关键职位。当以确定的关键岗位评估一个组织时,经常发现关键位置不具有高素质的在职人员,尽管曾经高能力者占据着这些岗位。甚至发现有些关键位置竟然没有人占据。在森科尔,我发现一些关键职位人员一旦对组织绩效作出巨大贡献便不再存在于组织结构图中。

　　这里有一些正式且成熟的做法来进行能力和职位继任管理。然而,对于个人能力的贡献者,包括那些关键职位上的人,却很少以足够正式的方式进行。不过,这并不是一个困难的任务,也不要求新的程序。简单地套用现有的能力和职位的继任的管理方法即可。在继任规划和发展过程中可能会涉及一些新的人。例如,执行委员会是负责副总裁继任计划的,但高级仪器的技术人员继任计划是维护经理负责的。保证重要角色始终是被很好占据的。请记住这点并去完成它。

关键点:当我们最初评价埃克森美孚的许多组织时,我们发现组织绩效与组织中关键位置上高能力者具有 100% 的正相关性。也就是说,当一个工厂的关键岗位配备高素质的人时,并增加了更高素质的人集中在这些关键的角色,组织的表现会持续改善。这些额外的非常能干的人在其他高能力者休假和缺勤时起到了接替的作用,并且在其他人因为某些原因调任时也完全胜任。因此,企业应该开始使用这一新的管理工具并专注于对每一个关键的角色创造高能力的员工。一旦实现这一点,就可以通过培养额外的高能力者带来进一步的绩效改善。

　　管理普通能力有利于确保所有人都具备起码的基本能力。实践证明,管理关键职位上的少数人的能力是可以获得更高绩效表现的。在大多数情况下,能够通过认识问题并使组织致力于培养那些最符合条件的人可以快速获益。对员工能力和关键岗位的正式管理对维持收益是十分必要的,这可以使企业在未来获得进一步收益。

第 12 章

领导力：开启并维持精益生产

引言

在企业管理和改善中,精益制造已经成为极其普遍的方式。对领导者而言,决定如何开始精益制造是一个不可避免的问题。所有精益元素和工具都是切实有效的,但究竟如何开始精益生产呢? 领导者对此感到困惑。此外,大多数已经开展精益生产的领导者也会担心一旦应用精益生产后该如何维持这种改善。在最后一章中,我们将探索如何开启并长期维持精益生产方式。学完这一章后,你就能理解如何将这种做法运用到你的工作中和员工身上。

在探究开始变革的细节前,我们首先要达成共识。是什么促成了企业的转型? 同时我们还需要评估个人领导力对最后成果的取得所具有的独特影响。

企业转型与维持

采用精益生产的目的是通过转换产业模式来使其持续优于其历史水平,但大多数人并未充分意识到的问题是如此巨大的变革是不能一蹴而就的,你不能一天采用传统的产业模式而隔天就采用精益模式。对大多数产业来讲,变革过程从开始至稳定大约需要两年的时间。接下来,随着新做法的成熟,人们逐渐习惯这样的工作方式,精益文化使得长时间保持迅猛发展成为可能。

这并不代表你需要等两年才能从中受益,相反,你即刻便能体会,每采取一个新的精益方法,与其相应的方面就能获得益处。随着新的精益方法推广与成熟，在整个执行过程中，你都能体会到它的益处在与日俱增。除此之外，精益制造能大幅度地提升产业应对未来改变、挑战和机遇的敏捷性。然而，意识到这种精益制造扩展的模式后，确实意味着企业需要投入同等程度的精力，无论是在精益制造的开始执行阶段还是之后的成熟稳定阶段。

案例分析：持续改革

在位于贝城的埃克森公司，随着车间产能和性能的提高，我们开始利用现有的资产进行更大规模的生产。接下来，我们更大批量地生产更优质的产品，而后才开始利用改进后的性能和生产力大批量生产更高级、价值更高的产品。每当我们的操作进展一步，我们就更容易发现并抓住下一步的机会。度过最初的两年后，我们的工厂已经被誉为美国"十大最佳工厂"之一，在取得这一令人惊叹的成功的开始之后的连续五年内，我们改良的步伐每年都有所精进。

当你真正开启产业变革时，得到的并不是微小而缓慢的改进，反之，你马上可以期待眼下的回报，体验到精益变革随时间加速的规模和速度。你和团队会意识到你们在不断的完成从前你们认定为不可能的事。当你逐渐形成对新性能的自信，你就会期望随着改善的推进，现阶段超出能力范围的事情也将变得有可能成功，并为此做出规划。

案例分析：改善往往一环扣一环

在森科尔能源有限公司，随着我们不断提高精炼单元生产力和生产性能，为了做出更大程度的提炼，我们提升了生产能力（没有进行新的投资）。在这样的生产模式下，我们将混在输向质量改善装置的沥青中的砂子的平均含量减少了一半，最终将过程中应混入的砂子的数量降低到了新的标准。砂子的减少意味着磨损的减少，而磨损的减少就意味着我们停下来修理磨损的次数的减少，这样我们就能生产更多的石油。改善的环节往往一环扣一环。

有了这样的改善，在一个原本投入和产出成正比的企业中，我们仅仅在六个月之内，就凭借现有资源大大增加了产出。正是由于完成了之前认为不可能完成的事，我们改变了对未来生产的看法。之前，在像今天这样资产有限而原油价格较低的情况下，我们称之为"零增长"，但在今天，我们将其称为"有机增长"，我们当前的计划需要持续提高的生产力，其提高速度要远超一般的能源企业。

变革性领导的本质是持续而迅速的大幅度业务管理效果的提升。企业业务的战略集中和有形方面将会以真实的方式改变。而这种"真实的"变革影响很明显：更高的产量、更高的质量、更高的服务水平和更有价值的新产品等等。通过不断找出生产过程中采用精益生产所取得的成果，可以确保你正在运用精益生产来使自己成为更好的制造者，而不仅仅是创立了一种精益的生产模式。

那些没有将明确的未来目标作为参考的管理者往往将精益生产理

解为模仿他人的所作所为，因而未能对企业作出贡献。许多盲目的模仿者的肤浅错误的出发点对企业造成了伤害。相反，一个变革型领导者往往伴随着对未来的明确目标，保证这种持续的改变将领导企业走向成功。更为重要的是，随着时间的演变，真正经历产能改革的企业将会以适合企业情况的独特方式实现按部就班的改变和成功进化。

案例分析：不可控情形

在埃克森公司生产合成橡胶业务时，我们没有预料到海湾战争的发生，当然也没有对原材料价格上涨五倍做好充分的心理准备。然而，对突发情况的良好应对能力使我们无论在即时反应还是在长期处理销售及顾客关系上都具备了较强的竞争力。我们运用精益生产成功解决了意料之外的不可控危机。

类似情形也曾在森科尔公司发生。在我们刚开始实行精益生产时，我们并未预料到全球原油价格会在几月之间从每桶 150 美元狂跌至低于每桶 40 美元，然而，当这一情况发生时，我们运用新的生产模式大大降低了每单位生产量的成本。如埃克森一样，我们运用精益生产解决了危机。如今，油砂开发者的边际利润往往很小甚至为负值，但我们的利润却很高。

维持改善效果

谈到"维持改善效果"，我们常指企业对周边产业及顾客不断变化的需求的反应能力和速度，并且这样的反应方式能促成更具竞争力的企业效益。一旦你创造出这种模式,你需要保持这种能力来使业务稳步发展。

说明:需要被保持的改善效果并非你所作所为的绝对价值抑或获得最初改善所采用的实际操作,而是达到更好的结果并且不断进行更好实践的能力。

> 关键点:这相当于资金管理。无论你有多少资金,纯粹保持数值上的不变并不能达到令人满意的结果。倘若你未来获取资金的速度小于通货膨胀的速度,那么未来你的财务状况相比今天而言将会不断恶化。在工业生产中,无论当下经营方式有多好,一旦你改善的速度比竞争者慢,那你的竞争力将会降低。

企业转型要求你必须意识到什么对你的业务是重要的,并且对这样的挑战或者机遇做出良好应对。持续性变革则需要在未来的任何时间段内,你同样能保持这样的认知和应对能力。

过程记录

当然,除了领导创造变革,也存在着在管理方面持续变革的挑战。当一个快速换模组证明可以无延误地维修一个换热器,那么这一过程需要用文件记录下来,以便未来的团队操作时能至少达成该目标。对这种信息的系统做出记录来满足管理需要,以便于保留已有经验并保证以这些经验为基础运用到以后的实践中。而你需要做的就是找出并采纳符合需要的系统。只要你标准地运行这些系统且运用专业知识去开发记录系统,这种系统本身并不重要。

在许多情况下,文件记录系统的创新型应用已成为基层改善的一个重要部分。在森科尔公司,我们已经开始使用工作记录及工作说明,包括许多工作过程中的数字照片、囊括工具、传动设备和工作辅助设备。这不仅是记录工作标准说明书的好办法，也是在个人及团队中普及技术的好办法。良好的文档记录标准实践是未来所有改善工作的基石。作为一名管理者，你必须很好地维护信息以满足需求。

然而，精益生产的持续型领导与标准生产的管理大为不同。这种维持对领导提出的要求是，当一个快速换模团队证明了无延误地维修一台换热器的可行性之后，这些知识必须快速普及至其他换热器的工作中，甚至应用到其他类似换热器的设备之中。持续型领导必须不断地对现有情形作出评估，以便决定当前状况下存在哪些改善机会可以使换热器的维修不再延误。此外，持续型领导需对整个操作过程进行评估，以便判断是否其他方面的不明显改善会比与换热器相关的进一步工作更具价值。

例如，在森科尔公司，通过对整体业务的评估，我们首先发挥在提炼过程中所提高的生产能力，提高了冲砂强度，从而减少了装置的磨损，但并没有增加产量。这种通过在某一方面交替使用新产能来改善另一方面运营状况的方式使企业生产能取得的最好结果，但也只是在统筹评估所有业务范围时才可能实现。像这样以并不明显的方式来持续改善，增扩改善的价值及其适用范围，或者是在危机中找出并抓住潜藏的机会，比如在海湾战争和其他世界能源价格急速降低的情况，均是有效的持续型领导的清晰表现。

变革型领导的角色

迄今为止，我们的重点都放在了一线员工身上。事实上任何一个身处典型西方制造企业的人员都需要得到比这更多的来自一线的帮助。精益生产的每一方面都是为能在一个高度参与的团队组织中良好运作而专门设计的，并且能鼓励基层工作人员相互参与并做到这一点。

但在本章中，我们将着重强调领导角色上。创造并维持任何企业改革，如精益生产或其他重要的系统性的改变，对管理者来说都是一个不小的问题。在西方的工业企业中，绝大多数人都是善良、诚实、勤奋的人，他们不断地为自己的企业作出个人的最大贡献。然而，那些贡献都是被企业的管理系统严格定义且遵照系统的期望值与限制条件的，在传统的工业管理体系中，许多人所能付出的最好的贡献仅仅只是完成一个指定的任务。在精益生产等具有更高参与度的系统中，人们能作出更大的贡献，但大多数人的贡献仍旧局限于系统指定的方式。

人们的工作由管理阶层掌管。有趣的是，与一线工作人员相比，大多数的管理者和执行者都有不同的工作任务，他们的组织水平也不尽相同。但与一线工作人员相同的是，大多数的操作者都是诚实、勤奋的人，他们会遵从已有的系统且能胜任复杂的高级任务，但他们并非领导者。而工作系统的变革往往需要一个领导者。

当一个领导者营造出改良和转型变革的文化氛围时，执行者、管理者和基层团队都会快速学会如何依照新的系统协调工作。一旦人们适应了不断改进的新系统，业务改良的速度和程度都要远胜任何独立个体所能达到的。领导并不是孤立的行为，其效果往往通过一个较大团队的工作来体现。然而，若没有领导来对团队合作的系统进行转型变革，那么将不会有任何系统性的变革产生，并且那些令人惊喜的经营改善亦不会发生。

变革型领导人的主要特质之一就是对变革后的企业性质有预判能力以及对如何达到目标有认知能力。当你开始实施精益生产之后，你需要对其成熟后在企业中呈现的状态有一个清晰的认知，然后与你的同事就这一认知进行交流，获得他们的帮助，使之成形并最终达到目的。企业的当前状况与未来之间的差距决定了你前进道路上最初的进展态式。早期交流理想愿景尤其重要，随着时间推移，对企业正成功地朝着共同的愿景方向发展的共识会给予你和你的同事们更多的信心去做得更多。

这种领导力的第二个特质是拥有为吸引人们追求未来共同愿景的能力。在大多数的企业环境下，这不是一个关于激励的问题，这是一个务实的领导示范和教育问题。精益理论和方法使领导者具备实现和展示转型变革的能力，这将吸引整个企业的人员参与其中。

一旦实行，其他人就会想要效仿你的做法，那时将这一做法传授给他人的过程实则为精益生产在企业内部不断延伸的过程。初始目标的实现可以增加团队信心，而通过精益生产的实例运用以及教育更是进一步增长了团队对其可学、可教性及结果可预测性的认可。对精益生产的合作者而言，对结果和过程双方面的信心无疑是促成合作的重要因素之一。

关于那些能在特殊情况下将组织转换到新的性能水平的领导者的励志故事和都市传奇比比皆是。然而，依靠灵感来转型往往只是一些他人无法维持的方式，在其他地方没有可操作性，即使是那些努力尝试的励志型领导。精益生产则并不如此。大多数人都能够成功的实行并且其成效较好。而且，依靠灵感的领导者往往受益于初次尝试时的好运，精益生产的领导者并不如此，他们常常指出，精益生产同大多数技术一样,丰富的经验可以使其更简易且更易成功。当你开始实施精益生产时,首先要确保你的做法建立在证据充分的理论和实践基础上,进而帮助整个企业的人们开拓进取,在工作中利用这一做法积累解决问题的经验。

> **关键点**:精益生产的开创者并不一定是那些 CEO 或是其他顶级的领导者,对任何领导阶层的人而言,完全可以在职能范围内应用精益方式进行变革。如果领导者能将成功案例进行经验传授,其他领导者了解如何在自己领导的领域中成功运用这些经验,那么变革将很快成功蔓延开来。该书中所有的案例都来源自我的个人经历,而我从未领导过一个整个企业。

(精益的)领导很有趣的一点是,当企业开始变革时,整个组织中就会自然而然地冒出领导者来,而他们每一个人都会带领各自的部门进行改革。他们中的每一个人都将对新系统操作的每一个具体细节的建立作出价值不菲的贡献。有些人将成为当前的管理人员,有些人则不会。通常非正式的领导者会为你带来以其他任何方式都不能创造的价值,基层非正式的领导者在同行中的个人信誉往往是其他管理者所望尘莫及的。任何变革型领导最为宝贵的贡献,就是在整个企业中创造出更多正式和非正式的领导者,这些领导者在企业变革的传播中往往充当着"门徒"的角色。

赋予这些人对自己工作范围的独立领导权很重要。在第 1 章描述的吉尔巴克公司的转型过程中,我购买了上百本理查德·斯坎伯格的书——《日本制造技术》。在埃克森化工公司,我们广泛传阅着我早期记录的 11 篇关于化工工业中精益生产的论文。在对森科尔公司的改革中,我们分发了上百本我所写的书——《迅速改善的文化》。在每一个案例中,这一信息的传递增长了许多人的信心,这一信心来自对我们跟踪的技术过程知识的独立拥有，并且它能使整个企业中的人们迅速地发展个人的专业知识，从而使他们能够领导自身部门的变革。

更为重要的是，对公认改革路径的散播使得改革实施过程的步伐得以加速，同时为以正确方式做正确的事提供了更多的保障。我也向你推荐这一套行动方针。如果你想要人们依照书本实施改革，不妨给他们看这本书。将你前进道路上的资源占为己有并不能赢得足够的人手帮助你走向成功。工业领导们的最重要的特质并不是拥有独一无二的智慧和知识，而是拥有成功的追随者。

持续型领导

恰如一场改革需要一个领导者一样，鉴别和保持改革也需要一个领导者。领导阶层的挑战都是一样的。那些有信誉度和能力来改变别人工作系统的人要能不断地为未来指明方向，并保证组织有能力，够敏捷并有纪律地追随。

你的企业、你的员工、你的竞争者、全球的经济以及你所处的社会环境都处于持续不断地变化中，你不可能凭借生硬的课程和一成不变的追求维持你的改善，那如同你看着水流来判断你的船是否行驶在一条直线上。严格训练可能确保能使你的船行驶在一直线上，但要想到达一个复杂的目的地，尤其是想要在途中有所收获，这个方法是不可行的。无论改革是大还是小，伟大的企业总是采取那些能成功开创并领导改革的人的建议。

关键点： 变革型领导和持续型领导颇为不同，但又不是完全不同。他们相当于一枚硬币的正反两面。

当领导者并不是 CEO

精益生产并不一定需要被 CEO 或者其他同一级别的高管来开创或者领导变革。鉴于 CEO 通常有许多其他要做的事情，这也不失为一件好事。然而，高管们确实需要理解并支持或者授权改革。如果你在主导这场变革，你就不仅需要与同事交流，还要与上级沟通。

> **关键点：** 变革的开始和推进并不需要高管的引领。然而，一个不了解他/她的组织中正在发生的迅猛变革的主管很容易在无意中阻碍它的发展。

高级主管可能有两种情况错误地参与改革，这两种情况都存在改革发生之后但远在他们完成之前。第一种产生的原因是新的任务迅速地完成，而在领导阶层的自然认知中，新的任务是由规模更大的团队完成的。那些对完成方法缺少客观了解的高级主管往往从结果产生的速度和普遍性中得出这样的结论，认为这样的结果只是恰巧发生，在任何情况下都有可能被别的原因引发。

另一种不适当的情况是早期改善操作的程度给人极为深刻的印象，因此，那些对这种改革的原因和结果缺乏清晰认知的高级主管就会犯乔治·沃克·布什总统曾经犯过的错误，在任务刚开始时就错误地宣布"任务完成"。

稍不注意，任意一个错误都很容易产生不利的结果。如果高级主管认为新的绩效与新的方法没有联系。或者他们过早地得出结论：新的绩效极好，以致改革已经完善，就可能会在改革还未成熟时不再强调它们。这样做的后果就是改革可能永远没办法发挥它全部的潜能。精益生产通过将企业中每一种工作都变得更加强大、更具针对性、更有参与度，从而带来改善。与其他新的活动相似，初期时这样新的经历是有趣并且吸引人的，而且如果合理的追求，长期后它会变得平常。但也会出现一个过渡点，此时，大幅度的提高不再新奇，额外的工作也不再稀松平常。

对所有的变革而言，会出现一个"临界点"。当对组织中的每个人来说，都明显存在着一条"新的道路"和一条"旧的道路"时，人们会仔细观察高级主管人员的行为。那时，观察者会认为高级主管人员必须选择接受改变或是支持传统。如若主管们选择忽略变化，依旧部署组织中既定的奖惩措施，包括表扬、奖励和归属，仍然按照他们原本的处理方式来做，那么那些额外的努力自然是不被支持的，而改革也无法逾越临界点。达到世界一流业绩的潜能也将仅仅成为公司历史上一个有趣的浮影。这将有可能永远无法获得巨额增益，也没有基础来维持已获得的增益的竞争优势。

> **关键点：** 精益技术通常有能力对任何制造企业进行变革。但有时由传统的执行人员将其作为一种管理实务进行，而不是由领导者作为变革来执行，因此有些企业的改革缺少一个良好的开端。一些盲目模仿的行动常常陷入惊人的滥用新作法的管理困境中，造成这一现象的原因之一便是领导力的缺乏。有时，改革开始进展得非常不错，却无法发挥其全部潜能，这是由于变革型领导没有让高管人员参与进来。

开创

如同斯蒂芬科维(Stephencovey)在《高效能人士的七个习惯》一书中所写的一样，我们需要"运筹帷幄，决胜于千里之外"。当你开始精益生产时，你就应该做好在第一个半年立即创造收益的打算。这之后，你才应该打算加速即维持改善的步伐，通过创造更加进一步的变革来保持你的竞争优势。

开局不利，收益延迟，或者是良好的开端之后组织却停滞不前，这都说明精益生产执行得并不恰当。精益生产的确是一种制造的方法，像其他技术一样，它是可以被学习和实践的，并且结果可预料。对许多人而言更重要的是，如果精益生产开始时并不成功，它也是一种可以被评估并改善的方法。通过聚焦于业绩表现和改革步伐——这两者都能在相对较短的时间内被连续的评估——你能确保如愿以偿地重整旗鼓并步入正轨。

改革的计划和实施以半年为界期

我常推荐在六个月的时间内进行改革的规划和执行。六个月的时间说长不长，说短不短。若是时间少于六个月，你就可能面临其他事物干扰进程的风险。你有需要处理的业务，这些任务经常对你和你的团队提出必须达到的近期的生产需求。此外，短于六个月的时间并不足以证明你所取得的进展是有意为之的，而不是一种自然内在的变动。而在长于六个月的时间段内，尽管面对着其他方面的需求，你也有足够的时间来评估你所获得的改变是否来源于正常的变化。

长于半年的区间减少了团队处理改革工作紧急情况的发生。在广泛的回旋余地下，人们开展精益制造时最常犯的错误就是他们没有办法开始。这种影响常常在对长期的规划、训练、开发新系统和其他类似事物时表现出来。当期待的结果需要较长时间才能显现时，改革团队倾向于安逸，将时间花在对未来的准备上，而不是对眼下情况实施改革。每隔长于半年的时间来评估项目可能会导致进展变慢。

开始执行的第一条原则就是，要在相对较短的时间段内对你的工作进行计划、执行和评估。在基本工程项目中，改革的模式通常是先投资，待投资完成后获得相应的利益。而在持续改善中，改革的模式通常是根据共有目标即刻进行改革，在开始后的六个月或者更短的时间内，获得改革的初期利益。

成功开局的三个特点

如我们所说，一个成功的领导者往往拥有以下三个的特质：

1. 对未来具有战略性的目标，能用一种有意义的方式将这一目标传递给每一个员工或者团队。

2. 能为每一个参与其中的员工提供个人机会，为实现这一目标作出独一无二的贡献。

3. 为员工提供新的能力和设备，帮助他们用新的方式努力达成目标。

成功的三个属性——目标、人员和设备——在精益实践的每一步都是不可或缺的，它们是你开始精益实践的一个关键部分。在执行过程中，我们将使用这三个因素来描述你为组织、企业和员工挑选的合适的前进道路，这一描述都集中在第一个半年。一旦这一阶段完成，你就已经步入正轨。我也对你在之后的第二个、第三个和第四个半年期的目标进行了概括性描述。

当意识到最平常的错误也可能导致你初期失败时，你应该按照以下的目标来对第一个半年进行规划，在这一时期内不仅要对未来做好铺垫，更务必要做出可客观衡量的改善。将这一点谨记在心，下面是关于领导力三个因素的实例，在第一个半年期中你可能会用到。

共享目标的价值

正式的目标设置和传达或策略分配是一个应用精益模式的企业必要的不间断的组成形式。在第一个半年中，你需要完善目标并将其贯彻于整个企业。正如我们在森科尔和埃克森公司所体会到的，你也会发现目标配置具有其固有的即刻价值，并且当你在重复这一过程时，你会不断地完善目标并创造更多价值。

> **关键点：** 在你开始改善工作时，你应当能快速召集一群人，这群人能协助你实现在第一个半年最开始形成的对近期未来有意义的愿景。

近期试点项目的价值

在你展望整个企业描述长期的战略目标的同时，你也要开启当前六个月的改善工作，制定在有限时间里能达到的初期目标。对于小型企业来说，你可能会提出一个尽管受到限制但却能马上适用于整个企业的近期目标。对大型企业来讲，你更加倾向于对企业的一个或者多个部门提出局限性的近期目标，在这些部门里，你能通过马上施行的试点项目来指导人们使用精益生产。

未来，随着员工的完全参与，他们会需要一个更加长效的战略视野，以此来确保自主工作方式在整个组织中具有附加价值和综合价值。但你不会把自主工作作为改善过程的开始，你也不可能在整个组织中开始这项工作，除非你的企业规模很小。在第一个半年期末，企业可以成功达到更加完善而严格的目标。

那些你为即刻要开始的试点性改善设定的临时目标没有必要进行全面的交流甚至不需要被正式的讨论。为那些还没有参与到试点项目的员工分配目标或者为那些在执行过程中与你关系匪浅的人分配目标没有价值。如果你只是为了让每一个人都能有一个完整而正式的目标而推迟你改革的步伐，那么对一些人而言，何时分配一个次要目标可能就已经能满足眼下的需求。这样的话，你的做法仅仅会推迟整个进程。

之所以推迟主要因为你的企业并没有从试点项目中获得利益,并且你最终的目标分配没有获得新增加的产能的支持。因此在你开始执行精益生产时,应该选择一个近期的目标并且只把这个目标分配给能帮助你达到它的人,然后将这一成功案例作为实践的典范。

案例分析：从小做起

在森科尔,当我们开始实行精益生产时,设备运行的不稳定性限制了我们的运营。就在我们开始在企业更广范围内设定完整目标的数月前,我们建立了一个更加具有针对性的近期目标：在六个月中,一些关键性的操作再也不受到可靠性问题的限制。这是通过设立并努力达到这样虽然具有挑战性但非常具有针对性的目标,我们在获得企业当前利益的同时,也保证了未来改善行动的可行性和效果。作为公司提高可靠性的当务之急,我们极具针对性地做出改善,我们只从事具有现实意义的工作,暂时放下其他的工作。例如,我们在某一个领域有一个存在已久的"改善团队",但该团队在之前两年内收获甚微。实际上,这个"队伍"只有一人组成且此人精力也不完全在此。由于这是改善的一个关键领域,我们为那个的队伍重新安排了十一个人,并在几个月之内达到了既定的目标。

在产品最终投入市场之前,最后一步操作是与稳定性有关的,因此在我们的升级操作中从此处入手。通过开始最后的进程,我们对所谓的清算策略进行实践。在对升职程序的改善完成之后,在提取单元中生产的所有产品就能通过升级程序来翻新工厂。

根据这样的清理顺序,我们下一步需要对提取的过程进行改善,直至它能加工从矿中开采的所有产品。对车间内前前后后所有的设备都要进行改善,以便每一个单元都能清理它所获取的材料,这样的方法对于一个没有明显瓶颈项目限制的车间而言是经典的策略,其作用与精益生产理论中的需求拉动式生产效果相当。

按照这样的顺序,一家有足够能力和可靠性的柔性工厂最终可以从本质上终结短期生产计划,并且将生产过程与顾客需求直接挂钩。如果这一概念适用于你的生产过程,那么他就应该以文字的形式记录下来。

说明: 由于需求拉动式生产一般适用于离散型制造业,不适用于化工制造业,因此我之前并没有提到需求拉动式生产的概念。所谓需求拉动式生产,就是顾客或者市场需求推动生产的最后一个环节,因此会推动之前的所有生产环节。按照这样的顺序,一个足够有能力的可靠柔性车间能终结短期生产计划,并且将生产与顾客的实时需求直接挂钩。如果这一概念适用于你的企业的话,那么请将它记录在案。

当你开始执行精益生产时,你应当有你自己对稳定性改进计划的见解(即时且客观集中的),然后以此为开端展开。每一家工厂都有一个或者多个明显的棘手问题,这些问题的解决显然是很重要的,只要解决其中之一就会对最终目标的达成起到促进作用。要根据精益生产或者其他你可以立即采用的改进方法来找到这样一个有利于改善的问题。在有限的范围和用于完成任务的设备中,首先要做的就是用可行的方法解决一个众所周知的问题。

　　除了讨论处理当下改善机会的目标之外，你也应当就变革型领导的其他方面进行交流。向员工介绍即将被投入使用的（改善）手段，让他们了解到你的期望——提高基层人员的参与度。对待第一个半年内的每一个新的活动都要像对待一个证明能改善业务变现试点项目一样。对组织而言，每一个成功的案例都必须成为学习经验中不可或缺的一部分。你希望员工了解共有的目标，参与到改善中来，并且了解用来改善的新方法，你也希望你的员工发现你是一个可靠的变革型领导，同样，你还想要以一种有效方法来完成试点项目，这种方法保证了项目成功且使其具有模范性。

　　因此，实现精益生产的首要步骤便是进行一个或者多个重点集中在既明显又重要的问题上的试点项目。开端时，应通过让员工充分参与到精益生产的各种方法去，通过这种方式来即时交流企业的愿景和解决问题的目标。这样你可以解决拥有短期利益的问题：

- 指导人们如何运用新的方法
- 使员工参与到新方法的应用中去
- 给予组织信心，相信它能在你的领导下，壮大实力并完成从前不可能完成的任务。

对这些初期的试点项目，你应该抓住重点问题。告诉人们精益生产能够解决一些简单的问题，这些问题虽然也能以其他方式解决，但这样就会变得毫无价值。此外，在一个徒有形式、毫无实质内容的项目里使用精益生产同样毫无价值。所以你可以满怀信心地从一个棘手的问题开始，因为作为一个以管理主导和支持的试点项目，它会以未来项目所不能及的方式让你最精练的团队从中受益。

当你相信你和你的团队能够成功完成时,你能够并且应该展开尽可能多的试点项目。这样的话,在较短时间内,你不仅能够拥有你自己的精益生产实践的实例,而且会取得较好的改良结果。

案例分析:可靠性检测

精益生产是制造业的一种改良技术,而不是万能药。埃克森公司曾经拥有一家煤矿公司,生产低能煤炭,许许多多的煤炭只能产生较小的热量。结果,在许多高热需求的场合它都是不适合的,因此,它的价格相对较低,无利可图。当我们在埃克森化工公司体会到精益生产的累累硕果时,煤炭公司的执行人员频繁要求我们帮助他们使用精益生产来改良他们的煤矿。不幸的是,没有一种精益生产技术能帮助提高能量含量。埃克森公司最终售出了这些煤矿并且退出了北美煤炭行业。

设立催人进取的发展目标是完全为人接受的,我也鼓励你这么做,但你要确保你设置的目标对于你正在使用的技术是恰当的。

新工具的价值

进步往往开始于对未来的憧憬。简单来讲,如果你不知道如何用足够的细节向你的员工描述如何帮你达到你的目标,那么你就不可能成为一个管理者。在大多数情况下,往往在谈论目标之后,你就会意识到如果人们已经能够按照你的愿景去操作,那么他们中至少有一些人已经在做了。要是经营状况能更上一层楼,往往要求你能为员工提供新的产能，或者用一种前所未有且更加优越的方式来利用现有产能。工业产业中的每一个人都经历过那些只会设定具有挑战性的目标、压榨工人，却不采取行动来达到他们目标的管理者。人人都知道，沿用旧的做事方式来追求新的结果根本毫无价值。

在前半年，当你设定最终会在你的业务中实现的所有目标时，你也会想要鉴别适合于你的工厂、员工、改善目标的工具。比如，当你仅仅与森科尔能源有限公司一样，仅有一个单独的产品操作流程，你可能觉得自己对 FSVV 工具没有兴趣。如果你是小批量生产，你可能决定了解更多关于推动式生产的计划。大多数工厂都需要一些快速换模、经营商服务和防误措施的模式，并且随着改善措施的成熟，你有可能加入统计过程控制。关键是你必须将方法的选择及采用方法的时段正式列为你管理精益计划中的一部分。如同在之前的章节中所描述的，有一种正规的做法能在整个组织中发展并配置每一种精益生产的新方法。反过来对每一种新方法来说，你都希望培养一个有经验的专家，他能为你的团队提供这种方法并且支持他们在新技术上的成功应用。一种在组织内部培养这种能力的重要方式是在早期的试点项目中采用这种方法，以便训练项目人员立即采用相应做法。总体而言，精益方法大多靠直觉，但他们仍然是新的方法，在投入大规模使用中，需要正规的训练和专家的指导。

在前半年，你不应该把所有努力都集中于大规模的训练中去，这是一个典型的陷阱，它会浪费你的时间和金钱，并且毫无益处。当你采取新的方法时，不要将这作为一种训练来对待。你的商业目标是培养会使用新工具的员工，而不是仅仅拥有新工具的员工。当你开始时，告诉每个人他们的工具既没有短期价值也没有长期价值。开始配置新工具时,指导那些会在你的试点项目中使用它们的人或者是那些之后会成为你的项目专家的人。

> **关键点**:首先要指导一部分人使用那些与你在前六年内设置的近期目标直接挂钩的工具。

在展开最初的项目时,项目专家和其他一些参与到早期项目中的员工都必须学会使用新的工具,并且迅速提高技能。首批试点项目的团队成员自然而然是你的最佳员工。这一点也视为重要的试点项目中选择员工的标准。此外,这些项目必须由严谨的领导来保证他们是成功并且具有典范作用的。他们是很好的学习经验。管理层会通过为这些早期的试点项目提供他们应得的关注度、资源和帮助来保证这一结果。这些特殊人员会为你的初始试点项目遇到的困难贡献他们的特殊力量,并且有了适当的支持和发展,他们会以项目专家或者团队领导的身份来为你服务、指导和帮助其他人使用新的工具。

> **关键点**:一定要训练人们使用那些利于他们改进目标的工具,那样的话,训练的付出就会得到一个很好的回报。仅仅为那些相应于正式的改善目标的新技能提供正规训练,无论是在第一个半年还是在整个精益实践过程中都同样适用。如果个人或者团队在他们的实践成熟期间需要其他的能力,那时他们就能得到额外的训练,或者项目专家能在专案基础上提供这些能力。

对大多数人而言,学习并使用新的工具是精益生产的一个很有趣的部分,这些工具(见本书4章至第9章)都是非常强大的,它们能做从前不可能完成的事情。大多数人很快就会意识到这是一种全新的制造方式并且势必会带来真正的改革。那些追随你的领导者们很快就会想要享受其中的乐趣。

案例分析：真正吸引使用者的强大工具

在森科尔公司，当我们初次教授快速换模技术时，我们开始了为 20 个人开设的为期两天的课程。就在课程开始的第一天上午，只有 18 个人出现，我也在早上六点半打电话通知那些缺席的人。到第二天上午为止，就已经有人说这次的训练事实上对我们工作方式有重要的贡献。参与者都把快速换模描述为他们所得到过的最好的工业训练，而那些没能参与到第一次课程的人们也开始询问什么时候能有机会参与这一个课程。第一堂课后的所有课程都获得了满堂彩。

精益生产有许多要素，但对经验丰富的制造业领导而言，最具直接吸引力的一个因素是一线实用的新工具。关于人们如何找到一个快速的方式来操作一个尤为适合他们的工作并在现有权力范围之内的工具，这一点一直是令我们惊讶的（这是另一个因为你的团队提供给你正在使用的关于精益生产的书的好处）。

对许多人而言，包括我自己，只有在自己的工作中有所尝试才能掌握新的能力，这样的个人经历并不包括在一个正规的试点项目之内，同时它也不是一种自主工作（由于它在现有权力范围之内且不是管理良好的新的自主系统的一部分），但它却对组织整体的进步有很大的好处。我见过电工对嵌板重新进行接线以便在操作过程中错误能直观地表现出来，我也见过机械工人采用快速换模的方式来移除工作产生的废料，监督员为了改善工作流程，采用 5S 原则安排工作团队以及对工作作部署规划。

　　大多数精益实践并不要求正式的变革管理，它们多数处于许多人的现有权力范围之内。如果确实如此，就让人们不仅在前半年，而且在整个执行期间，都要在现有的权力范围内进行操作。只要人们在他们适当的权力范围之内去工作，他们会在一个正式的自主实践建立之前就已经参与到精益生产中去。没有理由能够限制那些适当的创新性的行动。

　　如果打算正式将一个以管理为主导的试点项目作为改革的榜样，那么无论是正规训练的选择还是新方法的使用都必须是严厉的。在此过程中，你正在培养未来的项目专家而他们也需要正确的专业技术。然而，与目标配置相似，试点项目产生的眼前的需要并不是正式配置整个精益生产的工具，而是指配置一些特定的精益生产的工具，这些工具有助于你为变革选择的那些眼前目标的实现。为了有一个良好的开端，并不是每一个人都需要所有的工具。一些人只需要适当的工具来获得第一个成功的精益生产案例。

　　如果你为某一试点项目定下的初期目标显然能够有效地决定要使用的精益生产工具，那么推出的第一个工具就非常明确了。没有一个特定的模式能告诉你哪一种工具适合初步使用，这是由你选择的项目所主导的。在我个人的实践中，由于最容易发觉并以新方式解决的问题都是与可靠性和弹性挂钩的，所以我以操作维护、快速换模和 FSVV 开始这项工作。然而，以什么为开始真的无关紧要，眼前的问题是获得业务的快速改善并证明你正在引领你的员工走上可以取得新的成果的新的道路上。

> **关键点：** 在进程的最开始的三个或者四个半年期内，保证你至少有一个这样的试点项目能够证明并且指导每一种精益生产的工具最终成为你所有工具包的一部分。这是在精益实践中唯一一次以工具主导项目的选择。

案例分析：规则之外

在森科尔公司，我们所配置的第一个工具并不是一个精益生产的工具。就在开创精益生产的不久前，森科尔公司正在艰难安装启用 SAP 企业计算工具。因此，在我们开始追求更高的可靠性时，我们所做的第一件事就是以一种新的方式使用 SAP 工具，这一方式首次实现了维修现场人员、计划和零件的共同协作。这并不是一个精益生产的工具，但很明显，这是一种现有工具的新型应用方式，这样的办法往往对即时的改善具有很好的效应。事实上，我们保留、加强并且融合之前的所有生产能力而非将其摒弃是精益计划持续进展的重要部分，而不是仅仅用新的计划取代旧项目。

许多工具都可用于改善生产，精益更是提供了许多好的工具。然而，对领导者而言，最关键的是为团队提供一种新的产能，能给予他们更大的信心去尝试并达到之前尽最大努力也未必能得到的结果。当你实践精益生产时，每一种精益工具都会有一些员工成为其专家，他们是严密配合的制造系统的核心。然而，你也应当能自如地使用其他适用于当下状况的工具。良好的精益实践是一种能力的提升，而不是限制。

早在你将精益制造的理论和实践以及正式的试点项目透露给你的

团队时,你就应当预料到组织内在个人权力之内会自然而然地产生"臭鼬工厂"。而正式的试点项目必须被细致地管理和支持,这样才能在成功的同时树立起榜样的作用。在试点项目进行时,你必须仔细指导新精益工具的使用方法,以便为你的企业培养真正的专家。

你也会想密切观察那些非正式项目。不要允许任何人做逾越他/她现有职权的事,也不要允许任何人打着"精益"的旗号去做非精益的事情或者用不恰当的方式使用精益的概念或者工具,如提前减少备件的库存来改善维护情况以致这些零件不再被需要。精益并不是违反变革管理政策的通行证,只有将自己职权范围内的事情做好以后才能够以精益方式自主生产。

除这些注意事项以外,大多数有权实验新事物的人都会这么做,前提是他们对自己能正确处理以及取得些许成功充满信心。一些人被给予新型有吸引力的工具时,他们成功的方式毫无疑问会带给你惊喜。利用这样的一些经历,你可能也想至少提供一些支持来确保这些早期的义务工作是成功并且具有典范作用的。

更新人们参与方式的意义

我们已经讨论过员工的参与情况,包括创建一个自主的系统,人们能在管理细致但无监督的情况下确保以正确的方式做正确的事。唯一可能达到世界级的改善速度的途径就是允许人们在一定程度的自主权下进行改善。

然而,在进行精益制造时,自主改善往往是最后才有的。当然,在前半年,新的自主工作不在考虑之列,它往往是要在一个架构合理的系统中仔细加以实施的(见第 10 章),在现有权力范围内,前半年允许非正式的试点项目使用精益技术，但无论对个人还是团队，绝对不允许有超越现有权力的自主工作存在。

> **关键点：** 未经授权或者不成熟的自主行动所导致的最常见的后果就是某些人开始以错误的方式做着错误的事情。这样会引入管理干预，对未来适当自主活动的进行产生长期持久的不良影响。让人们放松对改善的个人意见往往看上去是一个不错的主意，但同时你也不断地收到建议，要严格控制那样的实践，除非作为管理优良的一部分付出，这样的实践能保证成功。

然而，当你制定试点项目在员工各自领域中的具体开展目标时，你能迅速地使他们投入新的工作方式，指导他们使用新的工具，这些工具是抓住试点项目关键的重要部分，并且能使他们在管理层的支持和帮助下，将这些工具应用于实践。由于试点项目均在严密的管理下进行，且参与的员工都是在正规帮助和严密监控下操作新的工具，因此这样的行为不能算作自主行动。

> **关键点：** 自主改善是一种吸引他人参与改善的特殊且更为完善的形式。你将通过指导他们以新方式使用新工具来成为严密管理的试点项目中不可或缺的部分，从而为将来的自主工作做好准备。

当你雇佣员工参与试点项目时，你将寻找三大优势。首先，你要利用并展示精益生产新工具的用途，这些工具都是为基层的员工和团队专门设计的。当你配置这些工具时，你要基层人员参与到你的工作中去，你将会以试点项目牵头变革，但同时你也用试点项目来教导员工如何使用新工具并且培养正式的工具专家。

其次，你将要教导基层人员如何实现小型的改善，这与他们之前经历的大型项目的改善有着天壤之别。显然，你的试点项目将得到很好的支持并且受到严密管理,但始终应该明确的一点是基层人员正在使用精益生产的新工具或者是其他新的产能来执行项目。在试点项目的执行中,同样应该明确的另一点则是相似的项目在未来能在基层团队能力及资源范围内自主执行。

最后,通过一线团队使用新工具参与最初试点项目所取得的改善效果,你将证明这对企业目标实现的重要性。

在前六个月,你至少需要:

- 制定一个正式的、有明文规定的长期商业策略,该策略可以是你已经展开的或是能在组织中迅速展开的;

- 初步确定一套需要用到的新型改善工具,同时开始为每种工具培养专家;

- 确定并执行一个或多个管理驱动型的试点项目,这些项目能在为企业收取即时利益方面起到带头模范作用;

- 鼓励人们以全新的方式成为试点项目不可或缺的一部分,这种新方式使用新的工具来追求新的目标,并且能明显地引领向未来的自主工作;

- 允许拥有现有权力的员工或团队用新的方法进行非正式的实验。

在后六个月,你至少需要:

- 利用已部署好的企业战略目标为一线团队创造出高度注重细节的目标,而这些目标与已经制定的企业目标一致;

- 将试点项目推广到工厂更多领域中——每个领域都根据各自的目标来选择合适的改善机会,从而每个试点项目都能创造出新的即时效益;

- 开发适合新的试点项目的工具；

- 通过额外的训练或者额外的试点项目的经验积累来增加项目专家人数；

- 增加更多的试点项目，从而吸引更多的人员参与；

- 开始对创造管理不断发展的自主改善系统的规范化步骤进行定义。

在第三个半年，你至少需要：

- 将一线员工吸纳入质量监测站和全面发展的自主改善的实践中；

- 培养按需训练员工以及提供临时援助的能力，以使所有的员工能适时地使用工具组合里的所有工具，从而实现不断发展的目标；

- 将符合客观条件的人员纳入团队、团队领导者及项目专家（对每种工具都单独具备资格），对那些知道团队领导者和项目专家的人赋予资格，将这两种做法正式化并规范化；

- 在业务中开展具有即时效益的试点项目，并仍需密切地监督和鼓励，同时能清晰地表明正在开发的自主权。

在第四个半年末，整个企业应当具备功能齐全的显著的精益实践。

在这期间，你需要：

- 继续推广前三个时期所取得的成功案例；

- 开发更多以目标为中心的试点项目；

- 让更多一线员工和团队参与其中，包括授予那些准备就绪的团队自主行动的权力；

- 开发更多的工具以及培养开发这些新工具的专家。

在几年之内，你的精益实践情况将会持续改善并不断成熟，但其效果在当组织形式和内容都变革之后的两年甚至更短的时间内应该是显而易见的。你应在前半年内以此为目标开端。

开始并不是那么难,它通常就是一个小且迅速的行为,及时使用本书通篇描述的长期能力和持续建立初期的基础。你应当在最初的六个月及时做一些对业务具有现实意义的事,并以此为开端,在之后的每六个月,你应当在目标、工具和投入这三个领导力因素上做出明显的改善,还应在这里描述的所有适合企业和员工的能力方面做出重要的进步。此外,在每六个月,必须保证这项工作为企业取得了真正的改善成果。

此处描述的性能都不是纯理论的,它们都来源于我的实际经历。这些能力是我们能够从小事做起,将企业做大做强。面对颠覆性的改变时,它能使企业长久不衰,也使企业抓住时机,以独特的方式创造出特有的盈利模式。

当你开启这项工作时,无论所处状况如何,只要企业运用了这些理论和实践,就可以正向着世界级的产能迈进。

注释

关于领导变革的早期步骤的详细描述,请参见我早期的著作《迅速改善的文化:创造和维持参与型员工文化》①(*A Culture of Rapid Improvement: Creating and Sustaining an Engaged Workforce*, CRC出版社,2008),其中有四章详细描述了如何获得一个良好的开端。

---

① 书名《迅速改善文化:创造和维持参与型员工文化》为本书译者自译。